市场与生计

——西村故事

章志敏 著

山东大学出版社
SHANDONG UNIVERSITY PRESS
·济南·

图书在版编目 (CIP) 数据

市场与生计：西村故事 / 章志敏著. -- 济南：山东大学出版社, 2024.9

ISBN 978-7-5607-8075-7

Ⅰ. ①市… Ⅱ. ①章… Ⅲ. ①农村—社会主义建设—研究—中国 Ⅳ. ①F320.3

中国国家版本馆CIP数据核字（2024）第086340号

责任编辑 肖世伟
封面设计 王秋忆

市场与生计
SHICHANG YU SHENGJI

出版发行 山东大学出版社
社　　址 山东省济南市山大南路20号
邮政编码 250100
发行热线 （0531）88363008
经　　销 新华书店
印　　刷 济南华林彩印有限公司
规　　格 787毫米×1092毫米 1/16
16.25印张 250千字
版　　次 2024年9月第1版
印　　次 2024年9月第1次印刷
定　　价 66.00元

本书得到青海民族大学学术专著及博士工作经费资助

目　录

第一章

绪 论

技术是人类活动实现进步的突出领域。① 在工具理性的主导下，全球财富得到快速增殖，将充满曲折、纷争的人类社会在宏大的历史线索中装饰得流光溢彩，人类文明得以获得螺旋上升的表现形式，并呈现出总体性的进步与发展姿态。“人类在 1500 年生产的商品和服务总共约合现值 2500 亿美元，但今天每年人类生产的价值约为 60 万亿美元。” ② 根据世界银行发布的《国民财富的变化：2018》报告，按照 2014 年不变美元市价计算，1995 ～ 2014 年全球财富从 690 万亿美元增加到 1143 万亿美元，增长幅度达 66%。③ 个体得以存续构成人类社会存在的基本基础，发展经济，改善民生，实现人的全面发展，日益被世界各国政府普遍视为重要职责和行为准则。1978 年，中国人均国内生产总值为 156 美元；到 2017 年，中国人均国内生产总值增加到 9480 美元；④

---

① 参见［英］汤因比：《人类与大地母亲：一部叙事体世界历史》，徐波等译，上海人民出版社 2012 年版。

② ［以色列］尤瓦尔·赫拉利：《人类简史：从动物到上帝》，林俊宏译，中信出版社 2014 年版，第 239 页。

③ 参见郭文松、张敏文、吴凡等：《世界银行发布〈国民财富的变化：2018〉报告》，《中国财政》2018 年第 13 期。

④ 参见林毅夫：《改革开放 40 年中国经济增长创造世界奇迹》，《智慧中国》2018 年第 10 期。

2019年，中国人均国内生产总值更是突破1万美元大关，达到1.03万美元[①]。然而，尽管改革开放以来中国经济一直保持着高速增长态势，民众的生活水平得到极大提高，但伴其而生的贫富差距扩大现象却也日益变得无法被忽视。[②]根据国家统计局公布的数据，2003～2016年，我国基尼系数持续处在0.46～0.49，尽管自2009年开始基尼系数出现七连降，直至2016年略有回升（相比2015年的0.462增加0.003），但是居民收入差距依然较大。[③]贫富差距过大问题在全球范围内普遍存在，“据世界银行测算，2010年全球130多个国家（地区），基尼系数均值为0.44”[④]。国家之间财富的不平等[⑤]更是将这个问题尖锐化。稳定的社会秩序中隐藏着致命的风险因素，在公平的道德准则下，占有小部分财富的多数人的生计也就成为关乎人类命运共同体走向何方的重要议题。

一、研究背景与问题意识

生计是个体存续的过程，更是社会发展进程与个体命运相勾连的反映。改革开放以来中国经济飞速发展，民生发生翻天覆地的变化。然而，这种变化却因城乡二元结构的存在而出现明显的不均衡。新时代，如何推动农民共享经济发展成果以追求美好生活成为一个不可忽视的议题。

（一）研究背景

生计即人们维持自身的存活。生计实践的初始动力无疑源于人类所具有的生物属性。不过，随着生产技术的革新，人类具备了日益高效的改造自然的

① 国家统计局公布的数据显示，2019年我国GDP达到98.65万亿元，结合当年的人口规模和平均汇率进行计算，人均GDP为1.03万美元。

② 参见吴忠民:《中国现阶段贫富差距扩大问题分析》,《科学社会主义》2001年第4期。

③ 参见宫春子、许海燕:《数说基尼系数那些事》,《中国统计》2017年第8期。

④ 宫春子、许海燕:《数说基尼系数那些事》,《中国统计》2017年第8期。

⑤ 参见郭文松、张敏文、吴凡等:《世界银行发布〈国民财富的变化：2018〉报告》,《中国财政》2018年第13期。

能力，时至今日，物质资料的形式和内容得到了与往昔不可同日而语的扩展和丰富，外在与内在的精神状况也变得日益纷繁复杂，追求“幸福”的生活逐渐成为个体及其构成的总体不断进行生计实践的主要指向。人类的需求具有丰富的内涵。例如，马斯洛将人类需求从低到高区分为生理、安全、社交、尊重以及自我实现五个层次，这为人们提供了一种基本的认识。当人类社会普遍出现物质产品剩余的时候，生计实践就不仅意味着人类最低层次需求的满足，即通过满足生存需求以实现个体生命的存续，而且包括人类追求更高层次需求的满足。在宏观意义上，通过生计实践人类社会的繁衍生息得以实现，人类社会的发展变迁则引发生计实践的转变。结构与制度在生计实践中生成，生计实践则因结构与制度的存在和变化而形成一定的过程机制和逻辑转变。因而，关于生计的探讨构成人类社会发展研究的基本方面。

人类生计实践指向的客体包括两个方面，一个是自然环境，另一个是社会系统。面对自然环境，人类的生计实践如农业生产经常面临干旱、洪涝、土壤退化等风险因素的威胁而处于难以为继的危险中。面对社会系统，社会分工程度日益加深，在市场化、全球化背景下，结构性不平等的普遍存在导致人类生计实践出现不公平现象，如经济收入中的南北半球差异、城乡差异、性别差异等。无论是居住在农村还是城市的居民，在面对不利的自然、社会、经济甚至是政治环境时都需要不懈地努力以持续生计。① 因而，在不利的自然环境和社会系统情境下人们如何进行生计实践成为生计研究的核心议题。这一出发点决定了虽然大量的生计研究由来自不同学科的研究人员基于自身的学科属性和理论方法开展，如地理学、经济学、人类学、社会学等，但是其中存在一些较为明显的共性：研究地点大多涉足的是非洲、拉丁美洲、亚洲等国家或地区中自然条件薄弱、社会经济发展程度低的区域；研究对象则基本上是处于社会系统中不利地位的农民或者农村的贫民；等等。可以说，生计研究开始于人们的

---

① Murray C., *Livelihoods Research: Some Conceptual and Methodological Issues*, Chronic Poverty Research Centre Working Paper, 2001.

日常生活和经验，求索于人们如何创造历史以及制约他们的作用和能力发挥的因素。[①]

中国目前的一个鲜明的时代特征是通过结构转型推动现代化进程。自1978年改革开放以来，中国的社会结构发生了显著的变化，从传统的农业社会向工业化、城市化的现代社会转型加速，也开始从计划经济体制向社会主义市场经济体制转轨。[②] 20世纪50年代初，在资源禀赋较差的宏观条件下，在面临战争风险和缺乏外部市场的巨大压力下，处于内忧外患的新中国不得不全力推动以重工业优先为显著特征的国家工业化进程，以此带动以大规模工业化为基础的经济建设，“为保证国家继续推进重结构的工业化必需的资本原始积累（其内生的‘资本增密，排斥劳动’的机制不可逆）”[③]，国家在户口迁移、粮油供应、劳动用工和社会保障等制度方面先后颁布了一系列的政策和法令，并且借助政社合一的人民公社体制，将这些在新中国成立初期大部分就已经被陆续提出的政策强制性落实。另外，国家又在城市建立了一套具体的社会保障制度以维持资本密集、排斥劳动的城市重工业发展，也就是确立了以计划经济体制为国家现代化的实现方式，以20世纪50年代末建立的户口制度为标志，我国形成了城乡分割的二元结构。[④] 我国城乡二元结构的基本特征是政治上不平等、经济上不等价交换、社会上实行非普惠制[⑤]，本质特征是“把全国的公民分成两类，对城市居民和农民实行不平等的政策”和“城乡居民之间的社会区

---

① Murray C., *Livelihoods Research: Some Conceptual and Methodological Issues*, Chronic Poverty Research Centre Working Paper, 2001.

② 参见陆学艺:《中国社会结构的变化及发展趋势》,《云南民族大学学报》(哲学社会科学版)2006年第5期。

③ 温铁军:《“三农问题”与制度变迁》，中国经济出版社2009年版，第236～237页。

④ 参见温铁军:《半个世纪的农村制度变迁》,《北方经济》2003年第8期；陆学艺:《破除城乡二元结构　实现城乡经济社会一体化》,《社会科学研究》2009年第4期；陆学艺、杨桂宏:《破除城乡二元结构体制是解决“三农”问题的根本途径》,《中国农业大学学报》(社会科学版)2013年第3期。

⑤ 参见陆学艺:《破除城乡二元结构　实现城乡经济社会一体化》,《社会科学研究》2009年第4期。

隔”[①]，“户籍制度、土地集体所有制、财政制度这三项是城乡二元结构体制的基本框架、基本制度”[②]，城乡二元结构成为我国经济社会发展过程中存在的一个基本矛盾。[③] 在城乡二元结构基本体制矛盾和人地关系紧张基本国情矛盾[④]双重矛盾的持续制约下，我国出现了城乡发展差距逐渐扩大的现象，一方面城市发展日新月异，另一方面“三农”问题日益突出，以至于李昌平发出了“农民真苦，农村真穷，农业真危险”的呐喊。

“我们的党和国家历来重视农业、农村、农民问题，并为此投入了巨大的人力、物力和财力。”[⑤] 2002年，中共十六大召开，城乡二元结构被正式写入党的政治报告，党中央明确将解决“三农”问题作为党和政府工作的重中之重。为进一步促进农村全面发展，党的十九大报告提出实施乡村振兴战略并指出：“农业农村农民问题是关系国计民生的根本性问题，必须始终把解决好‘三农’问题作为全党工作重中之重。要坚持农业农村优先发展，按照产业兴旺、生态宜居、乡风文明、治理有效、生活富裕的总要求，建立健全城乡融合发展体制机制和政策体系，加快推进农业农村现代化。”[⑥] 在具体实践中，为打破城乡二元结构，解决“三农”问题，党和政府进行了一系列不懈的努力和尝试，具体措施包括实行家庭联产承包责任制，推动城市经济体制改革，进行新农村建设，等等。也正得益于这一系列制度革新和举措，自新中国成立以来城乡关系发生巨大变化。具体来说，在1978年以前的计划经济时代，城乡互动处于不平等关系中，20世纪80年代实施改革开放之后，由计划经济向市场经济转

① 陆学艺、杨桂宏：《破除城乡二元结构体制是解决“三农”问题的根本途径》，《中国农业大学学报》（社会科学版）2013年第3期。

② 陆学艺、杨桂宏：《破除城乡二元结构体制是解决“三农”问题的根本途径》，《中国农业大学学报》（社会科学版）2013年第3期。

③ 参见温铁军：《中国农村基本经济制度研究》，中国经济出版社2000年版。

④ 参见温铁军：《中国农村基本经济制度研究》，中国经济出版社2000年版。

⑤ 陆学艺：《破除城乡二元结构 实现城乡经济社会一体化》，《社会科学研究》2009年第4期。

⑥ 习近平：《决胜全面建成小康社会 夺取新时代中国特色社会主义伟大胜利——在中国共产党第十九次全国代表大会上的报告》，人民出版社2017年版，第32页。

变，城市获得更多经济发展自主权，外商投资，拉动城市经济快速发展，由此创造了大量的就业岗位，吸引农村劳动力流向城市，同时家庭联产承包责任制的实施激发了农民生产的积极性，农业也相应地获得快速发展，随后人口密集区域逐渐突出的人地矛盾催生大量的乡镇企业，在市场经济条件下，城乡互动加强，但由于市场经济和家庭联产承包责任制处于实施的初始阶段，这种互动处于一种低水平，到 90 年代，由于经济的增长，城乡联系进一步强化，进入 21 世纪后，城乡关系迈入“工业反哺农业、以城促乡”“城乡融合”的发展阶段。① 但需要保持警醒的是，城乡发展差距的缩小以及城乡关系的改善并没有达到能够被公平准则完全接受的地步，正如陆学艺等人所说：“我们虽然取得了很大成绩，为此投入了很多力量，作了很大努力，付出了很大的代价，而成效则不如我们的预期。” ②

虽然在深化改革的进程中支撑城乡二元结构这一基本体制矛盾的相关制度设置逐渐消除且趋于消失，但几十年的客观存在使城乡二元结构在社会的维系与运转体系中留下深刻的烙印。制度变革与社会结构转型之间存在的不一致性，以及在城乡二元结构的作用下社会中所形成的不平等关系格局，更是预示着该结构特征具有长期存在于中国社会中的可能性。伴随着我国经济建设的腾飞，城乡二元结构在国民财富的生产与分配过程中造成的后果日渐显著。例如，国民财富生产方面，2000 ～ 2019 年，我国“三产 ③”增加值总体上均呈逐年上升的态势（见图 1-1），但第一产业增加值增长速度慢，增长幅度小，第二产业、第三产业增加值则呈现增速快、增长幅度大的特点，因而

---

① Li Yuheng, “Urban-rural Interaction in China: Historic Scenario and Assessment”, *China Agricultural Economic Review*, Vol.3, No.3, 2011, pp. 335-349.

② 陆学艺、杨桂宏:《破除城乡二元结构体制是解决“三农”问题的根本途径》,《中国农业大学学报》（社会科学版）2013 年第 3 期。

③ 根据国家统计局的划定，第一产业是指农、林、牧、渔业（不含农、林、牧、渔专业及辅助性活动）；第二产业是指采矿业（不含开采专业及辅助性活动），制造业（不含金属制品、机械和设备修理业），电力、热力、燃气及水生产和供应业，建筑业；第三产业即服务业，是指除第一产业、第二产业以外的其他行业。

第二产业、第三产业增加值与第一产业增加值之间的差距逐步扩大，包括农业部门等在内的第一产业在国民财富创造中的地位日渐式微。鉴于长期以来第二产业、第三产业主要集聚在城镇地区，第一产业普遍分布在农村地区的事实，当下国民财富中的城乡关系也就变得显而易见。尽管“不论何种体制条件下的现代化，实质都是资本向城市不断集中的过程”①，但不可否认的是，城乡二元结构加速了这一过程，抑制其间可能存在的自主调整空间，最终形成目前城乡在国民财富的占有和创造能力上的分异。

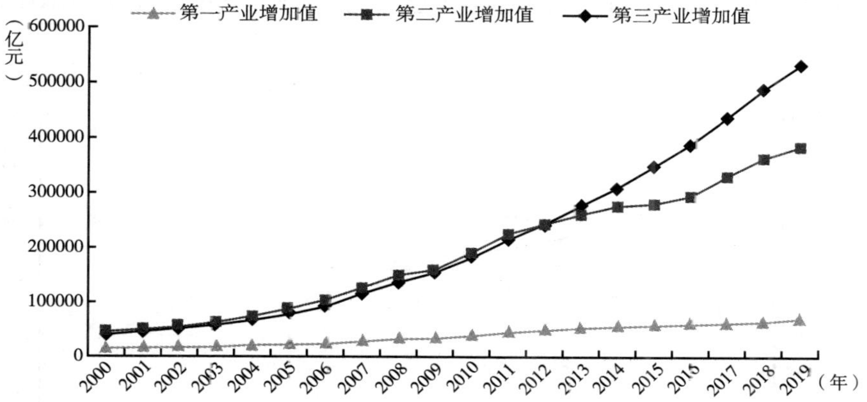

图 1-1　三次产业增加值历年变化情况（2000 ～ 2019 年）

资料来源：国家统计局。

更为重要的是，这种分异也反映在城乡居民的财富分配过程中。以人均可支配收入为例，在国家经济总体保持高位增长态势的前提下，2013 ～ 2019 年，城乡人均可支配收入均呈现出增长态势，城乡人均收入比值从 2.81 连续下降到 2.64，但在绝对差值方面，城乡人均收入差距在这七年间并未出现缩小的迹象。之所以出现收入比值下降、差值扩大的情况，原因在于虽然城乡人均可支配收入连年看涨，但是城镇的增长幅度远高于农村。另外，虽然城乡人

① 温铁军、刘亚慧、张振:《生态文明战略下的三农转型》,《国家行政学院学报》2018 年第 1 期。

均可支配收入比值连年下降，但在下降到一定数值之前[①]，城乡居民的人均收入差距仍存在进一步扩大的可能。事实上，针对 1988 ～ 2007 年收入变化的分析就发现，中国城乡居民收入分化的变化具有极化加强的特征，在对收入分化的作用方面结构效应强于集中效应。[②]“中国工业化从资本原始积累阶段到现在，始终存在城乡二元结构”[③]，这成为各行动主体在社会运行中理性实践所依据的现实条件和无法躲避的结构约束，在长期作用过程中产生包括城乡贫富差距过大等社会后果。尽管消除城乡二元结构、促进城乡融合发展作为一种社会共识得到了包括制度建设、资金投入等多方面的支持，但是由制度区隔引发的城乡二元结构通过不平等关系的生成已经脱离其原生基础，成为中国社会存

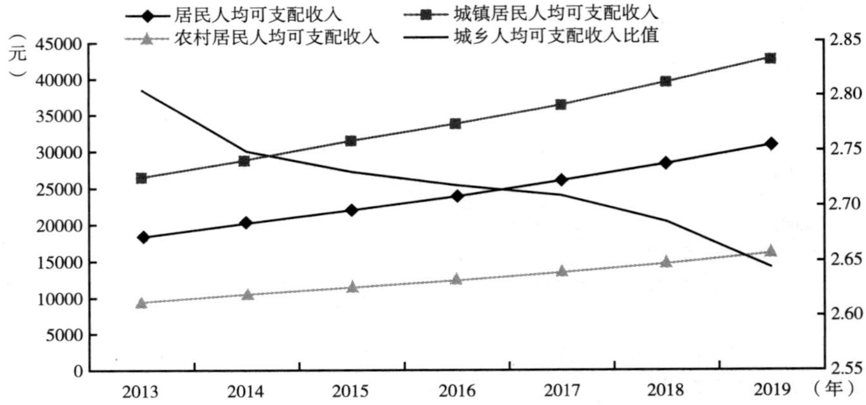

图 1-2　城乡人均可支配收入变化（2013 ～ 2019 年）

数据来源：国家统计局。

① 假定在未来一段时间内，农村居民人均可支配收入年增长幅度为 2013 ～ 2019 年平均水平，城乡人均可支配收入比值年下降幅度为 2013 ～ 2019 年平均水平，经过简单的计算和模拟，城乡人均可支配收入比值下降到 2.0 左右之前，城乡人均可支配收入的绝对差距一直在扩大；下降到 2.0 左右之后，城乡人均可支配收入的绝对差距开始逐渐缩小。城乡人均可支配收入的增长和差距受到多种复杂因素的影响，因而在完全假设条件下得出的数值只能作为简单的参考。

② Chen Guangjin, “Evolution Process and the Trend of Income Differential”, in Li Peilin, ed., *People's Livelihood in Contemporary China: Changes, Challenges and Prospects*, Singapore: World Scientific Publishing Co. Pte. Ltd., 2014, pp.137-173.

③ 温铁军、刘亚慧、张振：《生态文明战略下的三农转型》，《国家行政学院学报》2018 年第 1 期。

在的不平等的一个显著方面。因而，承认在目前的中国社会中仍然存在不平等的城乡关系结构是十分有必要的，它已经成为影响中国发展进程的一种结构机制，而在这种关系结构中农民是处于不利地位的。

（二）问题意识

在中国的结构转型中，市场经济对资源的基础配置作用日益深化，伴随该过程的是在城乡关系结构中拥有先发优势地位的城市被进一步强化，农村作为后发者的劣势则被放大。生产技术、资金、人口等生产要素不断向城市集聚，而农村则日益深陷空心化、衰竭化、原子化困境。在市场经济重竞争、效率以及利益最大化的原则下，城乡二元结构正在经历从制度塑造到市场选择的转变。在经济社会发展中，城乡二元结构也可以理解为中心与边缘的关系格局，城市占据中心地位，农村处于边缘地位。“人口、生产和财富向城市、大城市和发达地带聚集和集中”①，客观上形成了“城市目前是未来也将仍然是全球金融、工业以及交流的中心”②。现代社会变迁最主要的特征就是通过更加专业化的制度和角色进行多功能结构的替代。③ 社会分化尤其是职业分化决定了社会财富和文明产生和分享的方式。城市在经济生产、科学技术创新等方面的中心地位决定了其在社会分化过程中扮演主导角色。因而，当人类社会的物质与精神财富变得日益丰富的时候，在普遍由城市主导的社会分化进程中处于边缘地位的农民如何能够公平地分享到这些财富也就成为人类命运共同体面临的现实拷问。对于处在前进征途中的中国来说，在光鲜亮丽的城市生活的反衬下，思考农民如何在温饱的基础上达到共同富裕进而最终实现人的全面发展更是成为关乎国家命运的迫切议题。对此，2018 年 7 月，习近平总书记对乡村振兴战略

① 周其仁：《城乡中国（上）》，中信出版社 2013 年版，第 8 页。

② Töpfer K., “The Crucial Importance of Urban-rural Linkages” , in Virchow D. and Von Braun J., eds., *Villages in the Future: Crops,Jobs, and Livelihood*, Berlin: Springer, 2001, p.22.

③ Colomy P., “Uneven Differentiation and Incomplete Institutionalization: Political Change” , in Alexander J. C. and Colomy P., eds., *Differentiation Theory and Social Change: Comparative and Historical Perspectives*, New York: Columbia University Press, 1990, pp.119-162.

做出重要指示，强调“要尊重广大农民意愿，激发广大农民积极性、主动性、创造性，激活乡村振兴内生动力，让广大农民在乡村振兴中有更多获得感、幸福感、安全感”[①]。因此，本书尝试回答以下基本问题：农民如何进行生计实践以追求美好生活？其中的形成过程与内在逻辑是什么？这对农村发展又能够带来哪些启发？

（三）研究意义

1. 理论意义：深化生计理论

在中国情境下探究农民生计议题，响应号召关注处于社会结构不利位置中的人们的生计[②]，具有一定的理论意义，这可以概括为丰富中国情境下的生计研究和基于中国经验深化生计研究的理论观点。一方面，丰富中国的生计研究。目前生计研究在中国得到蓬勃发展，不过，在研究主题上大多聚焦农牧民在面对自然风险时如何实现可持续生计。与此不同，以城乡不平等关系结构为研究前提去探究农民生计议题，无疑能够为中国的生计研究带来不同的启发，增添一些新的观点。另一方面，推动生计研究的理论发展。在生计研究领域，可持续生计理论框架（Sustainable Livelihood Framework）及其理论观点在学术界产生了广泛的影响，在世界农村发展研究中占据重要的理论地位，启发和引导了全球各地的经验研究和发展实践，处于被不断检验和深化的理论发展过程。中国城乡关系的形成、特征以及后果具有其内在逻辑和特殊性。因此，在此情境条件下收集相关经验材料，并通过对可持续生计理论框架以及相关理论观点的充分考察和借鉴，以社会学的基本分析框架——结构与行动为指导进行农民的生计研究能够丰富和深化生计研究的理论内容和观点，扩展可持续生计理论框架的解释范围和效力。

---

① 中共中央党史和文献研究院编：《习近平关于“三农”工作论述摘编》，中央文献出版社 2019 年版，第 19 页。

② Marschke M., *Livelihood in Context: Learning with Cambodian Fishers*, Winnipeg: University of Manitoba., 2005.

2. 现实意义：启发农村深化发展

"民生问题是当今中国社会的最大需要，自然应当是学术界的最大课题"[①]，"我们发展中国家需要考虑的主要是农民生计、农村可持续发展和农业稳定这'三农'问题"[②]，探究农民生计议题对于我国乡村振兴的推进以及农村民生建设的深化也将会产生一定的现实启发意义。针对我国农村面临的发展困境，党的十九大明确提出实施乡村振兴战略。乡村振兴的主体是农民，乡村振兴的目的在于促进农民共享社会经济发展成果，提升农民物质和精神生活水平，弥合城乡差距。实施乡村振兴战略是我国农村发展的重要机遇，在战略推进过程中激发农民的主体性，破除农民生计过程中存在的结构性桎梏，是乡村振兴顺利取得预期效果的重要一环。根据民众生计所处的不同状态，人类社会发展的阶段可以区分为生存型社会和发展型社会。生存型社会的主要目标是维持简单再生产，解决社会温饱问题，过渡到发展型社会阶段后，社会的核心任务和目标则落在了人的全面发展这一焦点上。[③]"改革开放30年来，随着社会生产力和综合国力的大大增强，人民生活实现了由温饱到总体上达到小康的历史性跨越。"[④]"解决温饱问题是提升民众民生的第一步，以此为基础进而追求民众的进一步福祉。"[⑤]在经济高速增长以及社会保障体系日渐完善的背景下，"中国在反贫困，构建涵盖城乡社会保险体系等方面取得了重大进展，尤其是为农民的基本生活提供了制度保障"[⑥]。因此，农民在总体上逐渐摆脱了温饱问题的困扰，走向追求更高福祉和全面发展的阶段，如何推进更高目标的实现也就成为社会

---

① 邓伟志、卜佳慧：《民生论》，《上海大学学报》（社会科学版）2008年第4期。

② 温铁军：《"三农"问题与农村土地所有制形式》，《资源导刊》2009年第2期。

③ 参见邓伟志、卜佳慧：《民生论》，《上海大学学报》（社会科学版）2008年第4期。

④ 邓伟志、卜佳慧：《民生论》，《上海大学学报》（社会科学版）2008年第4期。

⑤ Li Peilin, "Introduction: The Changing Chinese Society", in Li Peilin, ed., *People's Livelihood in Contemporary China: Changes, Challenges and Prospects*, Singapore: World Scientific Publishing Co. Pte. Ltd., 2014, p.2.

⑥ Li Peilin, "Introduction: The Changing Chinese Society", in Li Peilin, ed., *People's Livelihood in Contemporary China: Changes, Challenges and Prospects*, Singapore: World Scientific Publishing Co. Pte. Ltd., 2014, p.10.

发展所面临的不可忽视的现实问题。尽管在全球范围内农村贫困问题仍然是一个普遍现象，农村发展程度在各国、各地区之间差异较大，但是在秉持人类社会持续进步的前提下，由生存型社会向发展型社会的转变是一种必然趋势。因而，追求更为全面的幸福感和发展也成为全世界范围内农民的共同目标，如何实现这个目标成为一个世界议题。所以，深入剖析农民的生计过程及其内在机理，不仅能够为我国乡村振兴战略的实施提供有益启发，也是民生建设的题中之义，有助于农村民生建设的推进，推动农民追求美好生活。正如邓伟志等人所说，“民生研究是学术研究的生长点，学术界应当把对民生问题的研究当作‘学’字第一号的大课题，从而为民生问题献计献策”①。

二、研究述评

学术研究对民众生计产生兴趣并不是最近的事情，早在 20 世纪 40 年代初期，已有人类学家对非洲尼罗河畔努尔人的生计模式（modes of livelihood）进行了描述②，但是生计研究成为发展研究的中心议题则是在 20 世纪末 21 世纪初③。生计概念日益受到学术界的重视，得益于它作为一种分析视角被运用到发展研究中。在生计视角形成之前，正值世界各地大力推动本国现代化进程之际，为推动农村地区的现代化，关于农业生产等方面的农村研究大量开展，在这个过程中，一些学者对生计与环境变化之间的关系给予了关注，他们提出了诸如在环境变化的情况下农民如何采取应对策略实现生计适应等议题。④这构成生计视角得以形成的现实背景。理论背景方面，因不满于 20 世纪七八十年

① 邓伟志、卜佳慧:《民生论》,《上海大学学报》(社会科学版）2008 年第 4 期。

② 参见 [英] 埃文思 · 普里查德:《努尔人：对尼罗河畔一个人群的生活方式和政治制度的描述》，褚建芳等译，华夏出版社 2001 年版。

③ De Haan L. J., “The Livelihood Approach: A Critical Exploration”, *Erdkunde*, Vol.66, No.4, 2012, pp.345-357.

④ Scoones I., “Livelihoods Perspectives and Rural Development”, *The Journal of Peasant Studies*, Vol.36, No.1, 2009, pp.171-196.

代依附理论和新马克思主义理论过于宏观的结构视角，在发展研究中逐渐形成一种行动者导向的研究视角，该视角在承认资源和权力分配中存在不平等的前提下更加强调人的历史主体性作用，因而聚焦于个人、家庭等微观世界，关注诸如贫困、弱势群体以及边缘化等议题。在具体的研究过程中，家庭作为基本的社会单位，因具有连接个人行为和历史结构特征，以及便于收集经验材料的优势而首先被纳入研究范畴，随之在80年代出现了大量的家庭研究，这些研究秉承即使处于不利条件之中人们依然能够创造自己的生活的信念，但在研究中揭示的却是贫穷家庭在现存权力秩序和社会结构的限制下在经济增长中越来越被排斥和边缘化，对此90年代初期出现了一种更加积极的替代视角，这些家庭研究从生计视角出发揭示了人们是如何能够活下去的。[①] 从生计视角看，创造能够形成一种生活方式的可持续手段是农村发展和消除贫困的关键。[②] 生计从此在学术研究尤其是农村研究中逐渐发展为一个重要的研究领域。目前生计研究领域的文献主要包括三个部分：关于生计转型的研究、关于生计多样化的研究以及关于可持续生计理论框架的研究。接下来从这三个方面对相关文献进行回顾和评价，以此确定本研究在生计研究领域中的可能。

（一）关于生计转型的研究

生计研究以行动者为导向，生计策略反映出行动者面对自然和社会环境时做出的反应和选择，因而得到研究者较多的关注。关于生计策略的研究，已有文献主要从时空的纵向和横向两个方面进行归纳。以时代变迁为出发点形成了关于生计转型的相关研究，针对某一时空范围内的生计研究则发展出关于生计多样化的相关分析。

工业化、城市化的持续推进引发农民生计实践的转型。以18世纪开始的

---

① De Haan L. J. and Zoomers A., “Exploring the Frontier of Livelihoods Research”, *Development and Change*, Vol.36, No.1, 2005, pp.27-47.

② Watson A., “Social Protection and Livelihoods: Providing Old-age Social Insurance for Migrant Workers in China”, in Zhang H. X., ed., *Rural Livelihoods in China: Political Economy in Transition*, Abingdon: Routledge, 2015, pp.48-73.

英国工业革命为标志，工业化、城市化进程开始在全球范围内广泛开展，第二、第三产业得到快速发展，以农业生产为主的农民的传统生计也由此发生变化，生计转型现象在世界各地上演。例如，19 世纪，在德国的一些农村地区，尤其是靠近纺织工业发达的地方，部分农村家庭的生计方式经历着从农业向工业的变迁，家庭成员具体从事家庭纺织、糊口农业，以及在纺织厂、服装厂、建筑业获得的有工资收入的工作，但为了应对失业危机和获得更多收入，在工厂工作的农民宁愿住在农村，花上几个小时的时间通勤也不愿割断与农村的联系。[①] 收入来源结构的变化也是农民生计变迁的重要表现。在撒哈拉以南的非洲地区，20 世纪 80 年代，农村家庭收入的近 40% 来源于非农活动，到 90 年代这一比例则维持在 60% ～ 80%。[②] 与此相伴的是农业部门的劳动力数量逐渐停止增长。[③] 同样的现象也发生在拉丁美洲，玻利维亚、哥伦比亚、厄瓜多尔以及秘鲁农村人口中从事农业的人口比例在 1963 年到 20 世纪 90 年初期出现不同程度的下降，比如哥伦比亚从 45% 下降到 10%，秘鲁从 49% 下降到 35%。[④] 在南非的农村地区，当地农民从过去到现在生计策略经历的变迁，首先是发生了从农业到工资劳动的一般转变，紧接着是从大规模的流动工资劳动变化为以地方为基础的小规模就业的多样化。[⑤] 布莱森将上述种种现象统称为“去农业化”，其将去农业化定义为一种农民脱离传统的农业生计方式，进行职业调整，重新定位收入来源，并且发生空间迁移的过程，具体表现包括农业

① Quataert J. H., “Combining Agrarian and Industrial Livelihood: Rural Households in the Saxon Oberlausitz in the Nineteenth Century”, *Journal of Family History*, Vol.10, No.2, 1985, pp.145-162.

② Bryceson D. F., *Sub-Saharan Africa Betwixt and Between: Rural Livelihood Practices and Policies*, ASC Working Paper, 1999.

③ Tiffen M., “Transition in sub-Saharan Africa: Agriculture, Urbanization and Income Growth”, *World Development*, Vol.31, No.8, 2003, pp.1343-1366.

④ Bebbington A., “Organizations and Intensifications: Campesino Federations, Rural Livelihoods and Agricultural Technology in the Andes and Amazonia”, *World Development*, Vol.24, No.7, 1996, pp.1161-1177.

⑤ Hajdu F., *Local Worlds: Rural Livelihood Strategies in Eastern Cape, South Africa*, Linköping: Linköping University Press, 2006.

劳动力与非农劳动力比值下降、农业产值占国民经济产值比重降低、居住在农村地区的人口比例降低等。① 在去农业化过程中，农民慢慢变成了“后”农民，生计日益变得去地方化，相互关联的生计和多样的职业逐步取代单一的谋生方式，去农业化正在替代人们更为熟悉的农业转型过程。② 去农业化是嵌入在社会变迁中的一种过程 ③，反映出在农民的生计实践过程中农业生产的主导地位越来越弱。同时，这也就意味着农民的生计变迁是社会变迁过程的一部分，在宏观结构和制度重构的影响下成为社会变化的具体表现。

农民的生计转型现象在微观层面的显现更直观和丰富多样。以豫北某村为例，该村村民传统的生计方式有传统种植、零散养殖以及销售、中介等服务性活动，新型生计方式则为“跑山西”承包项目、到城市地区跑项目、回乡创业、规模化种养以及粮食收购等。④ 在市场经济、现代科学技术的影响下，以农业生产为基础的生计在能力、资本以及策略等方面也经历着由传统向现代的变迁。有观点认为，农民生计转型在农业生产上具体表现为：在生产目的上，由自给自足式的小农生产转变为以市场交换为导向的商品生产；在经营方式上，从家户单独经营或农户之间的小范围合作转变为具有股份合作制、农民专业协会制等特征的现代企业化合作；在生产方式上，由完全依赖自然条件以及相应的地方性知识的小农生产转变为借助现代农业科学技术进行的机械化农业生产。⑤ 与我国经济高速增长相伴相生的是大规模的城镇化建设，城镇化的

① Bryceson D. F., “Deagrarianization and Rural Employment in sub-Saharan Africa: A Sectoral Perspective”, *World Development*, Vol.24, No.1, 1996, pp.97-111.

② Agergaard J., Fold N., Gough K. V., “Introduction”, in Agergaard J., Fold N., Gough K. V., eds., *Rural-urban Dynamics: Livelihoods, Mobility and Markets in African and Asian Frontiers*, Abingdon: Routledge, 2009, pp.1-8.

③ Yaro J. A., “Is Deagrarianisation Real? A Study of Livelihood Activities in Rural Northern Ghana”, *Journal of Modern African Studies*, Vol.44, No.1, 2006, pp.125-156.

④ 参见谢蓓、郭帅旗：《农民新型生计方式与乡村变迁——以豫北 K 村为例》，《青海民族研究》2015 年第 3 期。

⑤ 参见秦红增、银河欢：《乡村生计转型视野下的返乡农民工再就业——以广西石丰村为例》，《云南民族大学学报》（哲学社会科学版）2011 年第 2 期。

持续推进也导致受此影响的农民的生计发生变化。以某城市郊区为例，就地城镇化过程中农民生计的转变包括三个方面：职业方面，从事农业生产的家庭日益减少，农民也变得更加分化，生产方式变得多样，例如出租土地、发展休闲旅游农业等；居住方式方面，既有传统院落式住宅也有高层住宅；家庭消费方面，除去基本的饮食保障支出，教育、医疗日益成为农民重要的消费支出。① 近年来，我国互联网经济飞速发展，一些农民以电商为契机，从事电子商务及其相关的衍生行业，促进自身生计转型。② 因而，在我国社会结构转型的背景下，农民的生计正经历着时空的变迁。

生计转型在农村已经成为广泛现象，但由于进行的程度不一，因而生计转型在农村的社区层面表现为生计策略类型的多样。在柬埔寨的一个村子里，村民的生计类型分为五种：从事低技能农业就业并接受转移支付的小农、自然资源采掘者、个体经营和种植经济作物的农民、从事种植和畜牧业的高技能工资工人、非农低技能工资劳动者。③ 在莫桑比克，一个村庄中的村民可分为小规模农户、畜牧业生产者、工资工人、商业经营者、大规模农户和非农工人，生计策略各不相同。即使是在身处大洋彼岸的玻利维亚，村民的生计策略也存在类似的区分。④ 还有研究者依据南非一个村庄中家庭生计策略的不同形态，划分出八类生计阶级——边缘家庭、依赖福利家庭、依赖汇款家庭、初级工资家庭、次级工资家庭、初级工资混合收入家庭、次级工资混合收入家庭、企业家庭，其中边缘家庭的生计手段主要是依靠农业，依赖福利家庭和依赖汇款家庭则依靠的是政府或者个人的转移收入，工资家庭以工资维持生计，区别在于是

---

① 参见李博、左停：《农村就地城镇化过程中农民生计方式转型研究——基于北京市大兴区的调查》，《农业农村部管理干部学院学报》2015 年第 3 期。

② 参见周大鸣、向璐：《社会空间视角下“淘宝村”的生计模式转型研究》，《吉首大学学报》（社会科学版）2018 年第 5 期。

③ Bühler D., Grote U., Hartje R., et al., *Rural Livelihood Strategies in Cambodia: Evidence from a Household Survey in Stung Treng*, ZEF Working Paper Series, No.137, 2015.

④ Nielsen Ø J., Rayamajhi S., Uberhuaga P., et al., “Quantifying Rural Livelihood Strategies in Developing Countries Using an Activity Choice Approach”, *Agricultural Economics*, Vol.44, No.1, 2013, pp.57-71.

受雇于次级劳动力市场还是初级劳动力市场，混合收入家庭在工资收入之外仍有小商业以及其他的自雇佣收入，企业家庭的生计手段主要为自雇佣，收入来源于农业活动或者商业活动。① 这些村庄内部存在的多样的生计策略，无疑是那些仍然走在追求现代化道路上的国家或地区中的普遍现象，反映的是村民在生计转型的从传统到现代的连续统中的不同境况。不过，农民生计转型及其实现程度并不是简单地以个体的努力程度为关键因素就能够解释的，而是需要在更为广阔的视野中对它的形成机制进行探索。

虽然农民的生计转型在世界范围内已经成为一种平常的现象，但并不意味着在个体层面这种转型是一种自然而然发生的过程。生计转型是行动者根据自身状况和感知到的社会经济发展情况做出的具体实践调整，也是外界因素作用于行动者生计过程的映射影像。生计研究中有一系列相关研究探讨了哪些因素会影响农民转变生计的行为。

首先，传统农业部门的日益衰败以及普遍面临的挑战和风险迫使农民生计转型。农业产出的不足以及相对较低的回报，农民需要非农现金收入以支付农业投入，以及农业回报存在的风险促使农民将劳动力分配到非农部门。② 在巴西北部地区，从农民自身角度来看，村庄从农业中转移出来的原因包括农产品价格过低，年轻人对农业不感兴趣，农业发展也缺乏获得来自政府等方面的持续支持。③ 而对于那些坚守在农业部门的村民来说，市场风险和自然风险迫使他们转变传统的靠天吃饭的生计方式，借助现代的农业科技和组织经营理念提升风险管控能力。例如，为应对气候变化，一些农民采取的生产方式包括选择新的农作物品种、调整播种日期、改变耕作方式、提升水资源管理水平、更新

---

① Carter M. R. and May J., "Poverty, Livelihood and Class in Rural South Africa", *World Development*, Vol.27, No.1, 1999, pp.1-20.

② Martin S. M. and Lorenzen K., "Livelihood Diversification in Rural Laos", *World Development*, Vol.83, 2016, pp.1-13.

③ Steward A., "Nobody Farms Here Anymore: Livelihood Diversification in the Amazonian Community of Carvao, A Historical Perspective", *Agriculture and Human Values*, Vol.24, No.1, 2007, pp.75-92.

土壤涵养手段等。[①] 此外，应对风险的手段还有引入农业金融、进行多样化种植、实施农业工程项目等。[②]

其次，农民会依据个人能力、资本、家庭、社区状况以及市场供需等因素决定是否转变生计。在尼泊尔进行的一项研究发现，家庭中可用男性劳动力数量尤其是可以作为劳动力的孩子的数量较多，以及可用耕地面积和拥有的牲畜数量较多，会抑制农户从农业生计转变为非农生计，而村庄内非农生计家庭的比例则会显著正向影响农户的生计转变。[③] 针对上海青浦区农民生计变迁的研究认为，年龄、受教育程度是影响农民做出是否从事非农职业决定的重要因素，是否从事非农职业也受到工资和农作物价格因素的影响。[④] 在巴基斯坦的农村地区，年纪大的村民倾向于留守，继续从事农业生产，年轻人则普遍选择离农[⑤]，去寻找一种新的生计方式，除此之外，这也同样证实家庭劳动力数量少、耕地面积小、自然灾害多等因素显著增加农民离农的可能性，而村庄与商业区（或者城市）距离远等因素则会起到抑制作用。[⑥] 在印度，村庄拥有的非正式网络促使村民到城市找工作。[⑦] 在中国，农村劳动力同样会利用关系网

① Funk C., Sathyan A. R., Winker P., et al., “Changing Climate-changing Livelihood: Smallholder’s Perceptions and Adaption Strategies”, *Journal of Environmental Management*, Vol.259, 2020, pp.1-16.

② Sullivan C. A., “Linking the Past with the Future: Maintaining Livelihood Strategies for Indigenous Forest Dwellers in Guyana”, in Redclift M., ed., *Sustainability:Life Chances and Livelihoods*, London: Routledge, 2000, pp.158-188.

③ Bhandari P. B., “Rural Livelihood Change? Household Capital, Community Resources and Livelihood Transition”, *Journal of Rural Studies*, Vol.32, 2013, pp.126-136.

④ Liu Zhaoxu and Liu Liming, “Characteristics and Driving Factors of Rural Livelihood Transition in the East Coastal Region of China: A Case Study of Suburban Shanghai”, *Journal of Rural Studies*, Vol.43, 2016, pp.145-158.

⑤ 离农与在农的区分主要依据于空间位置，农业与非农则是涉及部门上的区别。参见 Loison S. A., “Rural Livelihood Diversification in sub-Saharan Africa: A Literature Review”, *The Journal of Development Studies*, Vol.51, No.9, 2015, pp.1125-1138。

⑥ Ahmad M. I., Oxley L., Ma H., “What Makes Farmers Exit Farming: A Case Study of Sindh Province, Pakistan”, *Sustainability*, Vol.12, No.8, 2020, pp.1-17.

⑦ Mitra A., “Social Capital, Livelihood and upward Mobility”, *Habitat International*, Vol.32, No.2, 2008, pp.261-269.

络帮助自己在城镇中获得非农机会。① 事实上，对于所有的农民而言，不借助村庄的关系网络而在一个陌生的城市环境中获取生存所需的资源几乎是不可能的，尤其是对于那些受教育程度低、缺乏市场经验和财产基础的刚进入城市的农村人口来说，这更是难以迈出的第一步。

最后，农民生计转型过程除受到原有生计无法持续、个人判断和决策的左右之外，也依赖一些外部客观条件。随着全球范围内城乡在空间联系和部门联系上的日益紧密，农村实际上在生产、消费以及社会互动方面日渐成为城市空间的一部分。② 因而，农民从事非农工作离不开良好的道路、运输设施，无论是在地方层面还是农户层面，完善的交通网络都为农村和城市之间的联系提供了更为便利和紧密的连通网络。③ 现代化工厂走进农村"安营扎寨"，则直接诱发附近村民转变生计，进入非农领域就业。在泰国的中部平原上，因为村庄周围工业园区的开发，附近村民逐渐从田间地头走进工厂车间，在许多方面农村慢慢变成历史的人为现象，逐渐被人口居住点取代，村民与土地的联系日渐疏离，生计所依赖的工作成为隐藏在该区域之后的各种力量形塑的产物。④ 在中国，这样的案例同样普遍。以西北地区的一个村庄为例，在自然资源的吸引下大型企业进驻村庄，村庄由此迎来前所未有且近在眼前的巨大消费市场，受此驱使，当地村民转变传统的生计方式，将生产领域从农业扩展到服务业，同时当地农业的商业化程度也得到提高，一些农产品在自给自足之余也被村民向

① 参见陆益龙:《制度、市场与中国农村发展》，中国人民大学出版社 2013 年版。

② Gough K. V., Agergaard J., Fold N., et al., "Conceptualising and Performing Comparison of Rural-urban Dynamics", in Agergaard J., Fold N., Gough K. V., eds., *Rural-urban Dynamics: Livelihoods, Mobility and Markets in African and Asian Frontiers*, Abingdon: Routledge, 2009, pp.9-22.

③ Fold N. and Tacoli C., "Agricultural Frontier Settlements: Markets, Livelihood Diversification and Small Town Development", in Agergaard J., Fold N, Gough K. V., eds., *Rural-urban Dynamics: Livelihoods, Mobility and Markets in African and Asian Frontiers*, Abingdon: Routledge, 2009, pp.90-98.

④ Rigg J., Veeravongs S., Rohitarachoon P., et al., "From Farm to Factory: Village Change in a Rice-growing Region", in Agergaard J., Fold N., Gough K. V., eds., *Rural-urban Dynamics: Livelihoods, Mobility and Markets in African and Asian Frontiers*, Abingdon: Routledge, 2009, pp.134-150.

外出售。此外，企业的进驻也客观上改善了当地的基础设施条件，提升了村民的生活水平。[①] 所以，生计转型是农民作为行动者判断传统生计难以为继，基于自身所处的家庭、社区状况和拥有的资本，借助一系列外在条件逐渐实现的结果。这实质上反映的是在现代化浪潮对农村不断侵袭的背景下农民在个人生产、消费等方面的适应、重组过程。

农民的生计转型作为社会变迁过程的部分反映，当然也难以摆脱社会结构和制度因素的影响。现代化潮流席卷全球，将农民的生计带入前所未有的具有广泛时空联系的网络之中。为适应和追赶现代化潮流，原有的社会结构和制度被调整或者重构为规范和组织社会的新力量，将农民既推又拉地带进一无所知的新世界。改革开放初期，由于计划经济向市场经济的转轨，中国城乡之间的制度区隔逐步清除，农村在地方经济发展中获得了更多的自主权，因而在“离土不离乡”的发展理念下乡镇企业获得蓬勃发展。长三角地区农村工业化起步早，发展程度相对较高，因而在生计策略方面较早地发生了从以农为主、以家庭手工业为辅的旧结合体向以工为主、以农为辅的新结合体的转变。[②] 墨西哥在 1991 年前有 55% 的农业土地为公共土地，这些土地不允许买卖、租让，只允许通过继承的方式获得，但在 1991 年，墨西哥政府为加入《北美自由贸易协定》以扩大农业出口，对宪法进行了修改，允许土地买卖、租让等，由此引发墨西哥农民被迫生计转型的现象，因为在新自由主义市场经济政策 [③] 下，投资和贸易保护消失，来自美国的廉价商品大大冲击了墨西哥的国内工业以及农业出口，农民变得入不敷出，个人消费随即成为头等大事，农民为了生存只能放弃传统的以务农为基础的生计方式转而外出务工，务工的首选地即为美国。[④] 不过，需要看到的是，在农民生计由传统向现代转型日益成为必然趋势

① 参见徐黎丽、朱璧莹:《石油资源枯竭后的村庄生计转型研究——以长庆油田所在地甘肃省 ××× 县 ××× 村为例》,《地域文化研究》2017 年第 1 期。

② 参见 [美] 黄宗智:《长江三角洲小农家庭与乡村发展》，中华书局 1992 年版。

③ 主要原则包括政府对市场最小限度的干预，重视竞争、效率以及利益的最大化等方面。

④ King R., Adler M. A., Grieves M., “Cooperatives as Sustainable Livelihood Strategies in Rural Mexico” , *Bulletin of Latin American Research*, Vol.32, No.2, 2013, pp.163-177.

的地方，农民的生计转型过程却面临着来自结构因素的阻碍。由于劳动力市场存在的结构性限制，一些需要特定能力、资本基础的非农工作无形之中将部分农民排除在外。有研究以某村的失地农民为例，发现村民在外出做工中面临种种局限，因为年龄大、学历低、缺乏技能等相关因素，他们的工作种类以及收入水平受到极大限制。[①] 将农业生产由自给自足转向商品经济是农民进行生计转型的重要表现，但这也将自身置于市场经济的风险之中。在农村，由于政府的扶持、现代技术和生产理念的普及，规模化种养成为农民重要的生计策略，但不可避免地面临变幻莫测的市场风险，信息监控、产业规模、价格波动等因素都增加了此种生计策略失效的可能。[②] 无疑，这些障碍和风险会限制农民转变生计。

社会结构和制度变革为农民参与以工业化和城市化为内核的现代化进程提供了宏观条件，也成为推动农民生计转型的持续动力。但由于变革的过程性为结构和制度中的权力不平等留下了存在的空间，一些被筛选成为边缘群体的农民因而无法将生计的希望付诸生计转型，最终在原地踏步中无声地消失于社会浪潮之中。

生计转型给农民带来以下几方面的影响。首先，为农民追求更为便利舒适的生活方式带来可能。其次，在生计转型过程中，土地或者说农业不再是农民赖以生存的唯一支柱。一个极端的例子是，在南非农村的调查表明，农业在满足农民生存需求中扮演的角色变得可以忽略不计。[③] 最后，生计转型意味着农民的生计需要在与社会分工的有效结合中才能实现，这种面向社会的生计中充满了由社会主体的相互链接所产生的传导效应和影响。因而，在自然风险之外，农民更多的是需要去面对社会风险对生计的潜在威胁。社会层面，由于生

① 参见秦红增、李青蓓、段春营：《城郊失地农民"生计内卷化"及调适策略——以南宁市郊留肖壮族新村为例》，《青海民族研究》2015 年第 4 期。

② 参见谢蓓、郭帅旗：《农民新型生计方式与乡村变迁——以豫北 K 村为例》，《青海民族研究》2015 年第 3 期。

③ Hajdu F., *Local Worlds: Rural Livelihood Strategies in Eastern Cape, South Africa*, Linköping: Linköping University Press, 2006.

计转型在很大程度上是农村人口流向城市和第二、第三产业的过程，这就推动了社会分化的继续深化以及社会结构的变化，继而引发制度设计发生相应的变革。生计转型表达的仅仅是一种现象和一个过程，并不能完全满足研究人员对回答农民的生计何以为继这一问题的渴望，因而研究人员对农民在生计转型过程中表现出的生计策略——生计多样化予以关注。

（二）关于生计多样化的研究

生计多样化被认为是农民应对自然和社会环境变化的重要生计策略。这源于对生计多样化存在这样一种预设：不同类型的生计资本越多，生计的适应性、安全性越高。①“在生计研究中，生计更多的是被描述为一种结构现象，存在于城市和农村情境中。”② 农村生计多样化被定义为“家庭构建多种活动与社会支持能力的组合以实现生存并提升生活水准的过程”③。农村经济的多样化，一般但不是经常与个人或者家庭的生计多样化具有直接关联。④ 生计多样化的目的在于通过减少风险、降低脆弱性和贫困程度、增加收入、提高生计的安全程度以获得更高的生活水平。⑤ 此外，生计多样化的积极影响还包括环境益处和性别益处。⑥ 在理性决策模型看来，农民选择生计多样化是基于回报最大化和风险最小化，具体包括预测风险和不确定性，对多样性和非连续性的反应，

---

① Knutsson P. and Ostwald M., “A Process-oriented Sustainable Livelihoods Approach–A Tool for Increased Understanding of Vulnerability, Adaptation and Resilience”, *Mitigation and Adaptation Strategies for Global Change,* Vol. 28, No.3, 2023.

② De Haan L. J. and Zoomers A., “Development Geography at the Crossroads of Livelihood and Globalization”, *Tijdschrift voor economische en sociale geografie*, Vol.94, No.3, 2003, p.55.

③ Ellis F., “Household Strategies and Rural Livelihood Diversification”, *The Journal of Development Studies*, Vol.35, No.1, 1998, p.4.

④ Loison S. A., “Rural Livelihood Diversification in sub-Saharan Africa: A Literature Review”, *The Journal of Development Studies*, Vol.51, No.9, 2015, pp.1125-1138.

⑤ Yaro J. A., “Is Deagrarianisation Real? A Study of Livelihood Activities in Rural Northern Ghana”, *Journal of Modern African Studies*, Vol.44, No.1, 2006, pp.125-156.

⑥ Ellis F., “Rural Livelihood Diversity in Developing Countries: Evidence and Policy Implications”, *Overseas Development Institute*, No.40, 1999, pp.1-10.

建立互补的生计。[①] 生计多样化包括收入多样化，但不同于收入多样化，收入多样化是指在特定的时间点上家庭的收入构成情况，生计多样化则是一种长期的积极的涉及复杂行动组合的社会过程，生计多样化可以通过三种方法——资产测量法、行为测量法、收入测量法进行测量。[②] 测量生计多样化程度的综合指标较为常见的是辛普森多样化指数 [③]（Simpson Diversity Index），因具有简单、稳健的特点而被广泛运用，该指数是依据不同来源的收入所占比例进行计算得出的。[④] 不过，因为辛普森多样化指数归属收入测量法，所以并不能反映生计多样化的全部情况。农村生计多样化的要素通常被区分为部门（农业或非农）、功能（雇佣或自雇佣）和位置（在农或者离农）。[⑤] 生计多样化也是家庭的生计策略，比如对于部分农村家庭，一些家庭成员可以从事非农产业，而另一些家庭成员则可以从事农业生产，在一定的时空范围内同时也是个人的生计策略，比如一些农民在农忙时从事农业生产，在农闲时则进城打零工。因而，生计多样化表达了行动者充分利用扩大的社会活动空间获取所需的物质资料以实现和维持一定生活水平的愿望。事实上，这种生计策略也正在成为农民分享现代化过程中日益增长的财富的重要途径。

---

① Harriss B., "Regional Growth Linkages from Agriculture", *The Journal of Development Studies*, Vol.23, No.2, 1987, pp.275-289. 转引自 Start D. and Johnson C. A., *Livelihood Options? The Political Economy of Access, Opportunity and Diversification*, Working Paper 233, Overseas Development Institute, 2004, pp.1-50.

② Challa T. G., Mamo A. T., Tibeso A. N., et al., "Rural Livelihood Diversification Status and Determinant Factors in Arsi, Ethiopia", *International Journal of Business and Economics Research*, Vol.8, No.1, 2019, pp.23-30.

③ 计算公式为 $SDI=1-\sum_{i=1}^{n}p_i^2$，其中 p_i 表示的是来自不同来源的收入所占的比例，SDI 的取值在 0 到 1 之间，0 表示生计多样化程度极低，只有一种收入来源，1 表示生计多样化程度极高，有趋近于无数种的收入来源。

④ Addisu Y., "Livelihood Strategies and Diversification in Western Tip Pastoral Areas of Ethiopia", *Pastoralism*, Vol.7, No.1, 2017, pp.1-9.

⑤ Loison S. A., "Rural Livelihood Diversification in sub-Saharan Africa: A Literature Review", *The Journal of Development Studies*, Vol.51, No.9, 2015, pp.1125-1138.

生计多样化在抵御风险、增加收入等方面具有积极作用[①]，因而作为一种生计策略发生在广泛的城市化时空内。正如前文所述，在19世纪的德国农村，得益于纺织工业、城镇的发展，一些农村家庭采取了多样化的生计策略，部分家庭成员进入纺织、服装工厂等工业部门工作，另一部分家庭成员则留守农村从事农业生产。在19世纪末20世纪初的山西南部地区，农民不再局限于简单地进行土地耕种，也基于当地的自然资源种植果树，将产品出售到附近的县、镇，也有农民在农闲时熬制石灰、编制筐篓等，当地农民的生活水平也因而相对较高。[②]在长江三角洲地区，长时间内不断增加的人口压力，一方面迫使农业和手工业收入下降，另一方面造成两者的结合只能是越来越紧密，因为只有两者相互依靠才能使小农家庭维持基本生活所需。[③]不过，在社会活动时空范围的扩展程度依然较为有限的时候，农村的生计多样化仍只是一种局部现象。

当工业化、城市化在全球范围内大规模推进时，农民采取多样化的生计策略也就逐渐成为一种普遍现象，尤其是在一些发展中国家。农村生计多样化主要表现为农民的生产活动兼跨农业部门和非农部门。在撒哈拉以南非洲地区，人多地少问题突出，但是这些地方工业化程度不高、城镇化水平低，农民仍然将耕种作为谋生的重要组成部分，然而，低下的农业生产率、食品安全和贫困问题突出，又迫使农民通过跨经济部门获得收入来保障生计安全。[④]总体上看，在撒哈拉以南非洲地区，农民通过从事多种活动获取来源多样的收入已经成为一个普遍的现象，在这个过程中，女性也从收入多样化中获益，通过从事投入成本低的贩卖食品等活动获得归自己所有的收入，提升了自身在家庭财政中的

---

① Ellis F., *Rural Livelihood Diversity in Developing Countries: Evidence and Policy Implications*, Overseas Development Institute, 1999, pp.1-10.

② 参见张爱明：《生计多样与职业分化：近代晋南农民的生存策略》，《太原理工大学学报》（社会科学版）2016年第5期。

③ 参见［美］黄宗智：《长江三角洲小农家庭与乡村发展》，中华书局1992年版。

④ Loison S. A., “Rural Livelihood Diversification in sub-Saharan Africa: A Literature Review”, *The Journal of Development Studies*, Vol.51, No.9, 2015, pp.1125-1138.

地位和话语权。[①] 在处于改革开放初期的中国，由于农民完全脱离土地和离乡进城就业的条件并不具备，因而在半自给性的小规模土地经营基础上农民就地兼业化得到了迅速发展。[②] 目前，中国农民大多数仍处于兼业状态。[③] 目前的兼业形态中存在明显的结构特征，一方面是区域结构，农民的城镇就业在投入和产出方面的比重远高于农村就业；另一方面是部门结构，第二、三产业吸纳越来越多的农村劳动力，农民在非农就业上投入的时间成本甚至是人力成本以及获得的收入都高于农业生产。"进入新部门的多样化降低了务农在农民生计中的中心地位。"[④] 为实施跨农业部门和非农部门的生计策略，尤其是充分利用城市和农村的机会，更好地分散风险，一些农民采取了跨地域的家庭模式。[⑤]

尽管生计多样化对于农村家庭普遍具有积极意义，但是在实际过程中这种生计策略发挥的作用存在差异。有研究者将生计多样化的作用概括为两个方面：（1）应对生计危机（危机推动多样化），即多样化被视为一种面对不可预测的危机，如洪水、干旱、疾病以及自然资源季节性波动，分散风险以降低损失的策略；（2）推动进一步的成功（前进推动多样化），在这种情况下，多样化作为积极主动的家庭采取的一种策略被用来获得更多的机会，多样化在家庭层面并不必然降低效率，因为家庭内部的个体仍然可以去发展技能和进行专业化。[⑥] 这种对生计多样化作用的区分虽然考虑到了特定风险和家庭类型，但是并不全面。事实上，根据行动者自身的能力、资本状况以及所处的外部环境，

① Bryceson D. F., "The Scramble in Africa: Reorienting Rural Livelihoods", *World Development*, Vol.30, No.5, 2002, pp.725-739

② 参见韩俊：《我国农户兼业化问题探析》，《经济研究》1988 年第 4 期。

③ 参见奂平清、何钧力：《中国农民职业化现状及其影响因素——基于中国综合社会调查（CGSS2010）的分析》，《武汉大学学报》（哲学社会科学版）2015 年第 4 期。

④ Steward A., "Nobody Farms Here Anymore: Livelihood Diversification in the Amazonian Community of Carvao, A Historical Perspective", *Agriculture and Human Values*, Vol.24, No.1, 2007, p.75.

⑤ Schmidt-Kallert E., "A New Paradigm of Urban Transition: Tracing the Livelihood Strategies of Multi-locational Households", *Die Erde*, Vol.140, No.3, 2009, pp.319-336.

⑥ Martin S. M. and Lorenzen K., "Livelihood Diversification in Rural Laos", *World Development*, Vol.83, 2016, pp.1-13.

生计多样化可以区分为两个方面，一个是必要性，另一个是选择性。必要性意味着行动者不得不生计多样化，选择性则表明行动者在生计策略方面有多样的选项，亦即生存导向和机会导向的区别。[①]类似地，也有学者将生计多样化区分为应对机制和繁荣机制。[②]

生计多样化作用的一个差异体现在微观层面上。经济条件较差的农村家庭通过生计多样化获得生存上的安全，经济条件较好的农村家庭则将生计多样化作为扩大财富的途径。有研究通过对调查数据的分析也证实生计多样化是相对富裕家庭基于多样的资本基础进行财富积累与提升的一种发展策略。[③]不过，也有研究发现中等收入农村家庭使用多样化策略的程度最高，经济条件较差或较好的家庭则相对较低，经济条件较差的家庭因为缺乏资源，经济条件较好的家庭则拥有充足的资源，所以阻止了他们收入多样化。[④]这看似矛盾的观点实质上指出了生计多样化使用的条件性，也佐证了生计多样化对富裕家庭来说是选择性。更为重要的是，一方面突出了生计多样化对农村贫困家庭来说是生存压力逼迫下的别无选择的必要性，另一方面则揭示了生计多样化是农村贫困家庭的希望，但这其中存在成立前提。针对家庭成员或者说个人，生计多样化的条件性、必要性以及选择性同样得到体现。家庭经济条件较好、与城市（或者市场）的距离短、受教育程度高的农民比较有条件实现生计多样化，土地的缺乏则会逼迫农民从事生计多样化活动；同时，研究还发现，家庭收入中等的农民则较少使用生计多样化策略。[⑤]正如埃利斯所总结的，贫困家庭由于缺乏人

① Ellis F., "The Determinants of Rural Livelihood Diversification in Developing Countries", *Journal of Agricultural Economics*, Vol.51, No.2, 2000, pp.289-302.

② Start D. and Johnson C. A., *Livelihood Options? The Political Economy of Access, Opportunity and Diversification*, Working Paper 233, Overseas Development Institute, 2004, pp.1-50.

③ Martin S. M. and Lorenzen K., "Livelihood Diversification in Rural Laos", *World Development*, Vol.83, 2016, pp.1-13.

④ Yaro J. A., "Is Deagrarianisation Real? A Study of Livelihood Activities in Rural Northern Ghana", *Journal of Modern African Studies*, Vol.44, No.1, 2006, pp.125-156.

⑤ Challa T. G., Mamo A. T., Tibeso A. N., et al., "Rural Livelihood Diversification Status and Determinant Factors in Arsi, Ethiopia", *International Journal of Business and Economics Research*, Vol.8, No.1, 2019, pp.23-30.

力资本因而是个人层面上的多样化，拥有更多人力资本的家庭则会在家庭成员专业化的基础上实现家庭生计多样化。[①] 个人低技术水平的生计多样化与贫困相关，以个人专业化为基础的家庭生计多样化则会带来更高的收入。[②]

农村家庭生计多样化程度，在具备进行生计多样化的前提条件下是个人理性选择和行为偏好的结果，其中一个影响判断的重要因素即所处的社会情境，同时，无论是家庭还是个人也都无法逃脱情境因素将他们推向生计多样化中的必要性一侧。因而，生计多样化作用的另一个差异体现在情境层面。所处自然条件恶劣的农民家庭通过生计多样化确保生存安全，所处自然条件优越的农民家庭则将生计多样化作为提升收入的手段。研究者认为，在农村经济日益发展的背景下，多样化反映的是农民通过辛勤的劳动不断扩大收入来源积累财富，表现出“好”的多样化作用类型，而在停滞的农村经济中，多样化意味着贫穷群体正在应对危机。[③] 所以，生计多样化根据家庭与所处自然条件的差异，结合对应的作用变化（必要性和选择性），可以粗略地被区分为四种类型：家庭必要性生计多样化、家庭选择性生计多样化、情境必要性生计多样化以及情境选择性生计多样化。当把家庭和情境结合起来的时候，因为存在情境影响个体、个体抵御情境风险等多种作用关系，情况也就变得复杂起来，但生计多样化作为行动者的生计策略，其作用形态最终是根据情境影响中家庭的状况变化的。生计多样化的作用效果受到微观和情境差异的调节，归根结底在于社会分化过程中不平等关系结构的存在引发的资源和机会的不均衡分布。

生计多样化对农村家庭的影响最重要的体现是在收入方面。关于农村生计

① Ellis F., *Rural Livelihood Diversity in Developing Countries: Evidence and Policy Implications*, Overseas Development Institute, 1999, pp.1-10.

② Ellis F., “The Determinants of Rural Livelihood Diversification in Developing Countries”, *Journal of Agricultural Economics*, Vol.51, No.2, 2000, pp.289-302.

③ Niehof A., “The Significance of Diversification for Rural Livelihood Systems”, *Food Policy*, Vol.29, No.4, 2004, pp.321-338.

多样化与家户总收入之间的关系，一项回顾性研究发现对此存在五种认识，具体包括负向的线性关系、正向的线性关系、U形关系、倒U形关系、无明确关系，形成这种复杂关系的一个原因在于测量使用的是非农收入占家庭总收入的比例还是非农收入的绝对值，不过，较多的研究发现，在高收入和低收入家庭中非农收入都占较高比例。① 这也就是前述所提到的富裕家庭通过多样化扩大财富，贫困家庭借助多样化维持生存。收入多样化并不一定会带来高收入，但是对于贫困群体的生存安全来说却是至关重要的。② 压力推动的多样化迫使人们从事低回报的活动，获得更加稳定但也较低的家庭收入，因为这是在多样化作为一种风险避免策略和专业化作为一种更有效率、收入更高但是具有风险偏向的策略之间所做的权衡。③ 除去测量因素，生计多样化与农村家庭收入之间的复杂关系，更多的是行动者基于自身的能力、资本在社会情境下与资源、机会相互作用的结果。在这个过程中出现的马太效应引发学者关于生计多样化会加剧农村收入不平等的担忧。④ 此外，生计多样化还有可能带来减少农业产出、强化负面性别影响（就业市场的性别歧视）等消极后果。⑤ 但是，无论是自愿还是迫不得已，行动者通过多样化策略在生计实践中能够利用的资源和机会增多，因而增加了获取更多物质资料的可能性。尤其是对那些发展中国家的农民及其家庭来说，既不能在农业也不能在非农部门中实现职业专业化，多样化可

---

① Loison S. A., “Rural Livelihood Diversification in sub-Saharan Africa: A Literature Review”, *The Journal of Development Studies*, Vol.51, No.9, 2015, pp.1125-1138.

② Yaro J. A., “Is Deagrarianisation Real? A Study of Livelihood Activities in Rural Northern Ghana”, *Journal of Modern African Studies*, Vol.44, No.1, 2006, pp.125-156.

③ Martin S. M. and Lorenzen K., “Livelihood Diversification in Rural Laos”, *World Development*, Vol.83, 2016, pp.1-13.

④ Barrett C. B., Reardon T., Webb P., “Nonfarm Income Diversification and Household Livelihood Strategies in Rural Africa: Concepts, Dynamics, and Policy Implications”, *Food Policy*, Vol.26, No.4, 2001, pp.315-331.

⑤ Ellis F., *Rural Livelihood Diversity in Developing Countries: Evidence and Policy Implications*, Overseas Development Institute, 1999, pp.1-10.

能是获得弹性适应性生计的最合适的方式[①]，也是突破贫困的一种重要策略。[②]

对于农村生计多样化形成的原因，除了对个人的偏好和理性选择的基本考察，更需要在考虑制度和结构扮演的角色中探查出其中的产生机制。生计实践包括的能力培养、策略以及作用对象既受到个人倾向和偏好的影响，也受到脆弱性背景的左右，如环境变化，总体趋势变化，包括资源存量、季节变动等，还受到结构和过程如制度、政策和文化因素的约束。[③] 埃利斯在总结已有研究的基础上指出，生计多样化的主要影响因素包括季节性、风险、劳动力市场、信贷市场、策略、应对行为，这些因素受到社会关系和制度的调节，包括亲属网络、家庭中的性别关系、财产权获取习惯和规则；另外，它们也受到自然环境、宏观经济的形塑。[④] 也有研究者将生计多样化产生的原因归结为工业化和非农经济未能给农民提供完全覆盖的就业岗位，国际竞争结构的变化影响小农的生存能力以及劳动力市场的属性。[⑤] 还有研究者进一步将生计多样化的决定因素归结为推与拉两个方面，推的因素具体包括不利的农业环境、风险（季节性、气候的不确定性）、人口压力、缺失或者不完全的要素市场，一些社会因素如社会地位、网络、协会、宗教和文化也是驱动多样化的重要因素；拉的因素则包括农业商业化、非农就业机会的增加、基础设施的完善，也有一些供应因素，如技术的进步、教育的扩张、因收入的提高对非农商品和服务需求的增加。[⑥] 流动则是将推、拉因素在个人层面有效结合在一起推动农民实现生计多

① Start D. and Johnson C. A., *Livelihood Options? The Political Economy of Access, Opportunity and Diversification*, Working Paper 233, Overseas Development Institute, 2004, pp.1-50.

② Ellis F. and Biggs S., "Evolving Themes in Rural Development 1950s-2000s", *Development Policy Review*, Vol.19, No.4, 2001, pp.437-448.

③ Farrington J., Carney D., Ashley C., et al., "Sustainable Livelihoods in Practice: Early Applications of Concepts in Rural Areas", *Natural Resource Perspectives*, No.42, 1999, pp.1-14.

④ Ellis F., "The Determinants of Rural Livelihood Diversification in Developing Countries", *Journal of Agricultural Economics*, Vol.51, No.2, 2000, pp.289-302.

⑤ Start D. and Johnson C. A., *Livelihood Options? The Political Economy of Access, Opportunity and Diversification*, Working Paper 233, *Overseas Development Institute*, 2004, pp.1-50.

⑥ Loison S. A., "Rural Livelihood Diversification in sub-Saharan Africa: A Literature Review", *The Journal of Development Studies*, Vol.51, No.9, 2015, pp.1125-1138.

样化的关键因素，对于那些边缘化和贫穷的家庭来说，流动性的增加或者永久移民可能是摆脱贫穷的唯一方式，尽管他们经常缺乏必要的资源如交通工具进行流动以实现弹性生计。①

借助更为广阔的视野，更能清楚地看到上述被总结的一些因素如何通过连锁反应刺激农民生计多样化的产生。以拉美国家为例，首先，在20世纪80年代债务危机爆发之后，许多拉美国家实施了结构调整政策，放开了跨区域的国际市场进行自由贸易，这给拉美的小农直接带来了消极后果，因为拉美的小农不得不直接面对来自北方发达国家拥有财政补贴的农业生产者的竞争；其次，在结构调整政策关于降低公共支出的要求下，在面对市场变化的同时拉美国家的农民失去了农业补贴和支持；最后，在人口增长的背景下，小农面临日益紧缩的土地，有限的可用土地资源让拉美小农很难通过扩大农作物生产规模来抵消价格下跌的影响，由此生计多样化成为农民摆脱现状的希望。② 生计多样化演变为全球趋势源于一系列结构与制度的变化，变化过程中产生的社会性因素使小农通过从事农业生产来维持生活变得日益困难。

上述研究充分阐述了农村生计多样化的形成原因，也有研究注意到存在一些障碍会抑制农民使用生计多样化的策略。亚罗认为，在生计多样化过程中，农民面临不同的进入障碍。首先，生计多样化不会自动促成生计安全，对于农民来说一些能够获利的非农工作受到宏观经济、人口压力、气候变化以及社会边缘化等因素的影响；其次，一些需要一定资金投入的非农工作无形之中将经济条件差的农民排除在外；最后，以服务为基础的非农活动市场是非常低级的，它依赖源于农业部门的收入产生必要的循环收入的分配效应。③ 在此之

① Fold N., Gough K. V., Agergaard J., “Conclusion”, in Agergaard J., Fold N., Gough K. V., eds., *Rural-urban Dynamics: Livelihoods, Mobility and Markets in African and Asian Frontiers*, Abingdon: Routledge, 2009, pp.198-205.

② Steward A., “Nobody Farms Here Anymore: Livelihood Diversification in the Amazonian Community of Carvao, A Historical Perspective”, *Agriculture and Human Values*, Vol.24, No.1, 2007, pp.75-92.

③ Yaro J. A., “Is Deagrarianisation Real? A Study of Livelihood Activities in Rural Northern Ghana”, *Journal of Modern African Studies*, Vol.44, No.1, 2006, pp.125-156.

外，也有研究发现，跨地区的信息传递和协调机制的缺乏导致农产品在短时间段内蜂拥挤进市场形成过度供应的局面，进而削弱生计多样化对农民家庭收入的积极作用。[①] 因而，农村生计多样化的实质在于行动者通过扩大在社会空间中的活动范围提高获取资源与财富的机会，是社会因素主导作用下的一种普遍现象。

农村生计多样化的产生有多个原因，首先是社会空间的扩大以及资源分配机会的增加，这具体表现为市场体系的形成，工业化生产对劳动力、服务等形成不断增长的需求，可以称之为机会因素；其次是以传统农业为基础的生产活动无法支持农民参与整个社会日益扩张的财富循环，因而对农民的生计形成持续迫切的压力，人口压力、自然风险、市场风险等压力因素都在削弱农业的支持能力；最后是农民在压力下寻找新的机会无疑需要借助一些条件，交通运输、基础设施、社会网络和教育的普及构成生计多样化产生的条件因素。但是，机会因素并未产生对于所有的农民来说平等可及的机会，事实上，不仅一道道筛选门槛充满激烈的竞争，而且当这些机会经过结构关系的安排只是处于财富分配的边缘位置时，生计多样化成为农民阶段性的合理选择。当产业结构转型和城市化进程仍然处于进行时时，采取多样化的生计策略在农村将是一种长期而普遍的现象。

关于农村生计多样化与专业化之间的关系，目前存在两种不同的看法。一种观点认为农村生计多样化只是一种过渡现象，将会向专业化方向转变。有研究对中国农民经营形式进行了分析，认为随着城乡工业一体化进程的推进和农业的发展，经营形式将会朝专业化方向转变。[②] 关于农业生产的经验研究发现，在美国，农场专业化程度越高，农场的收入就越高，专业化农业生产通过提高

① Spoor M., Shi Xiaoping, Pu Chunling, “Small Cotton Farmers, Livelihood Diversification and Policy Interventions in Southern Xinjiang”, in Zhang H. X., ed., *Rural livelihoods in China: Political Economy in Transition*, Abingdon: Routledge, 2015, pp.131-150.

② 参见陈言新、彭展:《从兼业经营到专业化：中国农民经营形式的转换——兼与韩俊同志商榷》,《经济研究》1989 年第 12 期。

劳动生产率、节约用工数量对农民收入产生影响。[①] 从消极的方面来看，在缺乏专业化劳动力的情况下，个人和家庭的非农多样化面临回报下降的危机。[②] 另一种观点认为农村生计多样化是一种普遍和持续的现象。理由是多样化有助于在经济发展背景下保障生计安全，在经济恶化背景下抵御生计风险。[③] 有研究者将中国农户兼业化发展划分为三个阶段，首先是农户兼业化的初级发展阶段，其次是兼业农户分化和商品性大规模专业农户发展阶段，最后是在商品性较大规模农业经营基础上农户兼业化的高级发展阶段，并且认为在农业专业化基础上会出现兼业化现象，主要理由是农业生产劳动的季节性影响生产要素的使用效率，为追求更多的经济利益，农业专业化的农户会选择兼业。[④] 产生这种分歧的根本原因在于混淆了生计多样化中个人策略和普遍现象之间的区别。在微观意义上，生计多样化指的是行动者采取的生计策略，在宏观意义上，生计多样化意味着某一地区、某一特定时间段的普遍现象。[⑤] 越分化的结构，功能越有效率，很大程度上是因为越来越专业化。[⑥] 因而，社会倾向于通过形成日益自主和专业化的文化的、政治的、经济的和整合的制度获得发展。[⑦] 落到微观层面，生活标准由低到高的变化涉及从多样化向专业化的转变；同时，在

① 参见王继权、姚寿福：《专业化、市场结构与农民收入》，《农业技术经济》2005 年第 5 期。

② Bryceson D. F., "The Scramble in Africa: Reorienting Rural Livelihoods", *World Development*, Vol.30, No.5, 2002, pp.725-739.

③ Ellis F., "Household Strategies and Rural Livelihood Diversification", *The Journal of Development Studies*, Vol.35, No.1, 1998, pp.1-38.

④ 参见韩俊：《我国农户兼业化问题探析》，《经济研究》1988 年第 4 期。

⑤ 参见陈言新、彭展：《从兼业经营到专业化：中国农民经营形式的转换——兼与韩俊同志商榷》，《经济研究》1989 年第 12 期。

⑥ Smelser N. J., "The Contest between Family and Schooling in Nineteenth-century Britain", in Alexander J. C. and Colomy P., eds., *Differentiation Theory and Social Change: Comparative and Historical Perspectives*, New York: Columbia University Press, 1990, pp.165-186.

⑦ Champagne D., "Culture, Differentiation, and Environment: Social Change in Tlingit Society", in Alexander J. C. and Colomy P., eds., *Differentiation Theory and Social Change: Comparative and Historical Perspectives*, New York: Columbia University Press, 1990, pp.52-87.

个人身上，存在着多样化与专业化的冲突。[①] 所以，农村生计多样化作为一种结构现象，[②] 根植于产业结构转型和城市化进程，伴随结构转型的推进以及社会分工的深化，生计多样化将会转化为专业化，尤其是个人的生计策略。

当农民普遍通过城市化完全实现生计转型，抑或说农村家庭的生计多样化普遍以家庭成员的专业化为基础时，这就意味着在农村生计多样化不再是一种普遍的社会现象。但是，由于结构不平等的长期存在，无论是在农村还是在城市，采取多样化的生计策略都将是贫困家庭和个人应对危机、摆脱困境的重要手段。专业化作为一种更有效率、收入更高的策略，与之伴随的是风险倾向的存在，而多样化则是一种风险规避策略。[③] 对于生计脆弱的家庭和个人来说，选择能够以非常低廉的成本进入和退出一种劳动领域以提升承受风险的能力成为事关生计安全的事情。正如有研究者指出，那些处于有利位置、能够获取丰富资源的人有机会过上稳定的、安全的生活，因而更有可能在创造收入的活动中日益专业化，而不用外出寻找机会，穷人则身处缺乏资源和基础条件的不利位置，为了打破这种结构困境，从全球化的巨大机遇中获益，能采取的生计策略就是多样化。[④]

因物质生产基础的主导结构发生转变引发农民的生计转型，在这个过程中由于机会因素、压力因素和条件因素的共同作用，农村生计多样化成为普遍现象。对生计转型与生计多样化相关研究的简单总结如表 1-1 所示。生计多样化一方面反映出在结构因素和社会制度的约束下农民生计转型的滞缓，另一方面表现出农民面对困境所具有的创造力和反抗性。尽管在生计多样化

① Ellis F., *Rural Livelihood Diversity in Developing Countries: Evidence and Policy Implications*, Overseas Development Institute, 1999, pp.1-10.

② De Haan L. J. and Zoomers A., "Development Geography at the Crossroads of Livelihood and Globalization", *Tijdschrift voor economische en sociale geografie*, Vol.94, No.3, 2003, pp.49-63.

③ Martin S. M. and Lorenzen K., "Livelihood Diversification in Rural Laos", *World Development*, Vol.83, 2016, pp 1-13.

④ De Haan L. J. and Zoomers A., "Development Geography at the Crossroads of Livelihood and Globalization", *Tijdschrift voor economische en sociale geografie*, Vol.94, No.3, 2003, pp.49-63.

中农民将个人劳动价值以自我剥削的方式进行了最大化，但是结构性不平等的普遍存在，包括农民群体内部的贫富分化、城乡之间的贫富悬殊等，决定了在一个长期的过程中生计多样化既是个人的重要生计策略，也是群体的必然选择。虽然生计多样化具有保障生计安全、扩大财富积累等积极作用，但是它本身并不必然促使农民生计成功转型，抑或成为平等分享社会增长的财富的一分子，在行动者的能动性之外，它需要的是结构和制度壁垒的消除而产生的更大的行动空间。现代化将农民推上生计变迁之路，为农民的生计带来新的可能，但也将农民抛向个人命运维系在他人手中的风险社会。目前，在全球范围内，资源、环境、气候、贫富差距等问题日益突出，可持续发展成为全球日益关注的焦点话题，在对现状和未来充满不安和忧虑的思考中，那些处境不利的民众的生计可持续问题尤其是农民的生计可持续问题也就引起了学界的关心。

表 1–1　对生计转型与生计多样化相关研究的简单总结

	表现	成因	影响
生计转型	去农业化 农村进入发展消费阶段 农业商品化 农村社区生计策略多样	传统农业部门的衰败 自然风险 个人与社区状况 基础设施 乡村工业化 制度变革	个体层面：新的生活方式、收入来源多样、面临复杂多变的社会风险 社会层面：社会分化的深化、结构与制度的转型
生计多样化	跨部门（农业或非农） 跨功能（雇佣或自雇佣） 跨位置（在农或离农） 不直接关联	个体因素：生计资本状况、理性判断 机会因素：市场体系的扩大、工业大生产等 压力因素：传统农业的边缘与被削弱等 条件因素：基础设施、社会网络等	积极方面：增强生计安全（必要性）、扩大收入来源（选择性）、环境益处、性别益处 消极方面：加剧农村收入差距、减少农业产出、强化负面的性别影响

（三）关于可持续生计理论框架的研究

如果说生计转型和生计多样化是在研究农民的生计如何受到现代化进程的影响，那么可持续生计可以说是从生计的角度探讨农民如何与现代化步伐保持一致。可持续生计这一概念最早出现于1986年，1987年成为由环境与发展国际机构组织的一场会议的讨论焦点。[①]1988年可持续生计概念出现在世界环境和发展委员会的报告中。[②]钱伯斯和康威认为，“可持续生计意味着，这种生计不仅能够应对压力和打击并从中恢复，维持或者提高自身的能力和资产，也能够为下一代提供可持续生计的机会，还能够在地方和全球范围内，在短期和长期内，为他人的生计带来益处”[③]。显然，可持续生计包括自然可持续和社会可持续，自然可持续指的是行动者的生计能够抵御自然风险，并且不会对他人的生计产生自然环境方面的威胁，典型的就是代际可持续；社会可持续是指行动者的生计能够应对社会风险。并且，他们将三个核心概念——能力、平等与可持续性整合进可持续生计概念中，这三个核心概念既是生计的目的，也是生计的手段。哈恩认为，如果一种生计能够充分地满足自我定义的基本需求并且对打击和压力具有韧性，那么它就是可持续的，并且认为如果生计是可持续的，就意味着社会融入；如果不是，那就等同于社会排斥。[④]

20世纪八九十年代贫困的加剧与环境的恶化引发环境与发展运动，这成为生计研究关注人们尤其是贫困人口如何实现生计可持续的现实背景。20世纪末21世纪初，以发展自由市场经济为核心的华盛顿共识开始受到来自社会、学界等多方面的挑战，与此同时，英国新工党政府在过时的劳工意识形态和上

---

① Scoones I., “Livelihoods Perspectives and Rural Development” , *The Journal of Peasant Studies*, Vol.36, No.1, 2009, pp.171-196.

② 参见辛格、吉尔曼:《让生计可持续》,《国际社会科学杂志》(中文版) 2000 年第 4 期。

③ Chambers R. and Conway G., “Sustainable Rural Livelihoods: Practical Concepts for the 21st Century” , *IDS Discussion Paper 296*, 1991, p.26.

④ De Haan L. J., “Globalization, Localization and Sustainable Livelihood” , *Sociologia Ruralis*, Vol.40, No.3, 2000, pp.339-365.

一届保守党政府的新自由意识形态之外提出“第三条道路”的发展政策，其中一项重要内容就是聚焦于民众的贫困和生计问题。[①]因而，在英国政府的直接推动下，在经济学、生态学、社会学等多学科的交叉研究中，以反贫困为目标的可持续生计研究蓬勃发展。一个重要的标志就是可持续生计理论的提出，其中又以英国国际发展署于（DFID）1999年提出的可持续生计理论框架（Sustainable Livelihood Framework）影响最为深远。可持续生计理论框架包括自然环境、转型的结构与过程、生计资本、生计策略以及生计输出（结果）等要点，核心观点为：在自然与社会因素的影响下，行动者基于生计资本选择生计策略用以实现生计输出（结果）的获得。可持续生计理论框架的提出引发众多研究对其进行检验和深化。

1. 经验验证

相关研究对可持续生计理论框架中的生计资本进行了操作化，但存在不足。黎洁等将个人层面的生计资本操作化为：自然资本包括耕地面积、林地面积，物质资本包括房屋结构、生产工具、耐用消费品，金融资本包括贷款和资助金额、高利贷、亲友借款、家畜存量等，人力资本包括年龄、受教育年限、身体健康状况、手艺或技术、农业或非农培训等，社会资本包括参加的协会、寻找非农工作时可寻求帮助的家庭数量等。[②]苏芳等将家户层面的生计资本操作化为：人力资本包括农户的劳动能力、男性成年劳动力、成年劳动力受教育程度，自然资本包括户均拥有耕地面积、户均实际耕地面积，物质资本包括住房情况、家庭资产，金融资本包括获得现金信贷的机会、获得现金援助的机会、家庭现金收入，社会资本包括参与社会活动和组织、资金帮助、物质帮助、技术帮助。[③]上述这些关于生计资本的操作化虽然不尽相同，但是不约而

① Scoones I., “Livelihoods Perspectives and Rural Development”, *The Journal of Peasant Studies*, Vol.36, No.1, 2009, pp.171-196; De Haan L. J., “The Livelihood Approach: A Critical Exploration”, *Erdkunde*, Vol.66, No.4, 2012, pp.345-357.

② 参见黎洁、李亚莉、邰秀军等:《可持续生计分析框架下西部贫困退耕山区农户生计状况分析》,《中国农村观察》2009年第5期。

③ 参见苏芳、蒲欣冬、徐中民等:《生计资本与生计策略关系研究——以张掖市甘州区为例》,《中国人口·资源与环境》2009年第6期。

同地生计资本具有的为行动主体（即个人和家户）所占有、排他的属性。然而，考虑到无论是对行动主体的生计资本抑或生计策略都能产生直接影响的社区因素[①]，尤其是社区公共资源，现在的生计资本概念似乎就暴露出自身的不足。社区公共资源能够为社区成员（包括个人和家户）所使用，是个体生计资本的重要组成部分，但是资源的公共属性使它无法被纳入目前使用的生计资本的概念范畴。同时，社区公共资源只对社区成员开放的有限公共属性决定了它无法归统到情境、结构与过程这类宏观层次。典型的社区公共资源，例如社区的自然资源、基础设施，由社区成员所发展出来的社会关系网络、文化，也包括以农村社区为基础形成的集体经济等。并且，也有经验研究发现，拥有丰富资本（包括丰富的森林资源、大型水库、完善的灌溉设施等）的村庄能够为村民提供多样的工作机会和就业岗位，因而与更多的财富产生联系。[②] 正如有研究者指出，在农民个体层次上分析生计策略是不可或缺的，但是村庄的特征对农民生计策略的影响也是一个值得深入探索的领域。[③] 因而，从生计资本的概念去理解社区状况在农民生计中的作用是极为必要的。

一系列研究对生计资本与生计策略的关系做出检验。有研究者基于从上海青浦区获得的调查数据在宏观和微观层面对影响农民生计策略（从事非农就业和土地流转）的相关因素进行分析，证实人力资本（年龄、受教育程度）影响农民关于从事非农就业的生计决策，同时社会调节过程（工资、农作物价格因素）也会起作用。关于是否进行土地流转的生计决策，农民不仅会根据人力资本（家庭中的劳动力数量）、物质资本（农业机械）、金融资本（土地租赁）进行考虑，也会参考社会调节过程如相关政策（农业补贴）、农业合作社等因

① Bhandari P. B., "Rural Livelihood Change? Household Capital, Community Resources and Livelihood Transition", *Journal of Rural Studies*, Vol.32, 2013, pp.126-136.

② Martin S. M. and Lorenzen K., "Livelihood Diversification in Rural Laos", *World Development*, Vol.83, 2016, pp.1-13.

③ Zhang Le, Liao Chuanqing, Zhang Huan, et al., "Multilevel Modeling of Rural Livelihood Strategies from Peasant to Village Level in Henan Province, China", *Sustainability*, Vol.10, No.9, 2018, pp.1-13.

素。[①] 在河南，同样发现年轻的、受教育程度较高的男性农民有较大可能去从事非农工作。[②] 也有研究聚焦于中国的西部地区探讨生计资本与生计策略的关系。一项研究以张掖市的甘州区为例，发现在当地农户中，他们拥有的物质资本的数量值最高，其次为人力资本，社会资本次之，金融资本和自然资本较低，并通过对调查数据的分析，指出拥有较多自然资本的农户往往更倾向于选择以农业为主的生计策略，拥有较多金融资本的农户则更愿意选择以非农为主的生计策略。[③] 还有研究基于在陕西省周至县收集的调查数据，发现人力资本和社会资本较多的农户倾向于采取以非农为主的生计策略。[④] 发展中国家中普遍存在农民选择离农作为一种生计策略的现象。对于产生这种现象的原因，有研究者基于巴基斯坦的调查数据，从人力资本、自然资本、经济资本以及地方特征几个方面入手进行了相应的分析，发现家庭劳动力数量少、耕地面积小、自然灾害多等因素显著增加农民离农的可能性，而与商业区（或者城市）的距离等因素则起到相反的作用。[⑤] 这些研究将生计策略主要限定为农业与非农两种类型，非此即彼，也有研究关注了生计多样化。

有研究对生计资本与生计多样化之间的关系进行了分析。针对青藏高原东部农牧民的研究发现，自然资本与生计多样化（包括农业与非农）指数的相关度最高，包括耕地、草场、药材指标；其次为人力资本，家庭成员身体素质

① Liu Zhaoxu and Liu Liming, “Characteristics and Driving Factors of Rural Livelihood Transition in the East Coastal Region of China: A Case Study of Suburban Shanghai” , *Journal of Rural Studies*, Vol.43, 2016, pp.145-158.

② Zhang Le, Liao Chuanqing, Zhang Huan, et al, “Multilevel Modeling of Rural Livelihood Strategies from Peasant to Village Level in Henan Province, China” , *Sustainability*, Vol.10, No.9, 2018, pp.1-13.

③ 参见苏芳、蒲欣冬、徐中民等:《生计资本与生计策略关系研究——以张掖市甘州区为例》,《中国人口·资源与环境》2009 年第 6 期。

④ 参见梁义成、李树茁、李聪:《基于多元概率单位模型的农户多样化生计策略分析》,《统计与决策》2011 年第 15 期。

⑤ Ahmad M. I., Oxley L., Ma H., “What Makes Farmers Exit Farming: A Case Study of Sindh Province, Pakistan” , *Sustainability*, Vol.12, No.8, 2020, pp.1-17.

好、受教育程度高、拥有更多技能，倾向于选择生计多样化；再次为物质资本，其与生计多样化指数为中度负相关，原因在于牲畜数量多需要更多的劳动力来管理，影响劳动力的非农就业；最后是金融资本，其与生计多样化指数低度相关，农户因为缺少资金而无法去从事经商等生计活动。[①] 在直接使用五类生计资本建立与生计多样化的关系之外，也有研究尝试在对生计资本进行扩展的基础上进行相应的分析。有研究者在将五类生计资本重新概括为缓冲能力之外，还加入了自我组织能力（具体包括制度、合作网络、网络结构以及对自身资源的依赖），学习能力（具体包括学习投入、知识认同、知识分享能力、知识转移能力以及功能反馈机制等），形成了测量生计韧性概念的相关指标，在此基础上分析了生计韧性对农村家庭采取不同生计策略（农业类型、非农类型、多样化生计类型）的具体影响。例如，拥有较多物质资本和丰富工作经历的家庭更倾向于从事非农活动，而家庭规模较大、现金收入较多并且拥有较为广泛的社会支持网络和频繁的日常信息交流的重新定居家庭更多选择生计多样化策略，[②] 从中可以发现家庭的生计资本与生计策略之间关系的痕迹，物质资本、人力资本（丰富的工作经历）与从事非农活动密切相关，较高的人力资本（家庭人口规模）、金融资本和社会资本促成家庭选择生计多样化。

在五种生计资本之中，有研究着重强调社会资本对农民生计策略创新的作用。叶敬忠等在对农民个案进行分析的基础上总结出一些关键因素，认为其能够对农民生计策略的创新产生影响。（1）社会网络（基于亲朋好友、老乡、同事和共同利益等缘由形成的关系纽带）；（2）来自社会网络的信息；（3）过往经历；（4）来自媒体和公开杂志的信息；（5）面对面交流带来的启发；（6）信任；（7）考察其他地方获得的信息；（8）来自市场和当地庙会的信息；（9）考察成功案例受到的启发；（10）社会网络成员、家人以及其他人的影响；（11）与他人的

---

① 参见阎建忠、吴莹莹、张镱锂等：《青藏高原东部样带农牧民生计的多样化》，《地理学报》2009 年第 2 期。

② Liu Wei, Li Jie, Ren Linjing, et al., "Exploring Livelihood Resilience and Its Impact on Livelihood Strategy in Rural China", *Social Indicators Research*, Vol.150, No.3, 2020, pp.977-998.

商议;（12）自助与相互合作;（13）名声、尊重和信誉;（14）兴趣、信念、对外面世界的好奇心、社会压力。并且，他进一步指出农民的生计策略创新不是来自自然、物质、人力或者金融资本[①]的作用，而是应该归因于前述一系列构成社会资本的因素。[②]委身于正在经历结构转型的社会，在人力、物质、金融以及自然资本既定的情况下，社会资本为农民在微观层面发挥能动性以突破现状提供了可能。

在形成生计多样化的策略中，对于生计资本的数量和质量哪一个更为重要存在分歧。一方面，拥有多样的生计资本被认为对于形成多种生计策略是至关重要的；另一方面，相比于仅仅强调生计资本的类别和数量，也有观点认为生计资本的质量影响个体或者家庭的资源动员能力，而这种能力在多样化策略的形成中是不可或缺的。在一项针对老挝南部农民经验的研究中，研究者发现不同资本类型的数量与职业多样化呈现显著的相关关系，“这表明资本的多样化比起质量，在形成生计多样化方面更为重要”[③]。研究者据此认为农村发展项目将注意力集中在增加农民生计资本的数量而不是提升生计资本的质量上，更有可能支持生计多样化和消减贫困。[④]除了生计多样化，研究还进一步发现生计资本是农民采取适应性策略应对生计风险的基本依据。[⑤]这些经验研究通过对生计资本进行操作化，利用丰富的材料主要就生计资本与生计策略之间存在的

---

① 作者在原文中使用的是“natural, physical, human or financial assets”和“social assets”（第 199 页），为保持概念的统一，本书依据可持续生计理论框架将其表述为“自然、物质、人力、金融以及社会资本”。

② Ye Jingzhong, Wang Yihuan, Long N., “Farmer Initiatives and Livelihood Diversification: From the Collective to A Market Economy in Rural China”, *Journal of Agrarian Change*, Vol.9, No.2, 2009, pp.175-203.

③ Martin S. M. and Lorenzen K., “Livelihood Diversification in Rural Laos”, *World Development*, Vol.83, 2016, pp.1-13.

④ Martin S. M. and Lorenzen K., “Livelihood Diversification in Rural Laos”, *World Development*, Vol.83, 2016, pp.1-13.

⑤ Kuang Foyuan, Jin Jianjun, He Rui, et al., “Farmers’ Livelihood Risks, Livelihood Assets and Adaptation Strategies in Rugao City, China”, *Journal of Environmental Management*, Vol.264, 2020, pp.1-8.

关系进行验证，证实农民生计策略的形成受到所拥有的生计资本的影响。

在全球范围内进行的经验研究因而也就能够揭示不同的自然、社会环境中生计资本会对生计策略的形成产生不同的效果。例如，在尼泊尔，人力资本、金融资本较多的农民会采取以农业为主的生计策略，但在中国，人力资本、金融资本较多的农民倾向于采用以非农为主的生计策略。又如，在中国青藏高原东部，物质资本与生计多样化指数为负相关，降低了劳动力非农就业的可能性，但在陕西南部，拥有较多物质资本的家庭更倾向于从事非农活动。这符合可持续生计理论框架的理论预设，行动者基于生计资本在自然环境背景、结构与过程因素的影响下形成生计策略。类似的生计资本会促成不同的生计策略，这一方面是对可持续生计理论框架理论内涵的丰富，另一方面也提醒对生计资本的具体所指需要有明确的认识。不过，可持续生计理论框架只是为这种差异的存在留有解释的空间，并不能提供有效的理论解释。虽然需要始终注意可持续生计理论框架目前仍然只是一个理论框架，但不可否认的是，将其发展为一种具有解释效力的理论是生计研究的重要任务之一。

目前的经验研究也得出一些观点一致的结论，比如社会资本会促使农民从事非农就业。但是，由于经验材料、研究方法等因素的限制，这些研究对可持续生计理论框架只是进行了部分检验和深化，对于生计策略的分析较多的是建立在可被数据测量的基础上。虽然逐步建立起生计资本与生计策略之间的具体关系，但是简单的分类限制了将生计实践中复杂多变的生计策略纳入研究过程中，结构与过程因素的较少涉及更是制约了它们对可持续生计理论框架的推动作用。可持续生计理论框架在生计研究中的重要性还吸引一些研究者从其他方面对其进行深化。

2. 理论深化

生计资本是可持续生计理论框架的核心部分，相关研究围绕着生计资本对该理论框架做出深入的讨论。对于不同类别的生计资本之间的关系，有研究深化了生计资本之间具有可转化性的认识。有研究者分析认为，农民使用一种新的生计策略以应对变化的脆弱性背景或者正在转型的结构与过程，一些生计资本的价值会下降，与此同时，一些生计资本的价值则会上升。例如，当农户的生计策略从以农业活动为主转变为以非农为主，在地方社区之外的社会关系网络的价值会上升，而农业土地的价值则会下降，若一种生计资本对生计没有价值（或者说作用），则最终会消失，并且指出如果人们将价值正在衰减的生计资本进行转化的能力受到限制，或者对预期价值会上升的生计资本进行投资但受到阻碍，生计将会变得脆弱，研究者因此呼吁停止对生计的静态估计或判断，去理解和解释生计资本与快速变化的时代之间的关系。[①] 也有观点认为，在不同的条件下，五种生计资本之间存在相互转化的可能，不过，当个体脱离其熟悉的系统时，生计资本之间的转化受阻，最为明显的是社会资本无法向金融资本转化。[②] 例如，农民进入陌生的城市虽然根据个人的努力可以建立一些初步的社会关系，但是因为信任关系的缺乏而无法从中产生借贷行为。不过，遗憾的是，来自结构、制度抑或行动者的哪些因素影响生计资本之间的转化过程却是不得而知的。还有研究者注意到在五种生计资本内部存在层次结构，比如在自然资本中，降水作为一种气候现象，应该被视为一种超地方层次（extra-local level），而土壤肥力则处于地方层次。又如社会资本，相比于邻里互助，广泛的制度、政党、网络代表了更为广泛的层次，进而认为生计不仅是社会与环境之间的互动，而且也是地方与全球化、结构和行动者共同作用的结果，能动性是其中的联结因素，全球化影响下出现的跨地域农民生计现象即是一个例子。[③] 生计资本存在层次结构的观点也佐证了以生计资本概念审视社区状况的合理性。因而，生计资本可转化、具有层次结构的观点无疑丰富了可持续生计理论框架的内涵。

---

① Knutsson P. and Ostwald M., “A Process-oriented Sustainable Livelihoods Approach–A Tool for Increased Understanding of Vulnerability, Adaptation and Resilience”, *Mitigation and Adaptation Strategies for Global Change,* Vol. 28, No.3, 2023.

② 参见苏芳、徐中民、尚海洋：《可持续生计分析研究综述》，《地球科学进展》2009 年第 1 期。

③ De Haan L. J., “Globalization, Localization and Sustainable Livelihood”, *Sociologia Ruralis,* Vol.40, No.3, 2000, pp.339-365.

可持续生计理论框架将行动者作为理论出发点，在理论框架中充分注意到结构和过程对行动者的约束和影响，但是忽视了在广泛的生计实践中行动者之间存在的冲突、权力等因素，给人留下生计结果是生计资本、结构与过程等相关因素线性作用的结果，因而具有一种方法论个人主义的理论印象。对于这一点，戴克曾明确指出，生计理论框架虽然使用资本这个概念，但是关注的重点是物质价值方面，忽略了资本的认知和社会使用价值方面，也未能察觉生计资本的增加在群体内部或者外部可能会引发的冲突。结合布迪厄等人的理论观点，戴克提出资本、资产以及资源具有物质、关系以及象征维度，物质维度是指资本、资产以及资源具有的功能或者说价值，关系维度是指它们如何在变动的社会结构内生产、再生产以及变化，象征维度指的是它们的象征价值，这些价值能通过人们的倾向性进行转化，并被嵌入意识形态和互动结构中。① 在可持续生计理论框架下，生计资本是行动者采取生计策略的基本依据，也因生计结果的反作用而发生变化。但是，在资源有限的基本前提下，生计资本的变化牵涉的是整体利益格局的调整，在分配机制曲折地走向公平的过程中可能引发行动主体之间的冲突，既存的权力关系及其敏感性是重要的形成条件。三个维度的提出，在生计资本获取物质资料的功能之外，更加凸显了它所具有的社会属性，生计资本在社会结构中形成与再生产，并且与人们的社会认知密切相关。因而，权力、冲突以及生计资本具有的多向维度为理解和发展可持续生计理论框架提供了新角度。

也有一些研究对可持续生计理论框架中的生计策略等方面进行了探讨。同样，由于可持续生计理论框架暗含着一种个体行动的预设，即行动者使用生计资本获得生计结果，这就引发一种批评，批评者认为尽管理论框架中生计资本包含社会资本，考虑到生计的社会联系属性，但这仍然是一种个体行动取向，忽视了处于社会联系中的个人或者家庭在地方文化的影响下通过团结、互助等

① Dijk T., "Livelihoods, Capitals and Livelihood Trajectories: A More Sociological Conceptualization", *Progress in Development Studies*, Vol.11, No.2, 2011, pp.101-117.

行为形成超越个体层面的共享生计结果。[①] 在柬埔寨进行的一项研究支持了这个观点，这项研究以两个村子为例，发现村民在村内具有领导威望的人的组织下，通过共同参与、协商决策，形成了一种能够灵活解决村内问题的民间社区管理方式，例如对村内的资源进行管理、协商等，促进村民的生计可持续。[②] 在墨西哥，由于受到外国商品的冲击，农产品出口大量受阻，农村受此打击日益凋敝，人口流失严重，但这也激发了墨西哥农民的草根行动（自主性），农民自发地组建合作社（包括农业生产、住房合作社等），以集体力量抵御市场经济的冲击，实现生计的可持续。研究发现，合作社之所以能够成功，原因在于强调参与民主、分配公平、团结的地方政治，以及集体所有制文化。[③] 相比于只关注个人或者家户的生计策略，这种观点将生计策略的所指扩大到更大的人群范围。在生计资本的基础上，通过有效的组织方式在特定的自然环境和社会文化因素下能够形成具有集体协作特征的生计策略。因而，脆弱性背景和结构与过程因素不仅影响生计资本的形成，而且也是形成生计策略情境合理性的重要依据。

在可持续生计理论框架下，从生计策略到生计结果中间存在的是生计实践的作用对象——资源和机会。对于生计机会的获取，有研究者认为这一过程受到社会关系、制度以及组织的控制，其中权力关系是一个重要的解释变量；另外，在生计策略中也需要考虑决策问题，包括抉择、无意识行为以及结构因素。[④] 这揭示了对生计策略与生计结果之间简单对应关系的套用容易忽略其中存在的复杂作用过程，考虑生计策略中的决策问题提醒可持续生计理论框架需

---

① King R., Adler M. A., Grieves M., "Cooperatives as Sustainable Livelihood Strategies in Rural Mexico", *Bulletin of Latin American Research*, Vol.32, No.2, 2013, pp.163-177.

② Marschke M. and Berkes F., "Local Level Sustainability Planning for Livelihoods: A Cambodian Experience", *The International Journal of Sustainable Development & World Ecology*, Vol.12, No.1, 2005, pp.21-33.

③ King R., Adler M. A., Grieves M., "Cooperatives as Sustainable Livelihood Strategies in Rural Mexico", *Bulletin of Latin American Research*, Vol.32, No.2, 2013, pp.163-177.

④ De Haan L. J. and Zoomers A., "Exploring the Frontier of Livelihoods Research", *Development and Change*, Vol.36, No.1, 2005, pp.27-47.

要将生计策略的复杂形成过程纳入其中。对生计策略的关注无疑扩展了可持续生计理论框架。

3. 理论批判

对于可持续生计理论框架，除了针对其中的理论要素及其关系进行验证和深化之外，也有研究从整体角度对其展开批判。代表性的观点认为可持续生计理论框架应该仅被用作一种工具，而不能完全覆盖生计的复杂动态，无法解释农民生计的动态属性，并指出生计是一个行动者根据不稳定的环境不断地调整目标、倾向性、生计资本和手段，一步一步进行下去的动态过程，因而需要对农民如何选择生计机会的过程进行深入分析，关注生计路径。① 还有研究者认为，如果简单地把可持续生计理论框架置于研究的社会事实之上，研究就变成了一种填充盒子的行为，可持续生计理论框架有助于研究发现的分析，但应该只被视为一种支持工具而不是全部，对此研究者提出一种过程视角，认为要把人和行动置于分析的中心，并考虑到这些行动是更广泛和长期过程的结果和组成部分，从共时动力机制分析人与环境之间的互动，从历时动力机制分析生计的动态变化过程。② 关注生计的动态过程以把握其长期趋势成为生计研究的重要组成部分③，这也是可持续生计理论框架在未来的发展过程中需要补充和完善的地方。

（四）研究总结与存在的不足

生计作为审视行动者在结构约束下如何实现生命存续及其意义创造的重要视角，日益成为重要的学术研究领域。在工业化、城市化持续推进的背景下，

① Ellis F., *Rural Livelihoods and Diversity in Developing Countries*, Oxford: Oxford University Press, 2000, 转引自 Kaag M., Van Berkel R., Brons J., et al., “Poverty Is Bad: Ways forward in Livelihood Research” , *Livelihood Group, CERES Research School*, 2002; Marschke M., *Livelihood in Context: Learning with Cambodian Fishers*, Winnipeg: University of Manitoba, 2005。

② Kaag M., Van Berkel R., Brons J., et al., “Poverty Is Bad: Ways forward in Livelihood Research” , *Livelihood Group, CERES Research School*, 2002.

③ Scoones I., “Livelihoods Perspectives and Rural Development” , *The Journal of Peasant Studies*, Vol.36, No.1, 2009, pp.171-196.

农民根据自身状况和感知的社会经济发展情况调整自身的生计实践，引发生计由传统向现代转型。为应对自然和社会环境变化，尤其是产业结构转型和城市化进程引发的风险，农民在实践中倾向于采取生计多样化的策略，因而在农村普遍存在生计多样化的现象。可持续生计理论框架的提出是生计研究的重要突破，相关研究从经验验证、理论深化、理论批判等方面对其进行了拓展。

对于人类社会如何存续这个重大问题，生计研究基于行动者的研究立场提出了自己的见解和看法。在现代化进程中，人与人之间的关联发展到空前的紧密程度并仍在加强，个体的生计也前所未有地易变和难以捉摸。工业革命的爆发让社会的财富日益增长，但创造财富的人们却境遇悬殊。如何理解和解释作为社会成员的个体尤其是农民维持生计的过程？在既有观点看来，在行动者能动性的基础上，这是一个行动者基于生计资本选择生计策略作用在机会和资源上形成生计结果的过程，这个过程与行动者所处的自然环境有关，更受到转型结构与过程因素的影响。行动者的生计资本被视为理解生计实践的核心部分，生计资本的类别与作用、数量与质量的变化反映了自然因素与社会变迁对个体影响的结果，也是个体在特定的结构与制度中形成生计策略的基础，更影响个体获得生计结果的可能性。不过，在复杂多变的社会现实面前，这种理论解释仍然需要进一步完善。

关于生计研究的整体观点揭示了其中存在的不足。穆雷提出生计研究的四条准则：首先是生计研究在本质上是在微观层面即家庭、社区进行，研究内容包括生计类型的组合及其之间存在的联系，并以多种方式理解生计变迁；其次是从宏观条件即结构的、历史的、制度的要素理解生计变迁；再次是生计研究需要融入结构或关系视角；最后是基于生计研究提出的政策启示需要针对特定的相关的情境进行明确的反思。[①] 关于生计的研究发展为具有自身理论框架的一个领域，反映出生计研究蓬勃发展的态势。不过，卡格等认为实际进行的生计研究中存在三种危机：一是视野过于狭窄而忽略了结构约束的社会情境；二是如何在研究中真正实现以人为中心，例如有的研究仅仅关注人们如何使用生

---

① Murray C., *Livelihoods Research: Some Conceptual and Methodological Issues*, Chronic Poverty Research Centre Working Paper, 2001.

计资本以实现较好的经济目标；三是未能有效整合当前发展趋势并且适应快速变化的世界。① 斯库恩斯则注意到如今的生计研究呈现颓势，究其原因，首先是缺乏与经济全球化进程的结合，生计视角因其聚焦微观的属性而无法应对全球市场与政治转型问题；其次是缺乏对权力与政治的关注，未能在研究中将生计和治理争论联系起来；再次是未能在环境变化背景下尝试应对长期的现实变化；最后是未能回答农村经济长期的变化趋势以及关于农村变化的更广泛的问题。对此，斯库恩斯认为可以从以下四个方面进行"复兴"，首先，关注生计知识的生成问题；其次，将政治和权力置于生计视角的中心位置，从行动与结构的关系进行分析；再次，在分析单位上实现微观与宏观的有效联结；最后，关注生计的动态过程以把握长期趋势，其中的驱动力量包括人口、地区经济变化、城市化、移民、土地使用与气候变化等。②

概览上述观点，可以看到其中存在对生计研究发展的共同期待：一个是在行动与结构的关系中分析生计实践，另一个是在长期的实践过程中把握生计的动态过程，理解生计变迁及其未来趋势。在行动与结构的关系中以时间过程的视野研究农民的生计，这正是目前的生计研究鲜有涉及的，因此引发斯库恩斯对生计研究未来发展的忧虑而发出"复兴"之声。

关于农民的生计，存在一些问题亟待解决。目前所知的关于农民生计转型的形成因素包括传统农业部门的衰败、自然风险、个人与社区状况、基础设施、乡村工业化、制度变革等。但是，在现代化进程中，尤其是在人类的生产效率极大提升后，市场经济既成为社会的一个显著特征，也是影响社会发展的重要力量。处在现代化进程中的农民，一个明显的变化就是逐渐被卷入日益广泛和深化的市场经济。市场经济作为一种突出的制度因素，其对农民生计的影响不能忽视。由此产生的问题就是农民的生计因此会发生何种转变？虽然传统

① Kaag M., Van Berkel R., Brons J., et al., *Poverty Is Bad: Ways forward in Livelihood Research*, Livelihood Group, CERES Research School, 2002.

② Scoones I., "Livelihoods Perspectives and Rural Development", *The Journal of Peasant Studies*, Vol.36, No.1, 2009, pp.171-196.

与现代的话语对农民的生计转型进行了高度概括的区分，但这并不能准确地揭示出农民的生计因市场经济而发生的转变。紧接着的问题是，面对此种生计转变，作为行动者的农民如何实现从生计资本到生计结果的作用过程？最后，生计实践过程的核心部分——生计资本在这个过程中如何发生作用？遗憾的是，现有的生计研究对于这些问题并不能给予有效的回应。

上述问题基于可持续生计理论框架可以表述为：农民的生计因转型的结构与过程因素（在此指的是市场经济）发生的转变如何影响生计资本作用于生计结果的过程？目前生计研究的一般分析逻辑是：在注意到宏观因素影响的情况下去分析占有一定生计资本的行动者如何形成生计策略和获得生计结果。上述研究问题对此进行了突破，因为该问题隐含了不同的分析逻辑：首先考察农民的生计在转型的结构与过程中发生的转变，然后在此条件下分析生计资本的作用过程受到的影响。这也弥补了目前的生计研究对一个关键问题的忽视，即转型的结构与过程因素可能改变农民生计的本质属性。在现代化进程不断推进的背景下，中国的农村正在经历着具有深远影响的历史变迁，这为本书收集经验材料回答上述问题提供了可能。

三、研究方法

研究方法的选取与研究过程的展开决定了研究问题能够在何种程度上得到有效的回答。一方面，在多样的研究方法中选取何种方法，既需要根据研究问题的性质而定，也需要充分考虑该研究领域关于研究如何开展而存在的一些观点和看法。另一方面，研究过程的开展是研究方法的实施过程，同时也是研究者与研究对象、研究环境进行互动、调试的过程，因而需要将研究过程的开展情况呈现出来。这是研究者对研究过程和结论的反思，也为后续研究提供了参考。

（一）研究方法的确定

对于如何开展生计研究，一些观点带来了重要的启发，给出了指导性意见。生计研究有三种方法，一种是精细法，在某一时间点看四周；另一种是回溯法，在研究中尝试重建变化历程；还有一种是前瞻法，即将研究指向未来的政策制定。穆雷基于自己的研究在微观研究层次提出分散集约研究方法，这种方法对分散在不同地方的一些人在不同的时间点做重复家庭调查，以尝试勾画人口转移和个人生活的轨迹。① 也有研究者提出一种过程视角，将人和行动置于长期的历史过程中，分析人与环境之间的互动以及生计的变化过程，并且认为追踪个人生命史、分析关键事件也有助于挖掘生计过程中的个人感知和互动过程。② 因而，无论是过程视角还是对精细法、回溯法以及前瞻法的综合，都提醒研究者在时间过程中要以行动和结构的视角分析生计实践。这是生计研究中虽然被倡导但事实上也被认为相对欠缺的地方。还有研究指出，“要深刻和细致入微地理解生计，就只能运用深度的定性研究方法，这种研究方法能够充分地考虑地方情境，在特定的区域，不同的行动者在日常生计实践中为争取自身的利益，维持、持续他们的文化、传统和生活方式，相互或者与外部行动主体互动，协商，妥协”③。并且，运用定性研究方法，借助文字记载、口述史等材料也能够勾勒出一定时期内的生计变化过程，在时间维度上加深对个人和群体生计过程的理解和把握。因而，将本书意欲回答的问题与上述这些观点相结合，这就决定了本书主要使用的研究方法是实地研究法。生计研究以微观为导向，聚焦家庭成员、家户或家庭以及地方社区。④ 因此，本书将选取一个村庄作为研究开展的地点，围绕村民的生计收集相关的经验材料。具体而言，本书

① Murray C., “Livelihoods Research: Transcending Boundaries of Time and Space”, *Journal of Southern African Studies*, Vol.28, No.3, 2002, pp.489-509.

② Kaag M., Van Berkel R., Brons J., et al., *Poverty Is Bad: Ways forward in Livelihood Research*, Livelihood Group, CERES Research School, 2002.

③ Zhang H. X. and Loubere N., “Rural Finance and Development in China: The State of the Art and Ways Forward”, in Zhang H. X., ed., *Rural Livelihoods in China: Political Economy in Transition*, Abingdon: Routledge, 2015, p.166.

④ De Haan L. and Zoomers A., “Development Geography at the Crossroads of Livelihood and Globalization”, *Tijdschrift voor economische en sociale geografie*, Vol.94, No.3, 2003, pp.49-63.

运用了以下研究方法。

首先是实地研究（field research）。“实地研究是一种深入研究现象的生活背景，以参与观察和无结构访谈的方式收集资料，并通过对这些资料的定性分析来理解和解释现象的社会研究方式。”① 实地研究具有以下优点：（1）能为研究者提供系统的观点；（2）效度高；（3）适合在具体情境下观察和研究人们的态度和行为，也适宜研究现象发展变化的过程及特征。② 在实地研究中，首先是使用参与观察法。在具体实施过程中，根据学术伦理和现实情况的要求，研究者将身份信息和到来目的及时、完全地向村委会、村民进行告知和公开，因而，研究者的身份是“作为观察者的参与者”。“‘作为观察者的参与者’，或公开的观察者的角色是指研究者的身份对于所研究的群体来说是公开的，同时，研究者又为这一群体所接受，允许他参与他们的成员关系和群体活动，使研究者能够进行观察和研究。”③ 使用参与观察法的目的主要在于把握所选村庄的自然环境、房屋布局、交通网络等方面的状况，观察村民日常生活的方方面面，包括消费、娱乐、生产等，并就村内的现实状况和事件与知情的村民进行沟通。借助参与观察法能够促进自身在整体层面对所选村庄的状况及其所处的自然、社会环境进行把握和认识，也能够在这个过程中收集关于所选村庄在自然环境、社会联系、村民互动等方面的资料。实施参与观察法的具体方式，第一步是进入地方，与村民同吃同住；第二步是涉入地方，观察村民的日常生活，参与村中的日常活动，了解村民的行为逻辑及其背后的看法和观点；第三步是反思地方，对自身观察到的现象、参与的活动保持思考和反思，并在与村民的持续互动中进行调整和更新。

其次是无结构访谈法。在进行无结构访谈之前，研究者根据研究主题、研究问题拟定了由若干方面组成的访谈主题。这一访谈主题的内容主要涉及家庭

---

① 风笑天：《社会研究方法》，中国人民大学出版社 2018 年版，第 332 页。

② 参见［美］艾尔·巴比：《社会研究方法》，邱泽奇译，华夏出版社 2009 年版；风笑天：《社会研究方法》，中国人民大学出版社 2018 年版。

③ 风笑天：《社会研究方法》，中国人民大学出版社 2018 年版，第 348 页。

人口情况、收入来源、消费行为、个人与家庭其他成员的劳动经历、制作铜器的经历、农业生产行为、土地处置以及对生活的看法和打算等方面（具体见附录）。在正式访谈中将主要围绕访谈主题展开。其间，在研究者简明地抛出访谈问题之后，主要由访谈对象根据自身的意愿展开谈话内容。由于访谈对象的个人偏好和行为差异，无法保证每一次的正式访谈都能覆盖访谈主题的所有内容，因而需要根据具体情况对访谈问题进行调整和不同程度地有所侧重。生计研究以行动者为导向，研究者在研究中有必要去掌握和理解村民的生计变化过程，以审视社会的结构转型在个体层面的呈现。围绕生计形成访谈对象的个人生命历程将有助于这个目标的实现。因而，虽然通过正式访谈获得的访谈内容不尽相同，但是本书力图通过参与访谈过程使之涵括访谈对象的过往和现状。此外，个人生命历程经过不同年龄的访谈对象的加入，能够在时间维度上得到扩展，从而形成绘制村庄生计变迁图景的材料。因此，访谈对象包含不同年龄段的村民。在正式访谈之外，本书也将借助非正式访谈对其中一些不够详细的地方进行补充，也在非正式访谈中对村民的态度、行为以及村中发生的事件做更为深入的理解。

最后是收集相关文献。本书收集相关文字材料，主要目的并不在于利用文献做定量研究，而是通过多样的资料以求更为真实和全面地了解村庄的自然、经济社会状况，村民的生计情况以及所处的宏观背景。收集的文献包括地方志（如县志、府志等），村委会对外公开的村民生产生活、人口变化等方面的文件材料，以及村民家中存有并且愿意对外公开的文字材料，也包括一些公开出版和能够进行个人申请的统计、调查数据。收集上述文字材料的途径包括查阅档案，在获得许可的情况下查阅村委会的档案，通过与村民的沟通浏览其家中留存的文字记录，以及向公开的数据平台申请相关的统计和调查数据。

上述三种收集经验材料的方法在研究执行过程中并不存在严格的先后顺序，在大多数情况下是循环往复、交替进行的。通过这三种方法收集的材料能够三角互证，以最大限度地确保资料的真实性，并且建立起从集体化时期到如今村民生计变迁的具有纵向和横向维度的生动图景，为本书的理论归纳提供可靠的经验材料。“社区研究中，研究者通常采用参与观察、访谈，以及收集当地现有文献等方法来收集资料。”① 因而，本书使用的收集资料方法与社区研究一致，但需要说明的是，因为生计研究以行动者为导向，所以本书虽然会关注和分析所选村庄的状况、特征，但理论的出发点和落脚点始终是村民层面。因此，本书以具体的、情境的、具有理论依据和经验支撑的方式去探究人们的生计。②

（二）研究过程的开展

确定西村③ 作为本书研究开展的地点，经过了以研究目的为标准的衡量，但必须坦诚的是，对研究可行性的考虑更是起到了关键作用。西村位于青海省西宁市西南，在行政区划上属于湟中区④，距西宁市区约有8公里，距区政府驻地约有11公里。笔者初识西村是在2012年，因听闻同学介绍该村村民手工制作铜灯、铜镜、铜香炉等铜器，并且这门手艺在新中国成立前就已经在该村流传，遂心生兴趣，在同学的带领下走马观花地察看了一些村民已经打磨成型、大小不一的铜灯，并围绕于此撰写了一篇课程论文。此后，因为巧合，笔者时常能够了解村中发生的事情，观察村民的日常状态。这虽然只是一种肤浅、片面的观察和了解，但是能够让笔者与村民建立相互熟悉的互动关系。在研究问题的形成过程中，笔者在西村的观察和了解为思考过程提供了现实依据和灵感。当笔者搜寻和检查适合作为拟定选题，并且是自身所能进入的村庄时，西村因其具有的某些特点最终被笔者确定为研究地点。第一，该村人口外流程度轻微，大多数村民仍然居住、生活在村内，这为笔者围绕该村村民的生计状况开展研究，使用观察法、访谈法收集相关材料提供了可能和便利。这也

① 风笑天：《社会研究方法》，中国人民大学出版社2018年版，第334页。

② Zhang H. X., “Rural Livelihood Transformation and Political Economy in China”, in Zhang H. X., ed., *Rural Livelihoods in China: Political Economy in Transition*, Abingdon: Routledge, 2015, pp.1-18.

③ 根据学术伦理，使用的村名为化名。

④ 2020年7月22日，湟中举行撤县设区大会，湟中县自此更名为湟中区。

意味着笔者获得了一个较为“完整”的村庄，这不仅有利于笔者了解和掌握村民多样生计状况的完整图景，而且也有助于笔者从村庄整体状况尤其是互动联系的情况去理解村民的生计，即在地方社区内开展生计研究。第二，该村距离青海省会西宁市较近（距离市区8公里左右），经由乡村公路、109国道与西宁市区连通，与湟中县城距离也不远（11公里左右），通过乡村公路、县道相连。在该村能够强烈地感受和捕捉到城乡关系对村民的生计所产生的影响，这与本研究在城乡关系背景下探究农民生计的目的高度契合。第三，也是前述提到的关键因素，笔者与该村村民建立的联系为研究的顺利开展提供了必要前提，使研究具备了可行性。因而，研究的可行性和契合性共同促使这个地处中国西北的村庄成为本研究具体开展的现实载体。

明确的研究方法和有利的开展条件促使本研究的资料收集得以按计划进行。资料的收集过程包括三个阶段：第一阶段是了解和熟悉，时间是2019年1～2月，也就是农历新年期间，在这期间通过非正式访谈对村民的生产生活以及村庄的基本情况获得与以往相比更为深刻和详细的认识，为研究的正式开展提供铺垫；第二阶段是正式开展，时间是2019年9月至2020年1月，使用具体方法收集相关资料，接下来会详细描述；第三阶段是补充完善，时间是2020年8月，此时新冠疫情已经基本得到有效控制，青海省人民政府允许居民在省内自由流动，出行不再做限制，因此笔者再次回到村里对一些不完善的内容进行了补充。

在正式开展阶段初期，笔者经介绍住进一户村民家中，与其同吃同住。该户家庭有五口人，户主54岁，有过很长时间的制作铜器的经历，最近几年主要以外出打机井挣钱；户主妻子平时看家并负责照看地里的庄稼，偶尔也在家里打磨一些铜灯或者外出做一些零活；户主的父亲[①]同吃但不同住；两个儿子，一个与笔者年龄相仿，刚从位于西宁城南工业园区的一家工厂辞职，那段

① 户主的父亲在2019年11月因病去世。

时间他成为笔者的关键信息人和联络人，另一个大专毕业不久，在西宁的一家公司上班。此时，笔者也将个人信息和进村目的向村委会做了如实说明并获得了许可。

在关键信息人杨国发[①]的帮助和联系下，笔者根据研究设想对不同年龄、职业、身份、性别的村民进行了正式访谈。大多数正式访谈持续时间在两个小时左右，少数正式访谈因为进行了多轮，所以持续时间更长。在正式访谈开始前，关键信息人会就笔者的来意进行说明，在被访者知情并且同意接受访谈后，笔者会向被访者再次表明来意，并且说明，如果在访谈过程中有任何不愿提及或者感到不适的地方，可以跳过或者终止访谈。在访谈过程中，笔者在事先经被访者同意的情况下对访谈内容进行速记。为保护被访者的隐私和相关权利，笔者在所有的访谈中都没有进行录音。在访谈结束后，笔者根据当天的记忆和访谈速记整理访谈内容[②]，其中对被访者的姓名进行了匿名化处理，并且按照学术伦理对整理后的访谈资料进行严格保密，以免给被访者的生活带来困扰。

虽然正式访谈占据研究开展过程的大部分时间，是资料收集的主要方面，但在个人行为偏好多样、访谈过程的微妙互动以及村庄内部的熟人社会等多重因素影响下，通过该方式收集到的资料注定是片面的。所以，笔者也经常在田间地头、养殖场、制作铜器的作坊、村中小卖部等不同场合利用闲聊的方式了解和完善一些信息资料，并在这些场合观察村民的日常生产生活状态，就有村民在得知笔者的来意后特地演示了不同铜器的制作过程。此外，笔者还在村干部的许可下翻阅了村委会档案柜中的一些文字材料，也对该村的方志、统计数据等材料进行了收集和查阅。

在资料收集过程中，笔者始终将自己的角色定位为观察者、聆听者，在遵守学术伦理规范的前提和不会对村民的日常生活产生干扰的情况下开展研究，

---

① 根据学术伦理，文中所使用的人名均为化名。

② 因此，这里需要说明的是，本书在接下来的行文中将会引述被访者的一些话，这些内容都是经过笔者的转述而来。

以确保能够获得如实反映村民生计状况的相关信息。相关材料的不断涌入持续地满足着笔者对西村村民生计状况的好奇，更为重要的是，在对已有文献有所积淀的基础上，在研究问题的引领下，笔者努力地从行动和结构两个方面对这些材料进行理解、分析和归纳，尝试找到其中的内在关联。伴随着材料的不断丰富，关于研究问题的答案也逐渐变得明晰。

第二章

生计的概念、理论基础和分析框架

研究者对农民生计的持续关注使之成为一个重要的研究领域，同时也在这个过程中产生了丰富的具有洞见的理论观点。本书在对相关文献进行梳理的基础上确定了研究可能。在此前提下，本书使用实地研究的方法收集相关经验材料，为回答研究问题奠定了“物质基础”。本章将首先尝试对研究的基本概念——生计进行定义，其次对研究的基本理论——生计理论进行论述，最后提出分析框架。

一、生计概念的界定

界定生计概念是开展生计研究的基本前提。研究人员关于生计概念的认识经历了转变，对于生计概念的定义也就不尽相同。生计概念与民生概念相接近，对其中存在的差异进行区分有助于更好地把握生计概念。生计同样是本研究的基本概念，本研究在借鉴、综合已有观点的基础上尝试对其进行定义。

（一）概念演化

生计可以简单地理解为人们维持生活的办法，或者说人们的谋生之道，作为一项日益重要的研究议题，在概念认识上经历了一系列的转变和内涵深化的过程。第一个是从自然环境指向转向社会环境指向。在经典法国地理学中，生计被理解为特定地区人类群体的生存策略的实体，这种概念认识认为人与自然环境的互动对于生存是非常重要的。① 但随着科学技术的发展、生产力的提高以及社会分工的日益细化，对生计的理解也发生了变化。虽然无法忽视所处自然环境及其变化产生的影响，但是在目前来看，生计更多地被理解为地方和全球因素互动所塑造出来的结果②，被认为需要在社会联系中去理解。③ 正如沃尔曼指出，生计不仅是指建造居所，获取食物满足家人需要或者拿去市场上交易，同样重要的是对信息的收集和交换、对自身技能和人际关系的管理、对个人意义和群体认同的确认等。④ 戴克更进一步强调，生计是一种关系现象，因而将其称为生计协议，认为生计不只是简单地获取更多的物质资料或者生存安全，最终目的在于尊严、幸福以及意义，这些只能在社会中实现。⑤ 第二个是从经济的单维指向转向包含政治、文化、社会和生态等在内的多维指向。例如，有观点认为，“一种生计就是个人借以生活的物质手段”⑤。哈恩指出，在生计研究早期，例如在一些人类学作品中，生计被具体化为一系列具体的人们以此谋生（making a living）的活动，但是关注的焦点设定在经济方面，这招致了来自不同角度的批评，主要来源包括两个方面：一个是 20 世纪早期卡尔·

① De Haan L. J., “The Livelihood Approach: A Critical Exploration”, *Erdkunde*, Vol.66, No.4, 2012, pp.345-357.

② De Haan L. J. and Zoomers A., “Development Geography at the Crossroads of Livelihood and Globalization”, *Tijdschrift voor economische en sociale geografie*, Vol.94, No.3, 2003, pp.49-53.

③ Murray C., *Livelihoods Research: Some Conceptual and Methodological Issues*, Chronic Poverty Research Centre Working Paper, 2001.

④ Long N., “Agency and Constraint, Perceptions and Practices: A Theoretical Position”, in De Haan H. J. and Long N., eds., *Images and Realities of Rural Life: Wageningen Perspectives on Rural Transformations,* Assen: Van Gorcum & Comp. B. V., 1997, pp.1-20.

⑤ Dijk T., “Livelihoods, Capitals and Livelihood Trajectories: A More Sociological Conceptualization”, *Progress in Development Studies*, Vol.11, No.2, 2011, pp.101-117.

⑥ Niehof A. and Price L., “Rural Livelihood Systems: A Conceptual Framework”, *UPWARD Working Paper Series*, No.5, 2001, p.8.

波兰尼的研究，他从社会、文化以及历史嵌入的方面思考经济而给予生计概念很大的理论启发，他反对主流经济学仅仅关注个人最大化行为，认为人们虽然需要获取物质基础以满足需求和需要，但是要尝试去理解生计，则需要超越物质层面和形式主义经济学；另一个是批判社会理论，它将正义、排斥、权力等概念引入生计研究，在后期的研究中，人们开始意识到生计不只是意味着收入的增加或者物质的满足，而是指一种多维现象，需要从一种整体的视角予以审视，同时也认识到在生计研究中权力关系不能被忽视。①

关于生计概念的具体定义，一些研究者做出了相应的尝试。1992 年，在一份工作论文中，钱伯斯和康威对生计概念进行了定义，认为生计包含能力、资产（包括物质和社会资源）以及一种生活方式所需要的活动。② 朗认为，“生计贴切地表达了个人和群体努力谋生的理念，人们努力去满足他们的各种消费和经济必需品，应付不确定性，应对新的机会，在不同的价值立场之间做出选择”③。埃利斯不仅认为生计包括物质资料，而且也强调社会关系需要被纳入其中，因而对生计定义如下：“生计包括收入，既有现金也有实物，以及社会制度（亲属、家庭、院落、村庄等）、性别关系和财产权以维持既定的生活水平。”④ 辛格等人将生计视为一个由经济、社会以及物质等方面的策略构成的复杂系统，它借助行为、资产和权利对机会、资源发生作用完成自我实现。⑤ 戴克从社会学的角度定义生计，“在家庭、社区、私人部门以及国家范围内，生计是由人们之间形成的协议（这种协议很脆弱，但是在家庭行动的结构网络

① De Haan L. J., “The Livelihood Approach: A Critical Exploration”, *Erdkunde*, Vol.66, No.4, 2012, pp.345-357.

② Scoones I., “Livelihoods Perspectives and Rural Development”, *The Journal of Peasant Studies*, Vol.36, No.1, 2009, pp.171-196.

③ Long N., “Agency and Constraint, Perceptions and Practices: A Theoretical Position”, in De Haan H. J. and Long N., eds., *Images and Realities of Rural Life*: *Wageningen Perspectives on Rural Transformations,* Assen: Van Gorcum & Comp. B. V., 1997, p.11.

④ Ellis F., “Household Strategies and Rural Livelihood Diversification”, *The Journal of Development Studies*, Vol.35, No.1, 1998, p.4.

⑤ 参见辛格、吉尔曼：《让生计可持续》，《国际社会科学杂志》（中文版）2000 年第 4 期。

内具有路径依赖的表现属性）构成”[①]。因而，这些定义强调的不仅包括物质维度，还包括非物质维度，如社会资源、社会制度等要素在理解人们形成和维持生计中的重要性。[②]

在中文语境里，与生计概念在意义上较为接近的是“民生”一词。在学术作品的中英对照使用方面，“民生”一词对照的英文为livelihood[③]，该单词常被释义为“生计，谋生之道，营生”。“民生”在《辞海》中被解释为“人民的生计”，“具体地说，就是社会全体成员的衣食住行和生老病死”。[④]“‘民生’一词最早出现在《左传·宣公十二年》，所谓‘民生在勤，勤则不匮’”[⑤]，指的就是民众的生计。民生概念在内涵上包含两个层次：一个是个体层面，社会成员是否拥有平等的发展机会，这体现在教育资源分配、就业机会、经济收入分配等方面；另一个是社会层面，社会是否建立起完善的社会保障制度、医疗制度以及良好的人居环境，通过宏观的制度建设保障个体的生存，促进个人的发展。[⑥]良好的民生被认为需要以就业为基础、教育为核心、收入分配为源泉、

① Dijk T., “Livelihoods, Capitals and Livelihood Trajectories: A More Sociological Conceptualization”, *Progress in Development Studies*, Vol.11, No.2, 2011, p.102.

② Zhang H. X. and Loubere N., “Rural Finance and Development in China: The State of the Art and Ways forward”, in Zhang H. X., ed., *Rural Livelihoods in China: Political Economy in Transition*, Abingdon: Routledge, 2015, pp.151-174. 英文单词livelihood产生于16世纪初期，为单词livelode（约产生于1300年，意为“means of keeping alive”，即维持生存的手段）的变体，而livelode源自古英语单词liflad（意为“course of life”，即生命历程），liflad为lif（“life”，生命）与lad（“way，course”，方式，过程）的组合。在单词拼写上被同化为-hood一类后产生了单词livelihood。早期的livelihood是一个不同的词，意思是“liveliness（有活泼、生动等意）”，来源于单词“lively”。具体可参见https://www.etymonline.com/search?q=livelihood。

③ 例如本书参考的文献*People's livelihood in Contemporary China: Changes, Challenges and Prospects*（Li Peilin, Singapore: World Scientific Publishing Co. Pte. Ltd., 2014），其中文书名为《当代中国民生》，people's livelihood与“民生”一词在意义上相对应。

④ 邓伟志、卜佳慧：《民生论》，《上海大学学报》（社会科学版）2008年第4期。

⑤ 邓伟志、卜佳慧：《民生论》，《上海大学学报》（社会科学版）2008年第4期。

⑥ 参见邓伟志、卜佳慧：《民生论》，《上海大学学报》（社会科学版）2008年第4期。

社会保险为支撑、公众安全为保障。[①] 可见，民生和生计概念均包含社会成员如何获得和维持一种生活方式和生活条件的指涉。不过，也能够明显察觉到这两个概念存在微妙但又根本性的区别。

前文提到生计研究采取的是一种行动者导向的分析视角，是从微观视域着手以个体为核心发展出相关的研究观点，因而生计概念具有以行动者为出发点和核心而建构起来的特征。在发展和丰富生计概念定义的过程中，一个明显的线索就是社会关系和社会制度被慢慢强调和纳入其中。与之不同的是，民生概念一开始就以宏观的视角审视社会成员的整体生计状况，是在宏观视域下对社会成员及其所形成的关系结构、制度建设等方面进行分析以形成相应的观点和政策建议。“民生是个生计的问题，又不只是个生计的问题”[②]，意味着民生研究在行动者之外更多的是考虑政治决策、制度建设、资源配置等因素。虽然这两个概念之间存在视角差别，但是在价值关怀和研究目标方面的一致、在研究内容方面的趋近，决定了需要对它们的内涵进行整合。生计概念的内涵不断纳入宏观因素的发展趋向更说明了进行概念整合的必要性。民生概念对包括就业、收入、教育、社会保障等社会制度和结构的重视，提醒生计概念[③] 从微观和宏观两个方面进行拓展，如此才能在更大程度上贴合现实情况并推动研究的深化。

（二）概念定义

相关学者对生计概念做出了不尽相同的定义，对其进行综合可以归纳出生计概念的内涵。

---

① Li Peilin, “Introduction: The Changing Chinese Society”, in Li Peilin, ed., *People's Livelihood in Contemporary China: Changes, Challenges and Prospects*, Singapore: World Scientific Publishing Co. Pte. Ltd., 2014, pp.1-46.

② 邓伟志、卜佳慧:《民生论》,《上海大学学报》(社会科学版) 2008 年第 4 期。

③ 这也就意味着本书将使用生计概念作为核心概念，理由主要在于国内外相关研究大多使用生计概念作为核心概念和研究主题，因而本书继续遵循这一学术研究的脉络。同时，本书在此提及民生概念，主要目的是丰富和充实生计的概念内涵。

第一，生计是一种策略活动，这意味行动者（包括个人和群体）在生计实践中会对自己面临的资源和机会进行选择，并通过一定的步骤去获取资源和机会，策略的形成是主客观因素共同作用的结果。这种策略既可以是长期性的，也可以是短期性的，在外在条件保持不变的情况下，除了行动者的个体能动性之外，也会通过模仿等方式形成，在这样的情况下就会产生生计策略集中出现的现象。

第二，从行动者来看，生计实践中策略活动的开展需要依赖行动者已有的能力、资本（包括物质资本和社会资本）。例如在农业生产中，缺乏土地、生产工具、劳动力等其中一种或以上要素，这种生计实践将无法进行。能力、资本在生计实践中的作用受到社会结构和制度因素的制约。以自然资本中的土地资源为例，当农民流入城市从事不同以往的生计实践时，在特定的土地制度的约束下，土地资源在当前生计实践中的作用随之弱化。反之，由于存在自然资本向金融资本转化的可能，土地资源在生计实践中的作用会因此得以加强。一项针对南非农民生计的研究同样指出，南非农民的生计之所以面临无以为继的风险，不仅是因为他们只能获得有限的禀赋（如土地），更是因为结构性因素——种族隔离制度下的劳动力市场和金融市场限制了他们对仅有的禀赋进行充分的利用，“并且在通常情况下，他们所能参与的那些活动只能为他们带来低廉的回报”。①

第三，生计实践中的机会和资源既来自自然环境，如土地、水、矿产、动植物等，在社会分工日益细化的背景下，也来自社会环境，比如从事服务、销售、金融等。获得来自社会环境的机会和资源受到结构和制度性因素的影响，包括就业制度、收入分配制度等。

第四，宏观层面，依托社会关系获取机会和资源的生计实践需要以一定的社会结构为开展前提，也就是戴克所说的生计协议。随着社会分化尤其是职业

---

① Carter M. R. and May J., “Poverty, Livelihood and Class in Rural South Africa”, *World Development*, Vol.27, No.1, 1999, pp.1-20.

分化的加深、社会成员之间互为依存关系的加强，生计实践作用场域的形成更加依赖于社会关系的存在，其中的结构性特征影响着作用场域的形成和性质，也就是策略的有效与否和效果大小。一个显而易见的例子是，在城乡区隔的情况下，纵使农民具备了进行兼业所需要的人力资本、物质资本等生计资本，但因城乡关系中存在的限制性因素如户口制度、粮食供应制度等，农民的兼业策略无法实施，更不用说使用兼业策略获取经济回报，农民也很难或者说无法进入城市谋求一种新的生活方式。

第五，生计实践的目的在于形成和维持一种以一定生活条件为基础的生活方式，其中包括物质和精神方面，比如生活资料、尊严、认同等，既是目的也是生计实践持续进行的推动力。所维持的生活方式和生活条件，可以属于行动者个体，在集体主义的行动导向中则更可能指向的是家庭等集体类型。对于大部分在社会分层中处于中低位置的社会成员来说，形成一种由一定的生活条件为基础的生活方式是需要追求、实现的社会性目标。尽管多样的生活方式作为一种价值观在社会的经济发展过程中日益受到认可和被接受，但这离不开为社会成员所普遍接受的生活条件作为产生和维持的基础。生计实践和生活方式在现实生活中相互依存，比如健康消费行为，它既是生活方式的一种体现，从劳动能力的维护角度来看也是生计实践连续过程的一部分，生活方式是生计实践的表现形态，生计实践为生活方式提供赖以存在的行动基础。

综上，可以尝试将生计定义如下：为形成和维持以一定的生活条件为基础的生活方式，在社会结构和制度因素的影响下，行动者（包括个人和群体）基于所拥有的能力、资本通过策略作用在资源和机会上的实践过程。生计包括生活与生产两个方面。这里需要对生计实践和生产行为之间的不同进行区分。生计实践包含对资源进行加工、转化的行为，因而与生产行为具有相同的所指，除此之外，生计实践还包括维持一种生活方式所需要的消费行为，比如基本的物质消费，以及健康消费、教育消费等。更重要的是，生计实践在概念内涵上相比于生产行为更强调作为其构成部分的社会结构、制度等内容。同时，需要说明的是，本书给出的生计定义容易给人留下这样一种印象，即认为所有的生计实践都遵循手段－目的的理性进路。毋庸置疑，在现实生活中这种预设对于复杂多变的实际情况难以做到完全适用，因而本书承认这个定义仍然有改进的空间。

二、理论基础：可持续生计理论框架

诸多理论框架在可持续生计研究的蓬勃发展中被相继提出。理论框架的提出不仅是对已有研究成果的高度概括，更为接下来的研究带来关键启发，因而是生计研究不断发展的重要标志。本书在文献部分对可持续生计概念的形成进行了论述，以此阐明相关理论框架的提出背景。在诸多的理论框架中，由于可持续生计理论框架的理论综合程度高，因而产生了广泛的影响。这一点已经在文献部分得到充分说明。需要强调的是，由于难以穷尽已经存在的理论框架，在接下来的内容中，除可持续生计理论框架之外，将仅对其他两个较为完备的理论框架进行详述，之后提出可以将可持续生计理论框架作为一种生计理论。

（一）可持续生计的相关理论框架

1998 年，斯库恩斯针对农民的可持续生计提出了一个理论框架。这个理论框架主要包括五个部分：情境（历史、政策、政治、宏观经济环境、气候、农业生态、人口、社会分化）、生计资源（自然资本、经济 / 金融资本、人力资本、社会资本以及其他）、制度过程与组织结构（制度、组织）、生计策略（农业集约化—扩大化、生计多样化、移民）以及可持续生计结果（包括生计结果和可持续性两个方面，生计结果细分为工作天数的增加、消减贫困、健康与能力提升，可持续性具体包括生计适应、脆弱性的降低与抗逆力的提高、自然资源的可持续性利用）。斯库恩斯认为，在不同的情境下，可持续生计结果是通过使用不同的生计策略获取一系列资源实现的，正式或者非正式的制度和组织因素影响生计资源的获取和生计策略的组合，生计策略的使用依赖行动单位（包括个人、家户、村庄，甚至是区域、国家层面）所拥有的生计资源。①并且，他认为注意制度与组织对可持续生计产生的影响具有以下几个方面的意义：第一，理解制度过程可以明确可持续生计面临的机会与阻碍；第二，制度方法揭示出构成可持续生计基础的社会过程；第三，制度方法强调生计的改变需要多种制度（正式的、非正式的）组合的调节。②

1999 年，贝宾顿针对农民生计的可持续性也提出一个分析框架。在这个框架中，家庭成员获取资本资产（capital asset），包括自然资本（natural capital）、人力资本（human capital）、文化资本（cultural capital）、社会资本（social capital）、生产资本（produced capital），在对这些资本资产进行使用、转化、再生产的基础上，实现一种能够满足保持身体健康、意义创造、能力培养需求的生活方式，行动主体（包括个人、家庭以及组织）能够通过社会关系的联系作用与其他行动主体结合以扩大资产基础，社会关系遵循的是国家、市场和公民社会的逻辑，在生计实践中，行动主体通过发挥自身的能力让生活变得更加有意义，更为重要的是挑战、改变现有的主导资源分配、转化的规则和制度。贝宾顿尤其认为在农民生计中社会资本是非常关键的，将生计置于社会关系中，社会资本成为获取生活所需资料的前提。③

相比于斯库恩斯的理论框架，贝宾顿尤为强调在生计实践中行动主体的能动性，认为行动主体在生计实践中能够创造自我满足与意义实现的生活方式，也能够为实现生计结果通过自身能动性的发挥去挑战既存的不合理的规则与制度，并且以一种积极的视角审视社会关系对行动主体生计的作用。不过，贝宾顿忽略了生计实践中行动者在生计资本、制度与组织因素的限制下所能使用的生计策略。贝宾顿提出的理论框架受到吉登斯、普特南等人思想观点的影响，因而是在行动与结构的框架下分析农民生计的可持续性问题。在贝宾顿的理论

① Scoones I., *Sustainable Rural Livelihoods: A Framework for Analysis*, IDS Working Paper 72, 1998.

② Scoones I., *Sustainable Rural Livelihoods: A Framework for Analysis,* IDS Working Paper 72, 1998.

③ Bebbington A., "Capitals and Capabilities: A Framework for Analyzing Peasant Viability, Rural Livelihoods and Poverty", *World Development*, Vol.27, No.12, 1999, pp.2021-2044.

框架中，由于未能有效区分资本与资产概念，因而只能将它们并列处理。幸运的是，戴克对生计研究中的资本、资产以及资源三个概念做出了区分。资本包括有价值、可拥有、可使用（积累或者转化）的特征，资产则包含有价值、可拥有或宣称（如权利、友谊）的特征，资源的特征为可使用，同时为了使资源能够被使用，需要意识到它的存在，认知它的有用性，并能够获取它，只有当资产和资源具备能够被转化以及能够为了积累而被投资的特征时，才能称其为资本。① 这两个理论框架为形成关于可持续生计的系统认识做出了开创性贡献，确定了构建生计理论的基本支点——情境、生计资本、生计策略、制度过程与组织结构、生计结果，并尝试性地对其中存在的作用关系进行阐述。但是在对比中也能够看到，这两个理论框架存在相互借鉴之处。这使提出一个更加综合全面的理论框架变得可能。

1997 年，英国政府发布《国际发展白皮书》，承诺英国将致力于实现到 2015 年将极端贫困人口比例降低一半的国际发展目标，为了实现这个目标，英国政府的合作机构英国国际发展署进行了广泛的讨论以理解贫困的本质以及如何解决贫困问题。② 作为讨论的重要成果之一，英国国际发展署提出可持续生计理论框架（Sustainable Livelihood Framework，见图 2-1），该理论框架被广泛运用和讨论。在该理论框架中，生计资本扩展为五个类别——人力资本、自然资本、金融资本、社会资本以及物质资本，人力资本包括劳动者的体力、技术、经验、知识以及创造力；自然资本主要包括土地、草场、林场等自然资源；物质资本包括房屋、工具、牲畜、储存的粮食等；金融资本对应的是存款和信用贷款；社会资本指的是人际关系的质量。③ 这个理论框架的预设为：行

① Dijk T., "Livelihoods, Capitals and Livelihood Trajectories: A More Sociological Conceptualization", *Progress in Development Studies*, Vol.11, No.2, 2011, pp.101-117.

② Farrington J., Carney D., Ashley C., et al., "Sustainable Livelihoods in Practice: Early Applications of Concepts in Rural Areas", *Natural Resource Perspectives*, No.42, 1999, pp.1-14.

③ De Haan L. J., "The Livelihood Approach: A Critical Exploration", *Erdkunde*, Vol.66, No.4, 2012, pp.345-357.

动者基于生计资本通过策略过程追求一系列的生计结果（包括收入、幸福感、食物安全等）。在这个框架中，行动者拥有的生计资本脱离不了其所处的脆弱性背景，如自然灾害、经济发展趋势等，也受到转型的结构（政府以及私人部门的角色）与过程（法律、政策、文化等）因素的影响，转型的结构与过程因素不仅影响生计资本的作用，也是生计资本的获取来源。同时，转型的结构与过程也是影响脆弱性背景的重要因素。这些条件共同决定了行动者所能采取的生计策略，进而影响生计结果的获得，而生计结果对生计资本具有反作用。生计资本是生计实践的基本依据，选择不同的生计策略取决于行动者所拥有的生计资本，[①] 并且在特定的系统中五种生计资本可以相互转化。[②]

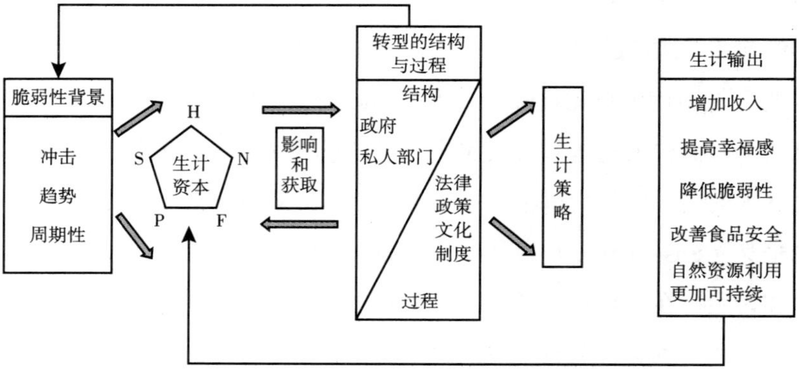

图 2-1　DFID 可持续生计理论框架

说明：H- 人力资本；P- 物质资本；S- 社会资本；N- 自然资本；F- 金融资本。

资料来源：Farrington J., Carney D., Ashley C., et al., “Sustainable Livelihoods in Practice: Early Applications of Concepts in Rural Areas”, *Natural Resource Perspectives*, No.42, 1999, pp.1-14。

上述三个理论框架都是以行动者为出发点，认为生计结果的实现是生计资本和结构与过程因素共同作用的结果。相较而言，可持续生计理论框架更为完备。DFID 的理论框架与斯库恩斯的理论框架在基本构成要素方面是相似的。

① Scoones I., *Sustainable Rural Livelihoods: A Framework for Analysis*, IDS Working Paper 72, 1998.

② 参见苏芳、徐中民、尚海洋：《可持续生计分析研究综述》，《地球科学进展》2009 年第 1 期。

但是，DFID 的理论框架明确影响生计资本的因素不仅包括社会结构、制度等方面，也包括自然环境方面，同时社会因素与自然因素之间存在作用关系，并且在承认生计结果是宏观因素与微观因素共同作用的之外，也指出了生计结果对生计资本的作用，因而相较于前述两个理论框架更加完善、系统。不过，DFID 的理论框架虽然注意到宏观因素对生计实践的影响，但是并未考虑到生计实践存在突破已有规则与制度的可能，这一点需要借鉴贝宾顿的理论框架。尽管存在这种瑕疵，但可持续生计理论框架提出后依然产生了深远的影响。实践方面，有研究人员基于该理论框架提出可持续生计分析方法用于具体的消除贫困问题的活动。[①] 理论方面，由于该理论框架绘制出清晰的因果关系过程，并且拥有较为系统、明确的理论观点，因而极大地启发了相关研究，在持续的检验和深化中展现出旺盛的理论生命力。因此，可持续生计理论框架成为生计研究最为重要的理论框架。

（二）可持续生计理论框架作为一种生计理论

由于可持续生计理论框架在生计研究中具有的重要理论意义，该理论框架不断得到检验和深化，纵览相关研究可形成如下理论要点。其一，生计资本是行动者、自然环境、结构与过程因素共同作用的结果，具有可转化、多层次、多维度的特征，生计资本的变化存在引发冲突、调整权力关系的可能，这可以统称为生计资本的特征。其二，生计策略的形成是行动者在生计资本、自然环境变化、转型的结构与过程因素影响下进行的明确或者潜在的决策过程，意在形成个体层面或集体层面的生计结果，在个体层面生计资本是影响生计策略选择的最直接的因素，这可称为生计策略的形成。其三，在自然与社会因素的影响下，行动者基于生计资本选择生计策略作用于生计结果的实现，这可称之为生计结果的获得。基于上述理论要点，可以总结出可持续生计理论框架的基本

① Farrington J., Carney D., Ashley C., et al., "Sustainable Livelihoods in Practice: Early Applications of Concepts in Rural Areas", *Natural Resource Perspectives*, No.42, 1999, pp.1-14.

特征：第一，自然背景和结构与过程因素的影响贯穿生计实践的始终；第二，获得生计结果是生计实践持续进行的推动力；第三，生计资本是行动者进行生计实践的基本依据；第四，生计策略是行动者个体能动性的体现。

具备上述理论要点和特征的可持续生计理论框架可视作一种生计理论，理由如下。第一，前述已经阐明，可持续生计理论框架是目前最完善、最全面的理论框架，在生计研究中具有突出的理论地位。第二，可持续生计理论框架在启发相关研究的同时，也得到大量研究的检验和讨论，其中反复被相关研究检验的理论命题是：生计资本影响生计策略的选择，因此形成上述理论要点和特征。第三，伴随可持续性话语体系的不断发展，可持续性问题无论是对于行动者还是研究者已成为生计的题中之义，同时可持续生计理论框架也日益成为生计研究的一般理论源泉。因此，可以将可持续生计理论框架作为一种生计理论。由于可持续生计理论框架在生计研究中的突出地位，本书所指的生计理论即可持续生计理论框架。依据生计理论，可以形成对生计转型、生计多样化的有效解释。农村普遍出现的生计转型和生计多样化，是转型的结构与过程因素引发农民生计策略的变化而产生的一种社会现象。生计多样化作为一种生计策略，意味着行动者通过采取在不同的生产部门、地域使用生计资本的方式来获得生计结果，这对于贫困或者生计资本贫乏的农民来说无疑具有促进生计可持续的意义。不过，本书也承认可持续生计理论框架仍然是不成熟的，需要进一步检验和完善。生计理论不仅构成本研究的理论基础，而且也是本研究主要的对话理论和形成理论贡献的基点。在介绍基本的概念和理论之后，接下来将对分析框架进行论述。

三、分析框架：市场嵌入生计

嵌入社会之中的市场经济作为现代化进程中日益凸显的因素，成为人类社会一项重要的整合形式。市场作为交换发生的场所，其历史可以追溯到人类存在初期，直到19世纪才转变为以价格和竞争为关键的资源配置方式。[①] 正如布罗代尔所描述的，经济分成生产和消费两大领域，“但在两大领域之间，有一个第三者挤了进来，它像河流一样细长和活跃，也一眼便可认出：交换，或者说，市场经济”[②]。对于市场经济的发展，波兰尼为戳穿存在自律性市场的神话，在其著作《巨变：当代政治与经济的起源》中提出“市场嵌入于社会”这一重要论断[③]，即“……包括经济行为在内的一切人类行为都是社会性地形塑和定义的，所有的经济制度都嵌入社会关系与社会建制之中”[④]。同样是以嵌入性为核心概念，格兰诺维特在批判新古典经济学对经济行为低度和过度社会化解释的基础上，形成在现代工业社会中经济行为嵌入在人际关系的网络之中的理论观点。[⑤] 对于两者的区别，有研究者认为可以通过实体嵌入和形式嵌入这一区分进行认识。实体嵌入是指“市场本身是现代社会的一个有机组成部分（市场交换也由此成为社会交换的形式之一），深埋于社会结构之中而体现出相当的社会性，究其本质，是作为一种特定的社会构件（social component）而存在”[⑥]，形式嵌入意味着“将市场看作是经济生活的一种特定组织形式或纯粹的经济关系和制度”[⑦]，“市场中总存在那么一个不受社会影响、社会因素无法进入的‘硬核’部分”[⑧]，波兰尼的嵌入思想是实体嵌入，格兰诺维特的则是形式嵌入。同时，研究者也注意到二者的这种差异可

① 参见刘拥华：《市场社会还是市场性社会？——基于对波兰尼与诺斯争辩的分析》，《社会学研究》2011年第4期。

② [法]费尔南·布罗代尔：《15至18世纪的物质文明、经济和资本主义》第2卷，顾良译，生活·读书·新知三联书店2002年版，第1页。

③ [匈牙利]卡尔·波兰尼：《巨变：当代政治与经济的起源》，黄树民译，社会科学文献出版社2013年版。另一译本为：[匈牙利]卡尔·波兰尼：《大转型：我们时代的政治与经济起源》，冯钢等译，浙江人民出版社2007年版。

④ 符平：《“嵌入性”：两种取向及其分歧》，《社会学研究》2009年第5期。

⑤ Granovetter M., “Economic Action and Social Structure: The Problem of Embeddedness”, *American Journal of Sociology*, Vol.91, No.3,1985, pp.481-510.

⑥ 符平：《“嵌入性”：两种取向及其分歧》，《社会学研究》2009年第5期。

⑦ 符平：《“嵌入性”：两种取向及其分歧》，《社会学研究》2009年第5期。

⑧ 符平：《“嵌入性”：两种取向及其分歧》，《社会学研究》2009年第5期。

以归结为分析视角的层次不同，前者是宏观的社会系统，后者是微观的行动者。[①]

以“经济嵌入于社会”为理论核心，波兰尼指出，人类的经济体是一个为实现经济过程的统一性和稳定性而进行制度化的过程，具体表现于互惠、再分配和交换这些整合形式作用的发挥奠定在被明确设定的制度基础上，诸如互惠的整合作用依赖于对称组织，再分配的整合效果建立在中心点之上，个体之间的交换行为则是通过市场体系整合成为经济体，这些整合形式会共同出现在不同的社会中，但有主次之分，例如在市场社会中交换（以商定的交换律）的整合形式占据支配地位。[②] 再分配制度、互惠制度和交换制度又可以理解为人类组织生计活动的三种方式。[③] 因而，市场至少一方面是作为一种人与人交往沟通的整合形式，或者说一种组织社群生活的原则，另一方面指的是作为历史存在的交易场地、制度和机构。[④]“如果要选20世纪八九十年代的关键词，人们恐怕首先会想到‘市场’。”[⑤] 如今，市场经济空前发展，成为现代社会的显著特征，作为社会的一个重要构件组织人类的生计活动。

基于上述理论观点，围绕生计主题可以形成以下一些关于市场的认识。首先，在市场经济中，市场作为一种社会构件在人类组织生计的活动中占据支配地位。其次，嵌入社会的市场同样嵌入个体层面的行动者的生计之中。这存在两重意义：一个是实体嵌入，从微观的行动者的生计视角来看，市场是行动者生计活动的一部分、一种进行方式，行动者在与其他具体的市场主体进行互动的过程中实践和建构微观的交换行为和规则，除此之外，互惠和再分配同样是

① 参见符平：《“嵌入性”：两种取向及其分歧》，《社会学研究》2009年第5期。

② 参见［波兰］卡尔·博兰尼：《经济：制度化的过程》，侯利宏译，许宝强、渠敬东选编：《反市场的资本主义》，中央编译出版社2000年版，第33～63页。

③ 参见许宝强：《反市场的资本主义》，许宝强、渠敬东选编：《反市场的资本主义》，中央编译出版社2000年版，第50～91页。

④ 参见许宝强、渠敬东选编：《反市场的资本主义》，中央编译出版社2000年版。

⑤ 许宝强、渠敬东选编：《反市场的资本主义》，中央编译出版社2000年版，第298页。

行动者进行生计活动的具体方式，不过，在实行市场经济的社会中，市场交换居于主导地位；另一个是形式嵌入，作为个体的行动者，在面对既定和宏观的市场规则、制度、机制的情况下，此时的市场是行动者进行生计活动时无法影响和改变的社会中的“硬核”部分。由此看来，在承认市场的社会生成性质的前提下，也需要注意到生计研究与格兰诺维特的分析视角是一致的。再次，在市场经济背景下，市场嵌入生计，可以具体表述为：市场进入行动者的生计过程成为不可或缺的组成部分。宏观层面，市场“挤入”经济的生产和消费领域之间，生产的产品经由市场流到消费者手中；微观层面，生计根据前述的概念定义可以简单地区分为包括生活（以一定的生活条件为基础的生活方式）与生产（行动者基于所拥有的能力、资本通过策略作用在资源和机会上）两个方面的实践过程，市场同样“挤入”其中，个体实现从生产到生活的完整生计过程需要经由市场。最后，在实行市场经济制度的社会，市场交换是其中占有支配地位的整合形式，当行动者的生计过程无法通过市场交换得以完整时，这意味着行动者在很大程度上未能整合进社会的经济面向，这进而可能威胁到行动者在其他方面的社会整合。换句话说，生计的不可持续即是社会排斥。①

市场经济席卷全球，市场嵌入追随现代化步伐的农民的生计之中。改革开放以来，中国逐步进入市场经济的发展轨道，农民由此被卷入广泛的市场经济体系中。相关的经验研究揭示市场力量渗透进乡村，农民的生产与生活生出依赖市场的特性。生产方面，农产品商品化的现象越来越普遍和深入，“农民种植农作物或养殖畜禽，不再是为了自给自足食用，而是针对市场的需求，以市场为导向，生产相应的产品”②。生活方面，生活资料的获取依赖市场的供应。例如，关于西北村庄的消费情况，“近十年，没有人家再以满足家庭肉食供应

① De Haan L. J., “Globalization, Localization and Sustainable Livelihood”, *Sociologia Ruralis*, Vol.40, No.3, 2000, pp.339-365.

② 杨瑞玲：《解构乡村：共同体的脱嵌、超越与再造》，中国农业大学博士学位论文，2015 年，第 69 页。

来养猪，蛋类的供应也因家庭养鸡很少，肉蛋消费完全依赖市场”①。在市场经济的影响下，“农民的生产和消费都需要经过市场的价格体系来决定”②，“农民家庭生计中的一切活动都要以金钱为媒介来开展”③。因此，在市场经济不断发展的背景下，市场嵌入农民的生计过程。

本书基于市场嵌入农民的生计这一前提提出如下分析框架（见图 2-2）。需要说明的是，依据上述分析，将农民的生计简单地区分为生产与生活两个方面，市场嵌入农民生计表现为：生产经由市场实现对生活的物质支撑作用，生产方面的物质流向是市场（图 2-2 中生产方面的长箭头指向市场），同时生活方面的物质来源也是市场（图 2-2 中市场的长箭头指向生活方面），市场在其中承担联系生计的生产方面与生活方面的角色。基于此，本书形成如下分析思路：鉴于农民的生计实践是在一定的时空背景下进行的，首先，对生计实践的时空背景进行描述和勾勒；其次，基于生活是生产的目的，生产服务于生活，

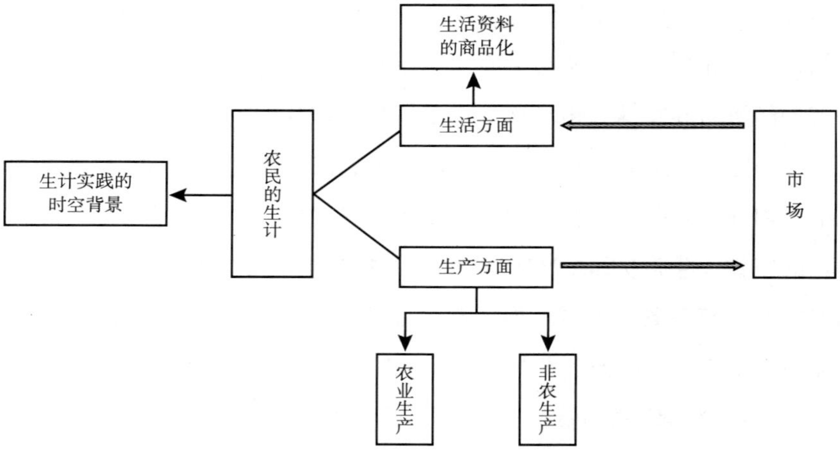

图 2-2　分析框架

① 解彩霞:《现代化 · 个体化 · 空壳化：一个当代中国西北村庄的社会变迁》，厦门大学博士学位论文，2014 年，第 101 页。

② 侯婧、左停:《生计过程中的农民行动逻辑》，《青海民族研究》2016 年第 3 期。

③ 叶敬忠:《发展的故事：幻象的形成与破灭》，社会科学文献出版社 2015 年版，第 74 页。

对生计中的生活方面即生活的物质来源于市场——生活资料的商品化过程进行论述，并对这个过程产生的生计后果进行分析；再次，在以生计资本为核心的生计理论中，生产方面得到较多的关注，为此将生产区分为农业生产和非农生产两个方面，分别对其物质流向市场——为交换而生产的过程进行阐述和分析；最后，在总结前述内容的基础上形成结论。因此，本书将基于这个分析框架做出相应的论述，以期能够有效地回答研究问题。

第三章

生计实践的时空背景：西村概况

人类的生计是在特定的时空背景下展开的，并因此呈现出丰富多样的具体形态。对于生计，不仅需要将其带入到历史过程中进行考察，也需要将其放置到社会网络中进行审视。村庄是农民进行生计实践的基本场所，一方面，农民在村庄的范围内利用村庄的自然资源进行生产活动；另一方面，农民在村庄的互动关系中构建生活活动。村庄的自然与社会状况是村民生计活动的整体反映，但同时也对村民的生计活动产生影响。① 因而，对农民生计的理解也不能脱离其所在的村庄的状况和特征。“每个社区都是一个社会整体，所有社区都属于同一类别，但每个社区又都有自己的独特性。”② 所以，在历史的、联系的视野中了解村庄的状况和特征，掌握农民生计实践的基本时空背景，这无疑有助于更为全面地理解农民的生计。在文献部分，本书提出以生计资本的概念理解村庄的整体状况是有必要的，所以接下来将尝试基于此去描述和认识西村的部分特征。

---

① Bhandari P. B., “Rural Livelihood Change? Household Capital, Community Resources and Livelihood Transition”, *Journal of Rural Studies*, Vol.32, 2013, pp.126-136; Martin S. M. and Lorenzen K., “Livelihood Diversification in Rural Laos”, *World Development*, Vol.83, 2016, pp.1-13.

② [法] 孟德拉斯：《农民的终结》，李培林译，中国社会科学出版社 1991 年版，第 8 页。

一、西村的形成

村庄的形成是一个历史过程。在这个过程中，一系列宏大的政治、经济、社会因素既可能是村庄形成的根源，也裹挟着村庄进入不同的历史阶段。同样，在这个过程中，世代居于此的村民在特定的时空背景中进行生计实践、繁衍生息，形成不一样的村庄历史。因此，为更好地理解和把握当下村民的生计状况，就十分有必要追溯村庄的历史过往，以此获得一种连续感。基于此，接下来将对西村的历史形成过程进行简单的勾勒。

（一）历史背景

明朝在建立初期为经营边疆防务设置众多卫所。《明史》记载："天下既定，度要害地，系一郡者设所，连郡者设卫。"[①] 卫所兼具军事管理和行政管理的特点，明朝将卫所制度确定为国家的基本制度之一。洪武六年（1373），朝廷将西宁州改置为西宁卫。洪武七年（1374），朝廷规定一卫下辖五个千户。由于初步平定湟水地区，故元等多路势力并未被剿清，因而西宁卫[②] 作为明朝经营西北防务的力量格外受到重视。"甘肃一镇计十五卫所，唯西宁卫六所，惟祖宗之意，盖以西宁控制近番申中等十三族，远番罕东等四卫，故多设一所，以震压之，视他卫不同也。"[③] 西宁卫下辖六个千户所，碾伯千户所在碾伯（今乐都区碾伯镇），其余五个千户所在西宁城中，分别是左、中、前、后、中左千户所。[④]

卫所制度得以维持的物质基础是屯田制度。屯田制度的作用包括解决军队的军饷开支，开垦荒地恢复经济，以达到养兵兴农的目的，并且与卫所相辅

① （清）张廷玉等撰：《明史》第 8 册，中华书局 1974 年版，第 2193 页。

② 西宁卫管辖青海的湟水地区，青海的黄河流域归河州卫管辖。参见陈新海：《明代兴屯戍边与青海地名》，《青海民族学院学报》1996 年第 2 期。

③ （明）刘敏宽、龙膺：《西宁卫志》，王继光辑注，青海人民出版社 1993 年版，第 257 页。

④ 参见崔永红：《明代青海疑难历史地理问题考证》，《青海民族大学学报》（社会科学版）2016 年第 1 期。

相成共同形成经营边疆的基本制度。①明朝的屯田分为三种类型——军屯、民屯和商屯，其中军屯为主要形式，即军士在闲时下屯田。“全国卫所军共屯田89万3千顷，占全国垦田总数的十分之一弱”②，军屯规模巨大。早在洪武十年（1377），甚至可能更早，就已经开始在西宁卫实行军屯。③西宁卫屯军耕种的土地主要集中在湟源峡以东的湟水谷地，屯田多为水地，也包括小部分与灌渠相隔不远的旱地。④卫所和屯田制度的实施离不开相应的人口基础。

卫所和军屯的人口基础建立在明朝的兵源制度之上。卫所的兵源来自“从征”“归附”“谪发”“垛集”，⑤其中“垛集”和“谪发”构成卫所军士的主要来源。明朝调拨大量军户前往边疆进行军屯。⑥根据相关史料的记载和学者的推测分析，明洪武时期，西宁卫有军户7200户，口数为15840人；嘉靖时期，西宁卫军户为7479户，口数3万人左右；到万历六年（1578），西宁卫军户超过7500户，口数增长到39000人左右。⑦包括西宁卫在内的青海河湟地区⑧的军户主要来自从征留戍和调拨来边。⑨“在世袭军户制下，明代河湟地区的官军户就成为这一区域世代提供军屯生产者和城操军的主要源

① 参见彭勇:《明代卫所制度流变论略》,《民族史研究》第7辑，民族出版社2007年版。

② 赵映林:《明代的军事制度》,《文史杂志》1987年第1期。

③ 参见崔永红:《明代青海河湟地区屯田的分布和军户的来源》,《青海社会科学》1988年第6期。

④ 参见崔永红:《明代青海河湟地区屯田的分布和军户的来源》,《青海社会科学》1988年第6期。

⑤ 即从百姓中按成丁比例征调入军，明朝规定民户每五户垛丁多（3～5丁）的一户为“军户”，其余的四户为“贴户”，军户出一丁为军丁，称“正军”，余下的丁壮称“余丁”。参见赵映林:《明代的军事制度》,《文史杂志》1987年第1期。

⑥ 参见贾伟、马兴盛:《试论明代青海河湟地区人口迁移》,《青海民族研究》2002年第2期。

⑦ 参见荣宁:《明代西宁卫人口试析》,《中国历史地理论丛》2002年第2期。

⑧ 河湟地区，也称河湟谷地，“河湟地区，包括湟水流域及其附近的黄河流域，地跨青海、甘肃两省，而以青海为主”。参见周宏伟:《两汉时期河湟地理环境探索——兼论汉羌争战的主要原因》,《青海社会科学》1988年第2期。湟水流域包括西宁市及周边海晏、湟源、湟中、大通、互助、平安、乐都、民和等区县，及甘肃省兰州市西部部分地区，河湟地区中的黄河流域包括循化县、化隆县、尖扎县、贵德县，河湟地区是青海省东部农业区和政治、经济与文化集中区。

⑨ 参见崔永红:《明代青海河湟地区屯田的分布和军户的来源》,《青海社会科学》1988年第6期。

泉。”[①]“明代在河湟驻军戍边，有相当多的官兵留居河湟。”[②]因此，屯垦戍边为青海河湟地区源源不断地带来新的移民。

（二）现实依据

正是由于明朝初期大力推行军屯，西村的形成可以追溯到这一时期。前文提及西村地处西宁市湟中县境内（见图 3-1），由西堡镇管辖，距离西宁城区较近，属于湟水流域，因而在地理位置上处于明朝西宁卫的军屯范围内。西村所在的石灰沟虽然在军事和交通上不及东边的南川和北边的西川重要，但由于石灰沟南端连通南川，“……西宁之受祸者，南川居多焉”[③]，为阻滞敌军拱卫西宁卫城也就需要在此驻军设守。石灰沟内有一条由南向北流淌的小河，名为石灰沟河[④]，该河发端于西村西南方向的拉脊山，由山泉水汇聚而成，贯穿整个石灰沟，最后流入附近的湟水河，属于湟水支系。石灰沟河虽然水量小，河道较窄，但常年有水，流经西村东侧，是整个石灰沟农业生产乃至生活用水的重要来源。在没有明确证据表明石灰沟河自明代以来发生过断流、改道等严重情况下，可以推测西村所处的石灰沟是西宁卫驻军开垦农田的区域之一。

西村村民全部为汉族，“明代是青海汉族形成的重要时期”[⑤]。因而，除地理位置之外，西村的人口构成也显现出该村的形成可能起源于明代的军屯移民。石灰沟内众多村庄的命名方式更是为这一推测增添了可信的证据。例如，石灰沟北端与西和高速（G0612）相邻的村庄为堡子村[⑥]，往南为西堡镇政府

---

① 崔永红：《明代青海河湟地区屯田的分布和军户的来源》，《青海社会科学》1988 年第 6 期。

② 贾伟、马兴盛：《试论明代青海河湟地区人口迁移》，《青海民族研究》2002 年第 2 期。

③ （清）梁份：《秦边纪略》，青海人民出版社 2015 年版，第 79 页。

④ 在 1989 年出版的《湟中县志》中，地形图将该河记录为“实惠沟河”，但根据《中华人民共和国政区大典 · 青海省卷》的记载，该河名为“石灰沟河”，因而《湟中县志》中记录的名称应有误。

⑤ 先巴：《明代卫所制度与青海高原屯寨文化的形成》，《青海民族大学学报》（社会科学版）2010 年第 3 期。

⑥ 《西宁卫志》“堡寨”条记载，“小泉堡城西三十里”，现在当地村民习惯将堡子村称为小堡子，考虑到气候变化导致泉水枯竭的可能，堡子村前身应该是明代的小泉堡，泉水的消失使村民对它的称呼逐渐演变为堡子。参见（明）刘敏宽、龙膺：《西宁卫志》，王继光辑注，青海人民出版社 1993 年版，第 181 页。

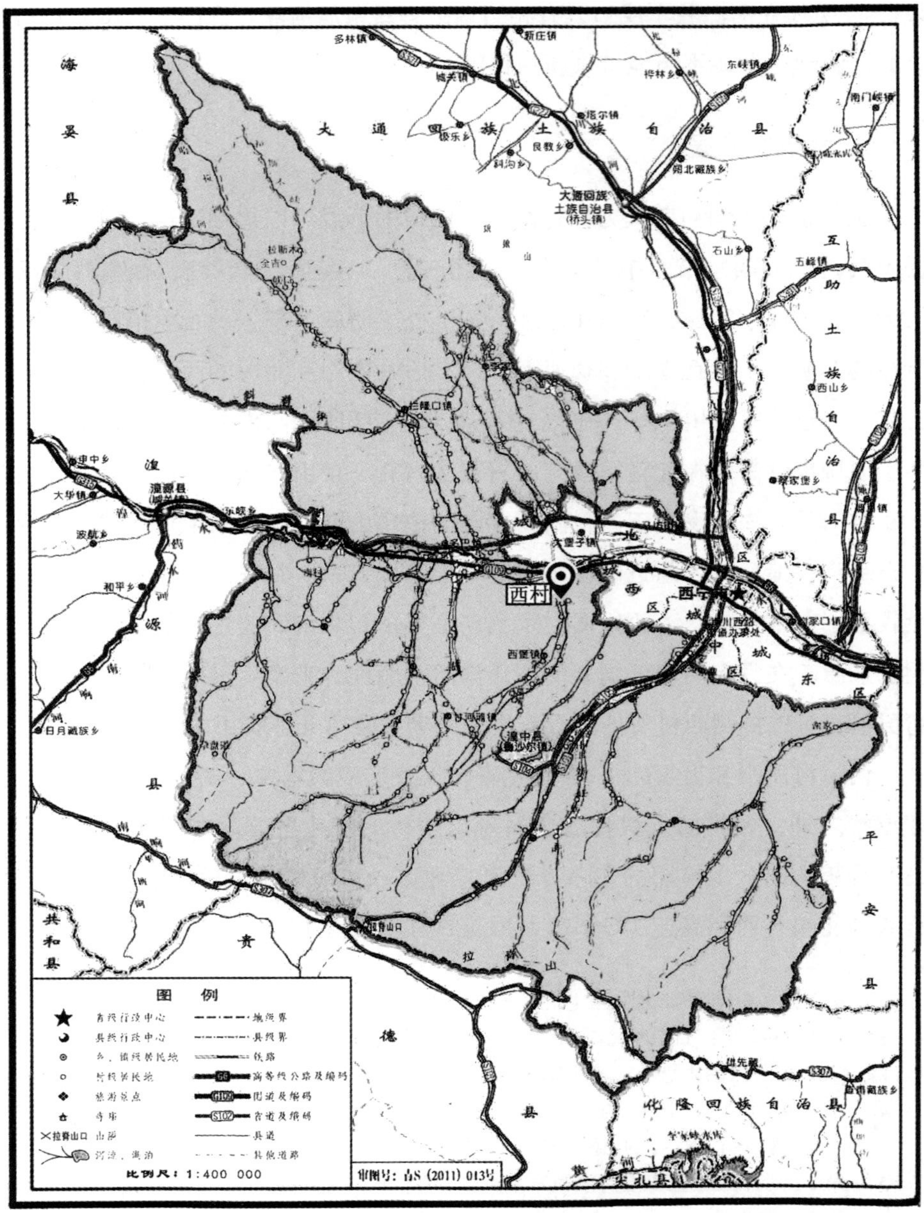

图 3-1　西村的具体位置

资料来源：湟中县地方志编纂委员会编:《湟中县志（1986 ~ 2010）》（暂未刊印），该图由原图略加而成。

驻地西堡村[①]（社区），还有东堡村[②]、寺尔寨村[③]，东两旗村、西两旗村等，这些村庄的名称中都带有堡、寨、旗的字眼。在现今的湟水流域，某堡、某寨的地名十分常见，“此与明代的移民戍边、置卫兴屯有十分紧密的关系”[④]。据史料记载，明朝在湟水两岸及其支流共设置223个堡寨，多在地势平坦、膏腴、交通便利之地，星罗棋布的堡寨构成西宁卫严密防御体系的基层军事建制。[⑤]关于西宁边堡，《秦边纪略》卷一记载：“平原筑堡，临壑附岩则置寨，临流则甃石，山巅平则削四壁，续断垣于山上为城，可耕可牧可守。”[⑥]《西宁卫志》“堡寨”条记载，西村在明代为一堡，堡名沿用至今。石灰沟内众多村庄的名称沿袭了明朝的堡寨之名，据此可以确定石灰沟是明朝开置军屯的区域之一，并且由于石灰沟对西宁卫具有的军事意义而设置了多个堡寨。因此，包括西村在内，有充分理由认为石灰沟内众多的汉族村庄形成于明初军屯移民时期。

现存的碑文资料将西村的产生历史直接定位到明朝洪武年间。西村目前有三个姓氏，其中一个姓氏为大姓，占村中人口的70%以上。据西村大姓村民存留的立于清乾隆十一年（1746）三月的墓碑碑文记载，“予始祖千户侯，明洪武十八年，由扬州江都[⑦]迁居湟中”，即西村大姓村民的祖先在明初担任千户[⑧]一职，洪武十八年（1385）由扬州江都迁居西宁湟中。对此，有村民甚至

① 《西宁卫志》“堡寨”条记载，“西山城堡城西四十里”，西堡村的前身应该是明代的西山城堡。参见（明）刘敏宽、龙膺：《西宁卫志》，王继光辑注，青海人民出版社1993年版，第181页。

② 东堡村前身可能是明代的东山城堡。参见陈新海：《明代兴屯戍边与青海地名》，《青海民族学院学报》1996年第2期。

③ 《西宁卫志》“堡寨”条记载，“寺儿堡城西四十里”，说明寺儿寨村的前身在明代极有可能是堡，而不是寨。参见（明）刘敏宽、龙膺：《西宁卫志》，王继光辑注，青海人民出版社1993年版，第181页。

④ 陈新海：《明代兴屯戍边与青海地名》，《青海民族学院学报》1996年第2期。

⑤ 参见陈新海：《明代兴屯戍边与青海地名》，《青海民族学院学报》1996年第2期。

⑥ （清）梁份：《秦边纪略》，青海人民出版社2015年版，第69页。

⑦ 今江苏省扬州市江都区。

⑧ 千户是军职，根据明朝的品级，千户所的正千户为正五品，副千户为从五品，镇抚为从六品，隶属于卫，千户所统兵一千一百二十人，下设十个百户所，百户六品。

通过指出他们的祖先司守西宁卫左千户所而予以确证。村中大姓村民曾有族谱，可以作为追溯西村形成时间的另一条重要线索，但在20世纪60年代不幸被毁，其后虽有重修，但时间上的缺损无法得到修补，因而也就无法作为参考依据。村中曾有人在重修祖坟之际特地前往现如今的江苏省扬州市江都区寻祖，确实发现在那有大量同姓者聚居，但在匆匆浏览族谱中并未发现有关于族亲迁居西宁卫的记载，无法为西村的形成增添更多的确凿证据。因而，在没有其他否定性证据的情况下，以碑文记录作为依据，结合相关的历史背景，可以认为西村大姓村民的祖先明初随军迁居于此，这成为西村的源头。

自明初伊始，大量汉人迁入湟水流域进行农业开发，为湟水流域众多村庄的形成奠定了基础。以南京为中心的江淮地区汉族移民的到来，[①] 促进了湟水流域农业的兴起和发展，具体包括：扩大耕地面积；增加和普及农作物品种，包括稷、小麦、玉米、油菜籽、蚕豆等；引入先进的农业生产技术和农具；兴修水利设施。[②] 由此，处于黄土高原和青藏高原过渡地带的湟水流域成为西北地区重要的农业生产带，明代这一区域粮食已经比较充裕，[③] 农业人口也不断增长。此后，卫所经历了漫长的“民化”过程[④]，作为军户进行军事与生产活动基本单位的堡寨，在几百年的历史变迁中逐渐演变为如今遍及湟水流域的村庄聚落[⑤]。

（三）近期演变

将时间线快速拉到近代。1949年8月26日，中国人民解放军解放兰州，随即向西宁挺进，9月5日解放西宁，9月9日湟中县各界代表以及各族群众近万人迎接解放军进驻湟中，庆祝解放。[⑥] 关于西村解放，村里的老人提到一

---

① 参见贾伟、马兴盛：《试论明代青海河湟地区人口迁移》，《青海民族研究》2002年第2期。

② 参见黄耀东：《移民、卫所与茶马——以明代河湟地区为例》，青海师范大学硕士学位论文，2012年。

③ 参见崔永红：《明代青海河湟地区屯田的分布和军户的来源》，《青海社会科学》1988年第6期。

④ 参见彭勇：《明代卫所制度流变论略》，《民族史研究》第7辑，民族出版社2007年版。

⑤ 参见石德生：《明初湟水流域汉族社会之政治管理体制》，《攀登》2007年第4期。

⑥ 参见湟中县地方志编纂委员会编：《湟中县志》，青海人民出版社1989年版。

个有趣的细节：一天深夜，一队解放军士兵趁着夜色来到西村[①]，在村口朝着宁静的夜空开了几枪，枪声响彻山沟。村里曾经在国民党军队当过兵的村民受到惊吓，也拿着枪朝天上放了几枪作为回应和吓阻。就在此时，解放军士兵在本子上记录下村里哪个地方有枪响，枪响几声。第二天天亮，解放军士兵进入西村，告知集合起来的村民村里面有几条枪，这些枪旋即被全部缴获。该故事的真实性无法考证，不过湟中县解放后县政府和当地驻军确实进行了一段时间的剿匪肃特工作。[②]西村由此进入新的发展阶段。

解放初期，西村和东村属于一个村子，明初所置堡寨以及之后演变成村庄的主体在东村，石灰沟河将该村一分为二，石灰沟河西侧有 18 户人家。住在河西的村民经常需要经过这条小河到村东去看病、走亲戚、开会、办社火等，往来较为频繁。但因为需要下、上河沟，所以通行并不便利，每年雨季（七月至九月）以及冬天有积雪的时候，通行不便的问题尤为明显。据村里老人回忆，解放后有几年该地区出现过降雨量突增的现象，夏天经常下大雨，从上游奔流而下的洪水将河道侵蚀得越来越宽，河床也越来越深，河岸与河谷的落差扩大。据《湟中县志》记载，确实有降雨量过大形成洪水灾害的记录：1954 年，“7 月 20 日后，县内连续 6 次发生雹、洪灾害，28 个乡的 11494 户、19 万多亩农作物受灾，粮食减产 1060 万斤”[③]。此时的村民无力兴资搭桥解决这个问题，村东与村西的往来沟通因此受阻。1958 年，湟中县撤销区乡建制，建立了 8 个政社合一的人民公社，也就是在这一年，为便于管理，人民公社将该村一分为二，石灰沟河村东部分为一个生产大队，村西部分为另一个生产大队。据村民回忆，此时西村有二三十户人家，也因此成为一个行政村。

在稳定的社会环境中，西村持续而快速地发展。村委会的档案材料显示，截至 2019 年底，西村常住户数 145 户，常住人口 533 人，户籍户数 147

---

① 此时的西村和隔河相望的东村为一个村子，并且当时大部分村民都居住在东村，所以确切地说应该是东村。

② 参见湟中县地方志编纂委员会编：《湟中县志》，青海人民出版社 1989 年版。

③ 湟中县地方志编纂委员会编：《湟中县志》，青海人民出版社 1989 年版，第 16 页。

户[①]，户籍人口573人，其中6～15周岁户籍人口64人，60周岁及以上户籍人口64人，80周岁及以上户籍人口7人，残疾人口7人，非农业户5户17人，下辖两个村民小组。与之对比的是，东村户籍户数281户，户籍人数1135人。依据村委会的统计，村中劳动力312人，长期外出务工人员有11人，其余劳动力大多是居村务工。村民务工集中在西宁市，也有少数到省内的其他地方，从事的行业包括运输、建筑、种植、养殖、保洁、家庭手工等。西村鲜有人出省去长三角、珠三角等东部沿海发达地区务工。在访谈中了解到，村中曾有一人在2019年远赴广东中山，在一家灯具厂打工，在那里获得的收入远高于西宁，但是因为气候、饮食难以适应的问题，在工作了三个月之后最终选择回村。因此，西村大多数村民居住在村内，据此开展生产和生活方面的活动，村庄在村民的生计中仍具有不可忽视的意义。

西村村民较少通过人口流动寻找务工机会，根本原因在于大部分村民的生计基于西村的自然与社会状况能够得以维持。西村占地面积约1100亩，现有耕地（水浇地）面积500亩，人均耕地不到一亩，主要种植小麦、油菜、燕麦、马铃薯以及果树苗木。村西边的山坡上另有三四百亩的旱地，主要种植马铃薯，但目前大多已经荒弃。村委会统计，2019年西村人均纯收入为9800元，同年湟中县农村常住居民人均可支配收入（1～12月）为11756元[②]。两种收入的统计口径不一致[③]，也就难以直观地反映西村村民经济收入相对于全县平均水平的情况，因而只能做一个大致的比较。不过，村民大多认为西村的经济状

① 根据西堡镇户籍人口核对情况，派出所提供的西村户籍户数为147户，户籍人数为573人，户在人不在的户数为2户，户在人不在的人数为37人，空挂户的户数为1户，空挂户的人数为1人，实际户籍户数144户，人数535人。

② 参见西宁市统计局:《2019年12月份西宁市国民经济月报》，2020年2月28日，http://tjj.xining.gov.cn/html/873/340295.html。

③ 人均纯收入是按人口平均的农村住户当年从各个来源得到的总收入相应地扣除所发生的费用（包括家庭经营费用支出、税费支出、生产性固定资产折旧和赠送农村内部亲友）后的收入。可支配收入指居民可用于最终消费支出和储蓄的总和，即可自由支配的收入，既包括现金收入，也包括实物收入。按照收入的来源，可支配收入包括工资性收入、经营净收入、财产净收入和转移净收入。参见 http://www.stats.gov.cn/tjsj/ndsj/2016/html/zb06.htm。

况好于石灰沟的其他一些村庄，并且由于人口规模小，贫富差距较小。西村的精准扶贫情况也从侧面反映了西村的经济状况。村委会的文件材料显示，2015年，西村精准扶贫识别确定建档立卡贫困户5户10人，其中低保兜底户1户，低保贫困户1户，一般贫困户3户，贫困户形成的原因包括因病、缺技术、缺资金，通过扶贫资金到户4户，其中产业扶持1户，资产收益3户，2016年脱贫1户1人，2017年脱贫3户8人，2018年退出贫困户1户1人①，实现全部脱贫。目前西村村民的住房大多是砖混结构的二层楼房，村中水、电、路、天然气、互联网等基础设施齐全，生活便利。2020年7月，村委会利用政府专门下拨资金对村中巷道、排水沟渠进行修整和硬化，并在路旁加装太阳能路灯，改善了村容，方便了村民出行。借助前文对西村人口、经济以及生活空间的简单勾勒，可以看到明初的一个军屯在历史变迁中成为今天的西村，而这离不开在此繁衍生息的村民的生计实践。

二、西村的生计资本

生计资本作为生计实践得以形成和开展的基本依据，是生计理论建构的核心。个体层面，生计资本被区分为人力、自然、金融、社会以及物质资本，而在村庄（社区）层面，生计资本无法完全照搬这些类别进行区分。因为个体的生计资本具有个人占有的特性，最为明显的是人力资本、金融资本以及社会资本。自然资本和物质资本在家庭成员范围内共同占有，但是也会伴随着家庭成员的独立而转变为个人占有，个体生计资本会因为个人生命的消亡而发生占有权利的转移或者随同消失。相较而言，村庄层面的生计资本具有有限的公共属性，对于村民来说其具有公共性，但对于非本村村民来说则具有排他性。村庄生计资本首先是村内的公共资源，村民具有平等的使用权，也能得到积累和转

① 该贫困户是一户独居老人，2019年11月因病去世，因而退出贫困户的时间应该是2019年，西村实现全部脱贫的时间也应该是2019年。

化成为生计资本，更为关键的是不会因为某个成员的退出而发生占有权利的变化或者消失，即具有独立于个体而存在的特性。

村庄生计资本区别于个体生计资本的两个属性，似乎也能够在更大的地域范围和社会单位层次中的公共资源身上找到，但是不能将它们纳入生计资本的概念范畴。这是因为，一方面，在生计理论中已经将它们归入自然与社会因素；另一方面，更高层次的资源、制度等无法像个体和村庄生计资本一样直接构成农民生计实践的基础，它们更多的是对生计过程产生影响。因此，可以尝试将村庄生计资本定义为“村庄内具有有限公共属性和独立于个体而存在的，能够被村民平等使用组成个人生计资本且可以积累和转化的资源”。显然，这种资源可以简单地区分为自然和社会两个部分，或者说具有自然和社会两种属性。个体生计资本是生计得以进行的基本依据，村庄生计资本对村民的生计资本具有重要意义。一方面，村庄生计资本为个体生计资本的形成提供了基础。典型的例子是村庄的自然资源是村民形成自然资本的基础，村庄的公共活动和关系网络为村民在村中形成社会资本提供前提，等等。另一方面，村庄生计资本对个体生计资本的使用、积累和转化具有促进作用。例如，村中的公共活动和关系网络对于村民社会资本的积累同样具有促进作用，村庄集体经济的发展也能够为村民人力资本的使用带来更多的机会。因而，下面将从村庄生计资本的自然和社会方面分别对西村的相关状况与特征进行描述。

（一）自然属性的村庄生计资本

在村庄生计资本的自然部分中，最为典型的是村中的自然资源，包括耕地、水源、草地、林地等部分，村民基于自然资源在实践活动中形成个人的自然资本。在传统的农耕社会，将自然资源转化为自然资本是农民生计的基本方面。对于由军屯移民形成的西村而言，耕地一直是村民维续生计过程的基础。前文提到西村耕地（水浇地）面积500亩，旱地三四百亩。西村处于河谷阶地地带，耕地集中在石灰沟河西边，向西以缓慢上升的台阶状延伸到西山脚下，同时地势由南向北逐渐降低，因而西村的水浇地错落不一，缺乏地势平坦、连片成块的大块耕地，土地细碎。

西村的耕地虽然靠近石灰沟河，但是直接从石灰沟河引水灌溉位于高处的大片耕地存在困难，尤其是在机械动力匮乏的时期，因而在石灰沟河上游引渠顺地势而下灌溉沟渠周边的耕地就成为合理的选择。清乾隆十二年（1747）已有关于石灰沟修建了多处渠道的记载，这些渠道并不连续，灌溉范围仅限于一个村庄的耕地，如“葛家渠，县西五十里。自庄南河湾起，至庄北庙湾止，长十里，共溉地二百六十三段”[①]；又如“寺儿堡渠，县西四十里。渠二,一长三里，一长二里。共溉地一百五十八段”[②]，在西村（确切地说应该是东村）也有两条渠道，长度分别为五里和十二里，灌溉地六百一十段。[③] 据《湟中县1949年民间水利工程效益统计表》，石灰沟有西渠和东渠[④]，随着时间的推移，石灰沟内的渠道自南向北逐渐连通，成为能够覆盖沟内全部村庄的主渠。目前西村耕地的灌溉用水就来自西渠。

得益于稳定的灌溉水源和良好的水利设施，位处青藏高原半干旱地区的西村土地丰腴，适宜耕种，是湟中县主要粮食生产区的一部分[⑤]。目前种植的农作物包括小麦、油菜、马铃薯等，其中小麦亩产在800斤左右。在西山东面半山坡上地势相对平缓的地方，有一片归属西村的旱地，因无法利用水渠进行灌溉，只能“靠天吃饭”。在21世纪初期以及之前，村民大多利用这些旱地种植马铃薯、小麦作为重要的粮食补充来源，也会种植油菜和蚕豆。根据村民回忆，旱地种植的小麦一亩一般能够打上400斤，收成好的时候能够达到600斤，旱地种植的马铃薯因为土壤适宜个头大，淀粉含量高，产量也较高。但近些年来这些旱地逐渐遭遇弃种，原因将在之后的章节中讨论。目前靠近山顶部分的

① （清）杨应琚撰：《西宁府新志》，青海人民出版社1988年版，第196页。

② （清）杨应琚撰：《西宁府新志》，青海人民出版社1988年版，第196页。

③ 参见（清）杨应琚撰：《西宁府新志》，青海人民出版社1988年版。

④ 参见湟中县地方志编纂委员会编：《湟中县志》，青海人民出版社1989年版。

⑤ 参见湟中县地方志编纂委员会编：《湟中县志》，青海人民出版社1989年版。

旱地被当地政府用来“退耕还林”，临近山脚地势平坦的部分旱地（见图 3-2）则被一位村民租来种植燕麦，面积为 100 亩，一亩地年租金为 100 元。其余旱地已经沦为荒地，并且由于荒置数年，土地结块，复耕的难度较大。土地[①]既是村民形成自然资本的基础，也是村民为获得生活资料利用生计资本进行作用的对象。换句话说，土地是自然资本，也因作为资源而成为实践的对象。西村村民放弃耕种旱地，反映出土地对村民形成自然资本的作用的弱化。

说明：图中的山梁为当地村民俗称的“东山”，图下方作物是燕麦，所在之处为当地村民俗称“西山”的半山坡上，地势相对平整，图片中间位置房屋密集处为村庄，靠近东山的地方为东村，靠近西山的地方为西村，从远处看两个村庄连成一片。

图 3-2　从半山坡远眺西村

土地资源不仅包括耕地，还包括村民的建设用地，个人物质资本包括房屋等居所，因而村中的住宅及其他方面的建设用地也是村民物质资本得以形成的基础。西村的房屋集中在石灰沟河以西。因为西村形成于东村跨河的一部分，

① 土地是构成个人和村庄自然资本的重要部分，在土地的土壤意义上，土地是村民获得粮食、蔬菜等物质材料的实践对象，以理论概念上的区分来表述，就是村民利用生计资本（包括土地）在土地上耕作获得产出；在土地的承载意义上，土地作为村民生计资本的一部分，与其他生计资本一起共同作用于机会和资源产生生计结果，比如西村村民在自家的承包地上建小型养牛场，通过卖牛获得货币收入。

所以建筑区域的扩张是由东向西，两边散开，刚好与西村的耕地分布重合。西村人口从之前的几十户增加到147户，在村中灌溉耕地开垦殆尽的情况下，耕地面积随着房屋建筑面积的增加而逐渐减少。1986年，湟中县农村居民人均住房面积为9平方米，2000年为19.39平方米，2010年为31.66平方米，在这期间湟中县的农村人口由37.9503万人增加到44.4456万人，耕地面积由1986年的104.88万亩缩减至84.72万亩。[①] 村民住房面积扩大的原因在于大量二层楼房的出现[②]，西村村民目前的住房大多是砖混结构的二层楼房。不过，人口的增长、户数的增加，加之分家析产、自立门户习俗的影响，必然催生新建更多房屋的需求，这可能使可用耕地面积减少，在个人物质资本的形成方面提升村庄土地的重要性。

除了在土地上建造房屋，西村村民也修建了砖厂、停车场、砂石场等。村中曾经先后有过两个砖厂，位置都在村庄西北边的西山脚下。第一家砖厂是在集体化时期生产二队于1980年从事副业时修建的，1982年包产到户，次年一位村民就和东村的一个亲戚合伙承包了这家砖厂。砖块的销售对象主要是西宁市的单位、企业，例如距离西村5公里左右的西宁特钢厂，但是因为销售困难，仅维持一年时间便被转包，随后关停。第二家砖厂是在1982年由西村的一位村民和其他村的村民合伙修建的，总共投入42万元，但同样因为销路不畅，加之在合伙经营的过程中产生矛盾，砖厂断断续续地坚持到1990年上半年，最后因为没有新的资金注入被迫停工，生产的砖块和生产设备最终都用作抵债。如今，在西村仍然可以看到这个废弃砖厂遗留下来的砖窑和砖坯房。停车场位于公路旁边，处于西村房屋建筑范围以外的东南方位。这条公路由南向北穿过西村，也是村庄唯一一条连通外界的公路。砂石场在西村的西北边，与废弃的砖厂相隔较近。停车场和砂石场为西村同一位村民所建。停车场用来停放处于闲置状态的挖掘机、推土机等重型机械，以收取停车费的方式盈利。砂

① 参见湟中县地方志编纂委员会编:《湟中县志（1986～2010）》（暂未刊印）。

② 以一栋二层小楼房屋面积为200平方米计算，一户六口之家的人均住房面积约为33.33平方米。

石场并不生产沙子，而是用来放置沙子，以售卖给附近的建筑工地。两家砖厂的占地面积较小，停车场和砂石场占地面积总共数十亩。砖厂、停车场都是村民为迎合市场经济的需求基于村庄生计资本而形成的物质资本。因而，在人口和经济变化的影响下，村庄生计资本在村民形成不同类别的生计资本中发挥作用的程度随之发生变化，土地对村民形成物质资本的基础作用变得愈发重要。

土地对村民形成生计资本的基础作用随土地制度的变化而变化。1951 年 10 月到 1952 年 4 月，湟中县在全县范围内进行了土地改革，消灭了封建土地所有制。① 土地改革前，西村有两家成分被划为地主。其中一家人有四个青壮劳动力，解放前老大在湟中县回民初级学校任校长，老二居住在西宁，是国民党中央政府派驻西宁监视马步芳的军统军官，老三为西堡乡中学老师，老四则是庄稼人。村里老人回忆，这一家人之所以被划分成地主，主要是因为雇用了两个长工，这两个长工是兄弟，人品恶劣，经常与村民交恶。另一户人家则是因为放高利贷，被人举报后认定为地主。这两户人家被西村村民戏称为“穷地主”。其他村民大多被划为中农。土地改革前湟中县中农占比 43.14%，人均土地 4.76 亩。②1953 年，湟中县试办了两个初级社，1956 年初级社全部过渡到高级社，1958 年湟中县的高级社按地区合并成 8 个人民公社，西村为一个生产大队，下辖两个生产队。1962 年 9 月，中共八届十中全会通过《农村人民公社工作条例（修正草案）》，“确立了人民公社‘三级所有，队为基础’的新体制，和允许农民部分实行‘三自一包’的新政策”③。

集体化时期，村民在生产队的统一安排下集体劳作，生产出来的粮食除去缴纳政府和集体留用再生产的，剩下的部分以基本口粮和工分粮的区分方式分配给村民。基本口粮按人口平均分配，工分粮按工分数量分配。工分分为三个等级，一等 12 分，二等 10 分，三等 8 分，分配给老人、学生干的活，比如放羊、照看牲口等，生产队通常记 8 分。1962 年，生产队给每户人家分了 0.3 亩

① 参见湟中县地方志编纂委员会编:《湟中县志》，青海人民出版社 1989 年版。

② 参见湟中县地方志编纂委员会编:《湟中县志》，青海人民出版社 1989 年版。

③ 温铁军:《中国农村基本经济制度研究》，中国经济出版社 2000 年版，第 215 页。

的自留地，这成为村民获取粮食解决温饱问题的另一重要途径。村民在自留地里种上小麦、马铃薯、油菜等农作物，利用早上上工前、晚上下工后的时间打理自留地。生产队也会专门安排时间让村民去收自留地里的麦子，并且允许村民在公共碾场上打麦子。除了自留地，此时大部分的村庄土地无法支撑村民形成个人自然资本与生计结果建立直接联系。村民作为劳动力固定于脱离个人控制的生计过程。

1982 年，全面推行土地承包到户的家庭联产承包责任制，西村也于当年全部包产到户，并且在此之后土地“三年一小调，五年一大调”，大调就是村集体将死亡、出嫁村民的地收回来，然后重新分给包括新增人口在内的其他村民。1993 年，中央 11 号文件《关于当前农业和农村经济发展的若干政策措施》规定：“为了稳定土地承包关系，鼓励农民增加投入，提高土地的生产率，在原定的耕地承包期到期之后，再延长三十年不变。”“提倡在承包期内实行‘增人不增地、减人不减地’的办法”。西村在 1993 年进行了最后一次土地调整，当时的标准是水浇地人均 1.2 亩左右，旱地人均 1.3 亩左右。

1986 年，西村的耕地全部发包给村民，其中包括村集体的机动地。在此之后，村委会除了卫生室及其院子所占的土地，以及原来村小学占有的地块，再无其他土地。2017 年，村委会将原来的办公场所用作村老年人活动室，在小学旧址上重新修建办公楼，因为土地达不到两亩的标准，需要占用村民承包的一部分土地，为此村委会支付一定数额的费用从村民手中“买地”。

2017 年，党的十九大报告指出，保持土地承包关系稳定并长久不变，第二轮土地承包到期后再延长三十年。这对西村自 1993 年形成并维持到今天的耕地承包格局具有稳定作用。在家庭承包制度亦即小农村社内部平均占有土地制度下[①]，村庄土地能够直接成为村民生计资本的一部分，村民借此进入个人主导的生计过程。从集体化到家庭承包制，土地制度的这种变化意味着土地作为重要的村庄生计资本能够对村民形成个体的自然资本发挥基础作用，村民基

① 参见温铁军：《中国农村基本经济制度研究》，中国经济出版社 2000 年版。

于占有的自然资本以及其他生计资本掌控自身的生计过程以获得生计结果。

生计资本的一个重要特征在于能够得到积累①，土地作为重要的村庄生计资本同样也不例外。西村的旱地已经被村民荒弃。水浇地虽然已经不大具备进一步扩大面积的可能，但是土壤的肥力一直得到村民的涵养和积累。保持和提升耕地肥力的一个重要方式是使用肥料。集体化之前，村民主要使用自制肥料保持耕地的肥力，自制肥料的来源包括炕灰和人畜粪便。为解决肥料不足问题，加之享有距离西宁城近的便利，村民也会用马车去西宁拉大粪。

集体化时期，虽然生产队每年都会出资购买化肥增强土壤肥力，但是化肥数量有限，自制肥料仍然是重要的肥料，这其中又以大粪最为关键。因为西宁周边的生产队都到西宁城区拉大粪，大粪成为“稀缺资源”。为此，西村的生产队在1961年派专人驻守在单位厕所旁，目的就是防止其他生产队把大粪拉走。派去的村民一天算一个工，也就是记12个工分。一般是一个人值守两年，两年一换，该制度一直持续到实施包产到户。到了冬天为耕地育肥的时候，生产队副队长就带着村民用马车到西宁拉大粪。在争夺“稀缺资源”的过程中，生产队逢年过节都会给单位领导送一些面、清油等物资，拉拢关系，以获得独占单位“稀缺资源”的许可。生产队也会要求每户上交一定数量的炕灰作为肥料。据村民讲述，为了完成任务，大家烧土使之看起来像炕灰，或者在炕灰里面掺土，把一方半的炕灰变成两方，然后堆放在家门口，生产队干部使用卷尺测量后随即拉走。相比之下，村民为了使自留地里的庄稼长得好，会把质量好的肥料如灶灰留着自己用。包产到户以后，一些村民为了省钱，也因为确实缺乏资金，仍然用炕灰、大粪作为肥料，不使用化肥。但是，因为有银行的化肥贷款，春借冬还，化肥使用起来也较为快捷便利，大多村民开始使用化肥。到今天，由于现金来源渠道的丰富和收入的增加，西村村民已经完全使用化肥代替自制肥料。

兴修水利设施可以视作一种间接保持耕地质量的积累方式。除了清乾隆

① Dijk T., “Livelihoods, Capitals and Livelihood Trajectories: A More Sociological Conceptualization”, *Progress in Development Studies*, Vol.11,No.2, 2011, pp.101-117.

十二年（1747）已有记载的灌渠，西村也修建了一些其他灌溉设施。在面向西村方向的西山脚下常年有泉水流淌，汇聚成沟。20世纪60年代，村民在生产大队的组织下在泉眼附近的低洼处筑坝，形成了一个常年有水、面积为15亩的水塘。村民称其为“大浪”。水塘下方以及附近的耕地都能得灌溉之便，这也是对主渠的重要补充。21世纪初，湟中县先后多次对西堡灌区实施改造工程，包括将大石门水库的水引入西堡干渠，确保即使在干旱年份水渠也能够稳定供水，对灌溉水渠进行全面硬化提升灌溉的效果和便利程度，等等。西村村民也通过轮作方式保持耕地的肥力。正是因为村民通过以上多种方式保持土壤肥力，提升耕地质量，土地作为村庄生计资本才得到积累，在农业生产部门保持着作为村民自然资本重要来源的地位，成为一种可持续使用的资源。

能够转化也是生计资本的一个重要特征①，土地这项村庄生计资本正在经历集体和个体层次上的转化。村集体层面，土地正在部分转化为村庄的集体生产资料，并可能为村集体带来经济收入。在村西边靠近水塘的地方，西村集体经济合作社修建了采摘旅游休闲农家乐园，预期目标包括带动40多名村民就业，每年为村集体经济带来10万元利润。在规划中，农家乐园包括农家院1处，蔬菜水果采摘大棚2个，20亩果园（已有5亩），鱼塘1个（就是上述提到的水塘），项目资金估算为60万元。该项目2018年立项获批，2019年实施。在实施过程中，村委会预估的项目资金60万元全部来自政府下拨的财政扶贫专项资金。但是，实际下拨的专项资金为40万元，由于项目已经开工，相关建筑材料已经按照60万元的预算以赊账方式购入，留下一笔因材料款仍未结清产生的20万元债款。

2019年下半年，尽管60万元的项目预算资金用尽，但农家乐园规划预期并未完全实现。在农家乐园中，目前修成一座占地面积300平方米的单体一层的彩钢建筑，屋顶为透明玻璃设计，用作餐饮用途。建筑周围种植了数亩地的花卉，品种不一，并从公路上引建了一条长约500米的水泥道路。农家乐园流

① Dijk T., “Livelihoods, Capitals and Livelihood Trajectories: A More Sociological Conceptualization”, *Progress in Development Studies*, Vol.11, No.2, 2011, pp.101-117.

转村民承包的土地10亩，每亩租金为700元。至于其他规划设施，如采摘大棚未能建成，2012年，有村民在自己的承包地种上了一些梨树和苹果树，这成为农家乐园规划的组成部分，但目前果园并没有因为农家乐园的修建而扩大面积，鱼塘仍在他人的承包期内，村委会无权经营。

村委会曾经打算在2019年底依托目前已经建成的相关设施将农家乐园承包出去，利用租金将欠款还清，但是遭遇到未曾想过的困境。一方面是因为农家乐园占用的是耕地，审批手续不齐全，被土地管理部门认定为违建。另一方面是因为自2017年以来西宁市政府对辖区内破坏环境、环保不达标的农家乐进行了长期整治，这在客观上给农家乐园顺利承包出去带来负面影响。2020年，村支书表示承包事宜已经和一个老板谈妥，至于违规占用耕地，村委会通过向镇政府、县政府逐级申请也得到解决。村集体在村中的土地上修建农家乐园，无疑是将土地这项村庄生计资本转化为村庄其他具有集体属性的资源。在农家乐园被顺利承包出去之后，土地也就间接为村集体经济带来收入，发生进一步的转化。因此，作为自然部分中最为主要的村庄生计资本——土地在集体层次上发生转化。

在村民层面，自承包到户后，土地直接进入个人的生计资本范畴，也发生了转化。2008～2015年，西村村委会响应发展农村经济的号召，先后引进一些私人企业包括加气块厂、管道厂、板子厂、搅拌站等入村。由于这些企业的进入，加之在村中公路旁修建的砂石场、停车场，因此村中出现了较大的土地使用需求。村中的厂子通过“租”或者“买”两种方式从村民手中获得他们承包地的使用权。在“租”的方式中，2019年大部分土地年租金为2500元。不过续租方式多样，例如管道厂与村民议定的是租金为2500元，三年一给，同时三年一涨；停车场的租金一开始为2500元，每年涨100元，目前已是第五年；搅拌站初始的租金是2000元，一年涨100元，现在是第四年。“买”相当于一次性付清租金，价格为5万元，大致相当于租期20年的费用。根据村干部的介绍，目前村中已经有200多亩地被“租”出去，包括混凝土搅拌站占地50亩左右，个别村民自建的停车场面积在40亩左右，等等。这些地均是村中的水浇地，虽然通过“租”地或者“卖”地[①]村民的承包地面积减少，但因此获得了依靠农业产出难以达到的经济收入，这成为村民形成金融资本的部分来源，亦即自然资本转化为金融资本。归村集体所有的土地在土地政策的作用下成为村民形成个体的自然资本的基础，村民在经济发展的过程中将其进行转化。

除了土地之外，西村生计资本的自然部分还有水塘（或者说小型水库）和一片树林。水塘为村民的耕地带来灌溉之便，对于村民自然资本——土地的使用和积累也起到促进作用。此外，西村靠近石灰沟河的河滩处有一片小树林，均为青杨树，这属于西村仅有的林业资源，对村民的生计资本未起到明显的作用。这片树林在2007年与水塘一起承包给一位西宁的商人，村委会收取一定数额的租金。因而，在西村的生计资本中土地是最为突出也是最为主要的自然部分。在社会经济结构转型的背景下，土地的基础作用在村民形成各类生计资本中的重要性也随之发生变化。

（二）社会属性的村庄生计资本

在西村的生计资本中，除了自然部分，还有社会部分，即社会属性的村庄生计资本，包括村庄中的关系网络、村集体经济等方面。村庄是熟人社会，村民在频繁的日常互动中形成联结紧密的关系网络。在村庄生计资本的社会部分，村庄中的关系网络是一个重要的方面。村庄中的关系网络是居于其中的村民形成社会资本的重要来源。已有研究指出，非正式网络、来自社会网络的信息、面对面交流带来的启发、互助与相互合作等社会资本因素对农民使用生计资本的策略具有积极意义。[②]村庄中的关系网络作为村庄生计资本因而间接地促进村民使用生计资本。在此仍然需要说明的是，在整个村庄层面，村民因

① 村民“租”地或者“卖”地行为的合法性问题将在后续内容中进行相关的论述。

② Ye Jingzhong, Wang Yihuan, Long N., “Farmer Initiatives and Livelihood Diversification: From the Collective to A Market Economy in Rural China”, *Journal of Agrarian Change*, Vol.9, No.2, 2009, pp.175-203；Mitra A., “Social Capital, Livelihood and upward Mobility”, *Habitat International*, Vol.32, No.2, 2008, pp.261-269；陆益龙：《制度、市场与中国农村发展》，中国人民大学出版社2013年版。

血缘、地缘在日常互动中构建的关系网络并不能够被纳入个人社会资本的概念范畴。理由在于，村中关系网络是村民形成个人社会资本的重要来源，但并不是全部；同时，村中关系网络的形成及其特征也并不会因个人发生改变。对于生计理论，存在这样一种批评的声音，认为其中暗含一种个体行动的预设，即行动者（个人或者家庭）使用生计资本获取想要的生计结果，尽管生计资本包含社会资本，考虑了生计实践中的社会联系属性，但这仍然是一种个体行动的取向，忽视了处于社会联系中的个人或者家庭通过合作、互助等行为形成超越个体层面的共享生计结果。[①] 生计理论以个体行动为理论建构的前提，虽然这种批评失之偏颇，但也突出了在行动者的社会资本之外关注村庄关系网络的必要性。

西村的关系网络在集体与个体两个层面的互动中形成、发展。西村目前有三个姓氏，分别是杨、赵、孙[②]，其中杨姓村民居多。在西村成为一个独立的村庄之前，已有杨姓和赵姓村民，孙姓村民是在20世纪三四十年代迁居于此的。目前村中赵姓村民21家，孙姓村民10家[③]，其余的都为杨姓。在杨姓村民看来，村中的赵姓和孙姓村民都是亲戚，尽管现在走动不如以往那么频繁。

杨姓村民同尊一个祖先，祖坟在西山的半山坡上，现在发展为四个户族。关于农村中的户族，贺雪峰描述道："……而户族的范围大致为10户到20户，户族过大就会分开，而不可能达到数百户的规模。"[④] 2019年，杨姓村民根据辈分从老到幼共有五辈。辈分最高的两辈村民年龄大多在60岁以上，年龄最大者为86岁。在辈分最低的一辈中，少数已年满18岁，多数在18岁以下。中间两个辈分的村民为村中主要的劳动力。

在每年春分时期举行的田社是西村村民的大事件。"'田社'，是现今青海

---

① King R., Adler M. A., Grieves M., "Cooperatives as Sustainable Livelihood Strategies in Rural Mexico", *Bulletin of Latin American Research*, Vol.32, No.2, 2013, pp.163-177.

② 根据学术伦理的要求，这三个姓氏都不是真实的姓氏。

③ 村民的说法是2户10家。

④ 贺雪峰：《乡村社会关键词：进入21世纪的中国乡村素描》，山东人民出版社2010年版，第190页。

汉族民间对仲春祭祖的一种称谓”[①]，祭祀场所在祖先坟地前，祭祀仪式的主要内容包括烧纸钱、酒祭、牲祭，以及聚餐共饮，“具有强烈的家族凝聚功能而传承至今”[②]。杨姓村民的四个户族每年都会因为田社聚集到一起，先是在西山的祖坟前举行祭祀仪式，仪式完毕后所有族人下山聚餐共饮，每年轮流由三户人家共同准备宴席。由于祭祖被赋予的重要意义，田社成为杨姓村民参与程度最高的集体活动，借助这次活动，杨姓村民在沟通往来中对既有的关系网络进行巩固、更新。赵姓和孙姓村民亦如此。在杨姓村民的户族内部，村民常常借由各种节日聚餐畅饮。例如每年农历新年期间，尽管户族的所有成员在除夕夜已经在轮庄的某一户人家“过了一个年”，但是到了大年初一这天，大家仍要聚集到轮庄的另一户人家继续“过年”，从中午一直持续到次日凌晨。在平时，尤其是夏天，户族成员也经常会在村东的河滩处宰鸡、杀羊打平火[③]，互动频繁、联系紧密。因而，西村的关系网络带有明显的宗族印记。

在村庄中，村民也借助其他方式构建和强化村中的关系网络。村中的婚丧嫁娶活动是将杨姓村民与其他两姓村民联系起来的基本方式，也不断确认其中存在的亲戚关系。西村村民在每年农历春节期间都会举办社火活动，参演者收到“火头”（社火的组织者）的请帖后连续出演三年。人员的更替是以轮流的形式，每家出一个人，周而复始。表演的场地主要是村卫生室的院子。“社火作为一种仪式，对丰收的期盼给一切祭祀打上实用的烙印，缘此而衍演出的礼仪、祭轨亦显示着出自实惠心态的虔敬。”[④] 社火吸引村民通过表演或者观看的方式参与其中。村民之间日常的小群体互动通常发生在村中的小卖部，冬天阳光充足的街头巷尾，家中抑或附近的餐馆等地方。这种互动不具备集体活动如田社具有的强制性和约束性，是在个人的行为偏好下进行的，并能够于集体层

① 贺喜炎：《青海汉族“田社”习俗与春社关系探析》，《青海社会科学》2011 年第 6 期。

② 贺喜炎：《青海汉族“田社”习俗与春社关系探析》，《青海社会科学》2011 年第 6 期。

③ 即平均出钱聚餐。

④ 马岩芳：《仪式、信仰与乡土社会秩序建构——以青海湟中葛家寨村的社火表演为研究个案》，《青海师范大学学报》（哲学社会科学版）2010 年第 5 期。

面在频繁、随意的互动过程中加强成型的关系网络，同时转化为个人的社会资本，包括交换信息、达成口头约定等。因而，西村村民在集体与个人的双层互动中形成和积累村庄的关系网络，这也成为村民形成社会资本的重要来源。

然而，也需要注意村庄的关系网络在形成与发展过程中发生的一些变化。西村整体上正在经历由熟人社会到半熟人社会的转变。[①] 不过，西村在更为具体的互动模式上呈现如下特点：集体层面，户族之间的联系变得松散，户族内部成员间的互动较为频繁、紧密；个人层面，相比于血缘，村民更愿意依据趣缘、业缘建立日常的联系。这将影响到西村关系网络的未来特征及其作为村庄生计资本的意义。

除了村庄中的关系网络，西村生计资本中的社会部分还包括村集体经济。村集体经济的壮大能够为村民提供更多的就业岗位，也能够为村中的技能培训、医疗保障等注入更多的资金，这无疑对村民使用和提升人力资本具有促进作用。因而，村集体经济是村庄生计资本中不可忽视的部分。

集体化时期，西村的生产队在农业生产之外从1964年也开始“搞副业”。在一年之中农业生产相对清闲的时期（一般是在麦种播下之后，收割之前的这段时间），生产队将青壮年劳动力组织成副业小组通过务工挣取现金收入，具体包括到附近的州县修筑公路、修建水库、挖甘草等。例如，1964年，生产二队开始搞副业，到海西州都兰县为一个煤矿修路。1965年夏季，生产一队和二队合力组织了20名青壮年到海南州挖甘草。村民回忆说，“当时挖甘草一天自己能挣到两毛钱，其余的钱上交到生产队”[②]。1968年，生产一队的建筑队到海西州都兰县参与了一条公路的修建，“干了三个月然后回来了，那个时候大工一天3块钱，小工一天1块8毛钱，我们挣了几百来块钱，80%交给生产队，20%属于自己”[③]。组织劳动力务工挣钱是生产队的一项重要工作。20世纪80

① 参加贺雪峰：《乡村社会关键词：进入21世纪的中国乡村素描》，山东人民出版社2010年版，第190页。

② 访谈对象HY18。

③ 访谈对象HY17。

年代前后，西村的生产队尝试发展工业，先后成立了冶炼厂、砖厂等，但经济效益不尽如人意。虽然“搞副业”为村集体带来了一定的现金收入，但其始终只能对村集体的经济支出起到贴补作用。1982 年，西村包产到户，财产作价摊平，自此以后村集体经济的发展几乎停滞。

近年来，西村的集体经济因政府下拨的扶贫专项资金得到加强。2018 年，西村获得专项资金 40 万元，悉数用于农家乐园的建设。2019 年，西村再次获得专项资金 60 万元，全部投入湟中县多巴镇开发商业综合体进行折股量化。所谓“折股量化”，就是西村联合了其他几个村委会集资在多巴镇的商业中心购买了两个商铺，出租以收取租金。村委会之所以这样做，是因为对这笔钱的使用要求是第二年能够盈利。在农家乐园的项目规划中，除了提到为村民提供数十个就业岗位之外，也明确写道：“当年盈余中提取 10% 作为公益基金，用于成员技术培训、文化教育以及‘村老年幸福园’、残疾人员互助专项资金。”项目规划对农家乐园经济效益的估计是“村集体经济年利润可达 10 万元”。但遗憾的是，西村的农家乐园项目未能完全按照规划完工。西村的集体经济也缺乏其他产业的支持。西村的集体经济发展程度有限，作为村庄生计资本对村民的促进作用因而也就较弱。

村庄教育直接影响村民的人力资本，因而将其纳入村庄生计资本的社会部分。现在西村没有幼儿园和小学，适龄儿童在附近一个人口规模较大的村庄就学，距离西村 1.5 公里左右。1986 年，湟中县共有小学 419 所；1999 年被调整为 210 所，其中初小 113 所；2001 年 4 月，湟中县先后撤并 74 所小学；到 2010 年底，湟中县小学数量为 130 所，其中县属学校 1 所。[①] 也就是在这个过程中，村中唯一的学校西村初小被撤销。对于西村初小，曾经担任村支书的一位村民说：

我当书记的时候对村里的学校抓得比较紧。我女儿那会儿也在那里上

① 参见湟中县地方志编纂委员会编：《湟中县志（1986 ~ 2010）》（暂未刊印）。

学。学校里就一个男老师，特别爱喝酒，我几乎每天都要拎着锄头去学校看看老师给孩子教的啥。要是碰到老师喝酒了不好好教，我就说他。那批孩子里后来有好几个考上大学，现在村里考上大学的孩子就少了。①

对村民的技能培训主要是由县、镇两级政府组织，培训场所也一般在镇上。在村庄层面，西村目前缺乏提升村民文化和技能的教育培训。尽管在村委会的小楼里有一间图书阅览室，但使用率较低。在西村的生计资本中，教育部分是欠缺的。需要澄清的是，虽然西村处于国家教育体系之中，但归入村庄生计资本的是村委会（或者说村集体）能给村民提供的教育培训。村委会在规划农家乐园的经济收益预期时明确提出发展村庄的文化教育即是一个例子。所以，村集体经济和教育是西村生计资本中发展程度十分有限的地方，对村民生计资本和生计结果的促进作用也就十分微弱。

沿袭村庄状况和特征影响村民生计过程的观点产生了村庄生计资本这个概念。通过使用这个概念以及对其中自然部分和社会部分的区分，西村中一些与村民生计资本相关联的状况和特征被勾勒出来。在西村的村庄生计资本中，自然部分最为主要的是土地，社会部分是村庄的关系网络，这成为村民基于村庄状况形成个人生计资本的主要来源。换言之，在村民因村庄而“先赋”的各类生计资本中，自然资本和社会资本相对突出。这也成为村民从集体化进入市场经济开展生计过程的基本依据。

三、社会网络中的西村

西村作为一个位处特定地理位置的地点，因交通、信息技术的不断完善而进入日益紧密的社会网络中。据此，要在系统、联系的视野下理解西村就有必要对它的社会网络状况进行描述。西村距离西宁市区约 8 公里，距离湟中城区

① 访谈对象 HY45。

约11公里，距离西堡镇政府驻地约2公里。西村仅有的一条能够将其与外界联系起来的公路是海（马泉）阴（山）公路。海阴公路属于乡道，全长18公里，南连121县道，北接109国道和西和高速公路，由南向北贯穿石灰沟，将包括西村在内的一众村庄与湟中城区、甘河滩工业园区、镇政府驻地、西宁市区串联起来，进而与更大范围的社会网络连通。可以推断，明朝在石灰沟沿河设置众多堡寨拱卫西宁卫时，便将这条串联整个石灰沟的道路修整成型。1985年，海阴公路是一条技术等级为4，路基宽7米、路面宽6米的砂砾公路。①1990年，海阴公路部分路基改建，一些路段铺上了沥青。②此后经过县政府的公路升级改造，海阴公路成为如今车辆往来频繁的水泥公路。2010年，湟中县各乡镇开通宽带业务，实现全县3G信号全覆盖。③受益于网络信息技术在最近十年的飞速发展和普及，网络宽带进入西村，4G信号实现全覆盖。这些基础设施的建设和发展为西村与外界的联系提供了基本条件。

得益于不断完善的道路交通和信息网络，西村与外界尤其是城市的联系日渐紧密。在解放前后的一段时间里，西村村民为获取现金用于盖新房、娶妻生子，在农闲时经常会去西宁城区做盖房子、挖坑诸如此类的散活。在集体化时期，可以看到村民拉着马车去西宁拉大粪。

1978年改革开放以来，以《关于一九八四年农村工作的通知》为标志，城乡人口流动逐渐松动。20世纪八九十年代，西村村民在大多数情况下是骑自行车去西宁市区，目的是找一份临时工作或者贩卖从各个村庄收购来的鸡蛋，但也仅限于年轻群体。2008年，湟中县开展城乡公交一体化试点工作，发展至今，有两路公交途经西村，一路始发于湟中城区，终点为海阴公路的北端，在那里可以换乘多路前往西宁市区的公交；另一路从甘河滩工业园区始发，终点是西宁市区。并且，2019年11月这两路公交的车辆全部更换为电动车，乘车空间和舒适性得到大幅度提升，班次间隔时间也缩短了。公共

① 参见湟中县地方志编纂委员会编：《湟中县志》，青海人民出版社1989年版。

② 参见湟中县地方志编纂委员会编：《湟中县志（1986～2010）》（暂未刊印）。

③ 参见湟中县地方志编纂委员会编：《湟中县志（1986～2010）》（暂未刊印）。

交通的便利让村民往来于城乡之间的频率大幅提高。从一开始的村民零星去西宁“站大脚”揽零活，逐渐发展为现在的部分村民“早去城，晚归村”。在就业之外，更重要的是西宁市区、湟中城区以及西堡镇已经成为村民习以为常的消费去处，从购买家电和质量上乘的生活用品到聚餐、娱乐等，不一而足。

最近几年短视频风靡，西村村民也纷纷使用短视频软件。在消遣娱乐之余，也有村民通过短视频平台推介自家的产品。村中一户养羊的人家经常在某直播软件上直播自家羊群的情况，有 6974 人关注，并且常有人在他直播的时候向他咨询一些买羊的事宜。紧邻西宁市区的地理位置和有利的交通条件提升了村民前往市区的便利程度，同时也吸引了一些企业驻扎于此，如前面提到的加气块厂、管道厂、搅拌站等。这些企业都是通过为西宁如火如荼的城市建设提供所需的材料如混凝土、管道、加气块砖等获取利润，用于加工的原材料则是从他处运输过来。信息网络技术为西村村民了解世界提供了一种超越时空限制的方式，不过完善的交通网络为村民带来与生计关联更为密切的一种便利——去西宁市区很快捷。

农业是西村形成和发展的基础。西村最为主要的生计资本是土地和村庄中的关系网络。也正因为如此，在村民基于村庄的状况和特征形成的各类生计资本中，自然资本和社会资本相对突出。这对于从集体化涉入市场经济的村民来说尤为如此。随着交通网络和信息技术的不断完善，西村被卷入日益紧密的社会联系网络中，感受着社会变革大潮。正是在这样的时空背景下，西村村民展开生计实践推动生计的持续。

第四章

市场依赖：生活资料商品化的生计后果

在生计概念的定义中，首先被提及的是建立在一定生活条件基础上的生活方式，这是生计实践的工具理性目标，也为生计过程的展开提供基本的推动力，因而在生计研究中需要给予优先的考察。在日益发达的交通网络和信息技术的助推下，农村普遍卷入市场经济的浪潮，在市场力量的作用下进入商品化的过程。“商品化是一个过程，在此过程中生产与社会再生产的要素来自市场交换，并为了市场交换而生产，同时受到市场交换的原则和强制力的制约。”① “随着市场经济的深入发展，农村商品化机制成为运转一系列元素的主要动力。”② 改革开放以来，数十年市场经济的发展同样让地处西北的西村进入商品化过程，而这个过程对村民的生计产生了深刻的影响。

关于商品化概念定义的阐述隐含两种行为逻辑：第一种是行为主体的生产与再生产的要素来自市场交换，为了获得这些要素必须参与市场交换，为市场交换而生产就成为实现这一目的的有效手段。第二种是行为主体为了能够参与市场交换而进行相应的生产，但这并不意味着行为主体生产与再生产的要素必

① [英] 亨利·伯恩斯坦：《农政变迁的阶级动力》，汪淳玉译，社会科学文献出版社 2011 年版，第 155 页。

② 叶敬忠：《发展的故事：幻象的形成与破灭》，社会科学文献出版社 2015 年版，第 42 页。

须来自市场交换，例如一些自给自足的农户出售粮食等物资参与市场交易，目的在于获得现金以纳税。阿尔利吉将一个社会中人们的物质需求区分为“必不可少的”和“可有可无的”。[①] 根据这种区分，在第一种行为逻辑中，参与市场交换是个体维持生计“必不可少的”需要，但在第二种行为逻辑中，参与市场交换则是“可有可无的”事情。不过，行为主体一旦进入生产—交换—消费的行为循环，生产与再生产的要素将会逐渐变为经由市场交换获得，从而转化为第一种行为逻辑。

对于那些已经接受了市场经济的行为主体来说，第一种行为逻辑起到支配作用，但对于那些初步接触市场经济的群体来说，在第一种行为逻辑和第二种行为逻辑之间存在被动与主动的细微差别，据此可以区分出被动商品化和主动商品化两种简单类型。被动商品化是形成对市场交换的依赖在前，为市场而生产在后；主动商品化则是先为市场生产，经过消费阶段后生产与再生产过程开始依赖市场交换。

被动商品化最极端的代表是英国“圈地运动”对失地农民引发的生计后果，在普遍发生的自给自足小农走向商品化的过程中也能够寻觅到主动商品化的例子。以第一次工业革命为标志，持续不断的技术变革使工业部门获得了空前的将资源转化为商品的能力，在效率和规模的考虑中商品种类和数量呈现出持续增长的态势，而且资本的注入带来了更多的财富。资本在打造按部就班运作的生产线之后，需要认真考虑的最后一个也是最为重要的问题就是如何使生产的商品能够流入更多的消费者手中。因此，将普遍处于自给自足生计形态的农民推入商品化过程就成为一种可能的实现方式。以中国为例，尽管大多数农村分散不一、远离城市和工业区，但庞大的农村人口蕴藏巨大的消费潜力，“家电下乡”“汽车下乡”接续不断。不过，不可否认的是，由于商品具有满足需求、提升生活便利程度的基本属性，出于对美好生活的向往，农民也存在主

---

① 参见 [意大利] 乔凡尼·阿尔利吉：《历史视野中的劳动力供给——罗得西亚非洲农民无产阶级化研究》，张群群译，许宝强、渠敬东选编：《反市场的资本主义》，中央编译出版社 2000 年版，第 197 ～ 258 页。

动进入市场交换关系的可能。

然而，无论农民是被动还是主动进入商品化过程，都将面临生活（存）资料商品化这一后果，即“过去属于‘独立’小农的生活（存）资料的要素（因此也是再生产的要素）逐渐受控于市场交换及其强制力（商品化）的过程”①。因为在商品消费日益普及和深入的今天，即使是主动商品化，农民也会逐渐在商品的吸引下陷入商品消费的“圈套”，生产与社会再生产的要素来自市场交换的程度因此加深。因而，商品化通过内外方面的作用将农民的生计推入美好但又未知的领域。接下来，首先对西村村民的日常消费状况进行描述，其次基于生活资料的商品化这个概念论述西村的商品化过程，最后分析商品化对村民生计的影响。

一、日常消费：商品化的现状

当下，商品消费已经成为农民生活的常态，小到油盐酱醋，大到修建房屋，范围甚广。中国农村居民的消费已经从生存消费转变为发展消费，进入大众消费阶段。② 虽然不能说消费是生活的全部，但是由消费所表征的生活条件能够显示农民生计实践形成的具体生计结果。

（一）消费的收支循环

收入构成人们商品消费的前提条件。2019 年底，西村村民人均纯收入为 9800 元。需要指出的是，2019 年湟中县城镇常住居民人均可支配收入为 31913 元，农村常住居民人均可支配收入为 11756 元，西宁市城镇常住居民人均可支

---

① [英] 亨利·伯恩斯坦：《农政变迁的阶级动力》，汪淳玉译，社会科学文献出版社 2011 年版，第 188 页。

② Tian Feng, “China in the Mass Consumption Stage”, in Li Peilin, ed., *People's Livelihood in Contemporary China: Changes, Challenges and Prospects*, Singapore: World Scientific Publishing Co. Pte. Ltd., 2014, pp.71-84.

配收入为34846元，农村常住居民人均可支配收入为12577元，湟中县的人均收入低于西宁市的平均值。[①] 收入的来源一般可分为工资性收入、经营净收入、财产净收入和转移净收入。根据观察和对村民的访谈，西村村民的主要收入来自经营净收入、工资性收入和财产净收入，只有一些特殊群体如低保户依靠的是转移净收入。

村民经营净收入的来源包括家庭手工“倒灯”、货物运输、大规模农业种植、牛羊养殖等。21世纪初，村中也有较大比例的村民从事建筑行业，“做包工头”，但现在已经基本消失。经营性收入存在年度波动，在村民之间也有差别。杨珍[②] 从18岁开始就在家里制作铜灯，最近几年，在订单比较多的年份，夫妻搭档一年能够净收入七八万元[③]；在订单较少的年份，也能够获得两三万元的收入。赵商成从2011年开始单独在家中制作仿古佛像，持续至今，据他计算，一年内平均每天的收入在200元左右，“也就是匠人一天的工钱”[④]。村民中从事货物运输的以二三十岁的年轻男性为主，年收入由市场的运输需求和个人的客户数量决定，大多时候能够达到十万元以上。大规模种植是一些村民在邻县租用大片土地种植胡萝卜，对此将在后文详细介绍。在此意图表明的是，大规模种植在市场需求旺盛的时候可以为村民带来数十万元的利润，但也可能使村民血本无归。2019年，因为失去利润空间，这些村民2020年不再出去租地种植胡萝卜，准备另寻他业。牛羊养殖收入同样存在风险和波动。村中有一家养羊专业户，2019年的养殖规模是在栏羊100只，2017年净利润为15万元，

① 西宁市统计局：《2019年12月份西宁市国民经济月报》，2020年2月28日，http://tjj.xining.gov.cn/html/873/340295.html。

② 这里再次说明，文中提及的村民的姓名均为化名。

③ 在访谈中，村民回答的收入是一个大致估算的数字，这一方面是由于村民鲜有准确计算每年收支的习惯，另一方面因为村民每年的收入浮动较大，只能估算大概的数字。正如有研究提到：“在北堡子村的研究过程中，统计家庭收入是一件非常难以做到的事情。”（解彩霞：《现代化·个体化·空壳化：一个当代中国西北村庄的社会变迁》，厦门大学博士学位论文，2014年，第106页）

④ 访谈对象HY13。

但在2018年亏损20万元，原因是从牧区购买的羊大规模死亡。村民的这些经营活动，除大规模种植胡萝卜之外，均是居村进行，与西村的村庄生计资本和社会联系状况紧密相关。

工资性收入是村民通过务工获得，地点基本上是在西宁市区，职业在代际和性别方面存在明显差异。女性村民方面，20岁、30岁的年轻女性大多在西宁从事销售、服务员等职业，40岁、50岁的中年女性职业主要为保洁员。男性村民方面，年轻男性从事的职业有企业的正式员工、公司的销售等，中老年男性的工作岗位主要是水电工和保安。并且，在西宁务工的村民中，有60多岁的男性仍然在当保安，年龄相仿的女性却难觅踪迹。这既有传统文化观念的束缚，也不能忽视劳动力市场的区隔。

不同年龄、职业的经济收入存在较大差距。例如，杨国飞2010年大专毕业，专业是中药制药，目前在西宁做医药销售，早出晚归，月工资在6000元左右。村中还有一个年轻人，本科毕业后同样是在西宁做医药销售，月收入在10000元左右。销售收入因为提成占据较大比例，所以具有很强的浮动性。也有年轻的男性村民在2019年大专毕业之后进入西宁一家公司从事网络维护工作，月工资为3000元。还有人在西宁或者省内其他地方的工厂做搬运工或者技术员，月工资3000元到6000元不等。年轻女性在西宁从事擦玻璃、家庭保洁、装纱窗等家政行业，平均下来每月在6000元左右，服务员、销售员月收入平均在3000～6000元。中年村民，如杨财，目前在西宁市区的一家物业公司做水电工，月工资为3800元，与他年龄相差无几的妻子在西宁市区的一家大型超市工作，月工资2800元。50岁左右的女性村民在西宁市能够从事的工作多为宾馆或者小区物业保洁，月工资统一为2000元。身体不好的中年男性或者步入老年但冀求寻得一份收入的村民，在劳动力市场上能够选择的工作多为保安。村中一位中年村民因为患有高血压、心脏病，难以承受体力劳累，只能选择做临时工、小工等挣取现金收入。他于2000年前后在甘河滩工业园的一家工厂当保安，入职时月工资为1500元，2014年提高了200元，2019年7月月工资从1700元增加到2000元。也有一位70岁的老人在村中的砂石场看门，月工资同样是2000元。在务工过程中，鲜有雇主与村民签订完善的就业合同，更不用说为村民缴纳三险一金。

从村民务工的诸多例子中可以发现，在城市劳动力市场上，年轻、具有较高学历的村民能够获得一份收入相对较高的工作。但更为普遍的情况是，排除那些已经通过教育流动迁移出去的人口，在能够被定义为西村村民的范围内接受过高等教育的人寥寥无几，多数村民在与体力偏向密切相关的范围内所获取的收入更多地取决于劳动力市场对体力价值的一般估价，而体力劳动力资源丰富的现实情况注定村民难以获得可观的收入。村民进入城市劳动力市场后，需要满足的是城市的生产和服务部门的人力资源需求。但村民在农业生产中形成的劳动经验、地方性知识并不适用于新的环境，加之受教育程度和技能培训程度普遍偏低，这些因素共同决定村民此时可用于形成人力资本的只能是体力——劳动力的基本构成，对于村中的中老年群体而言尤其如此。因而，最终的结果就是单薄的人力资本难以让村民利用更多的资源和机会以获得更好的生计结果。

出租土地是西村村民净收入的主要来源。从2008年一些企业进入西村产生土地租用需求开始，土地租金随即成为村民获得净收入的一个重要方面。西村已有200多亩土地被企业"租用"，以一亩地一年2500元（包括土地"买卖"的形式）的租金计算，2019年200亩土地为村民带来50万元的现金收入。

因为村委会是按照远近、高低和肥瘦搭配的原则发包承包地，所以不少家庭都能够分到位于公路旁的耕地，在土地被企业"租用"的情况下获得相应的租金。章智瑛将家里的2.9亩地都"租"给了搅拌站，从2012年开始每年都能够获得近万元的收入，这对于在家照看两个孙子的她来说是重要的现金来源。由于家里的耕地都已"出租"，她和家人现在无偿耕种邻居的部分耕地作为日常生活的粮食来源。1993年村委会进行最后一次土地调整的时候，杨施德因为当时家里共有7口人，因而分得8亩水浇地，现有4亩地"出租"出去，分别是管道厂1亩、村北边的停车场2亩、骨粉厂1亩（2019年因环保问题已经关停）。因此，他每年可以得到一万多元的现金收入。其他的耕地他和妻子继续耕种，但农作物也仅限于小麦、马铃薯和油菜。

也有村民选择以“卖地”的形式收取一次性的租金。例如前面提及的杨财，家中共有3.8亩水浇地，其中两亩地以每亩5万元的价格“卖给”停车场，一亩地以租金年付的形式“租”给骨粉厂。在访谈中，村民用“卖”来表达收到一次性租金后放弃对土地权利的想法。这意味着被“卖”出去的土地在村民的心理层面已经割断联系，如同商品被交易出去后不再属于卖方。村民套用商品交易的逻辑对待他们与企业之间的土地交易行为，结果就是不会对那些被“卖”出去的土地给予后续的关心。然而，无论是“租”还是“卖”，“都是村民私底下的行为”①，出租的土地没有办理相关的法律手续，未经国家征地程序变更土地性质属于非法行为。那些在村民看来已经“卖”出去的土地仍归集体所有。因此，2020年政府部门开始对西村中企业非法侵占耕地的现象进行排查清理。在此情况下，村民的土地租金收入势必会受到影响。

村民耕种土地获得的收入属于经营收入，但放在此处进行说明，能够与村民的土地租金收入进行对比。据村民估算，现在耕种一亩小麦的成本在300～400元②，包括雇人犁地、播种、收割，以及购买种子和化肥等费用，收获的麦子在800斤上下，按每斤1元钱的价格计算，通过耕种小麦能够获得的现金收入极为有限。粮食消耗方面，有村民说，“我们一家六口人，四个大的，两个小的，50斤面粉可以吃一个星期，现在一斤面粉也就两块多钱”③。按此计算，六口之家一年需要消费面粉2400斤，相关支出近5000元。一亩地2000多元的租金能够支付村民购买1000多斤面粉所需的费用。无论是产生现金还是实物收益，土地出租比耕种小麦都能够为村民带来更多的经济收益。对此有村民评论说：“地是地的收入，去其他地方干活还可以挣钱，种几亩地还得往里面

① 访谈对象HY48。

② 村中雇人犁地120元/亩，旋耕70元/亩，种子费用50元，雇人收割80元/亩，化肥100多元/袋。

③ 访谈对象HY09。

投本钱。”[①]

“由于城乡二元结构的体制下政府不完全承担对9亿农民的社会保障职责，在中国人地关系高度紧张的压力下，土地不可能主要体现生产资料的功能，而是主要体现农民的‘福利’功能，因为土地是农民安身立命的最主要的生活保障。”[②]依据西村的情况来看，传统的土地耕种如种植小麦只能为村民带来少量的现金收入，土地的“福利”功能具体表现在减轻村民的现金支出负担。不过，经过村民“私底下”的交易行为，部分土地的“福利”功能得以放大。当然，这无法动摇土地在总体层面对农民的生活保障意义。在以上三种经济收入中，经营净收入和工资性收入是村民获取现金收入最为重要的两种方式。不包括传统的土地耕种在内，村民从事经营性活动虽然存在不同程度的风险，但最终获得的经济收入仍要高于务工所得。

经过近40年的发展，村民现金收入大大增加。统计数据显示，2019年西宁农村居民人均可支配收入为12577元，农村居民人均生活消费支出为11299元。[③]西村大多数家庭仍为主干家庭，以老、中、青、幼四代人计算，家庭人口最多为8人，列举个案的家庭人口规模都在8人以下（见表4-1）。在访谈中，谈及家庭消费状况时，村民因为无法进行精确的计算，所以给出的数字均为估算值。从表4-1中的个案情况来看，这些家庭年人均消费支出均在1万元及以下。在村民生活消费支出以收入为上限的前提下，2019年西村人均纯收入为9800元，可以推测西村村民年人均生活消费支出在1万元以下，低于西宁市的农村平均水平。这与湟中县城乡人均收入水平低于西宁市平均值的情况相一致。访谈对象HY15目前与儿子一家四口共同居住，妻子在西宁建筑工地上当厨师，月工资为3000元，访谈对象因身体原因在家帮忙照看孙辈，儿子、儿媳一起在家制作铜器，年收入在6万元左右。在访谈中，他们认为，家里三

---

① 访谈对象HY34。

② 温铁军：《中国农村基本经济制度研究》，中国经济出版社2000年版，第275页。

③ 参见《青海统计年鉴2020》编辑委员会：《青海统计年鉴2020》，http://tjj.qinghai.gov.cn/nj/2020/indexch.htm。

个大人和两个小孩目前一个月需要消费 3000 元，加上春节期间的花销，全年大致需要支出 5 万元。对于每天的现金支出，一位年轻的女性村民表示自己每天只需要支出 10 元，而她的丈夫因为有抽烟、喝酒的习惯每天需要消费 30 元。这对年轻夫妇已经独立成家，但是孩子由父母看管。由于这对夫妻一天的主食是从村中小商店购买的面条，所以这 10 元基本上是日常食物支出。另外，这些个案虽然产生收入的方式各异，人口规模也不尽相同，但是可以清楚地看到消费支出总额较为接近，在 4 万元左右。形成这个现象的根本原因是村民的日常消费中必要支出所占比重较大，这一点将在消费的不同类别中详述。

表 4–1　西村村民消费情况个案列举

访谈对象	家庭规模	年消费总额	房屋面积	建房时间	建房费用
HY10	6 口人	5 万元	400 平方米	2013 年	20 万元
HY13	6 口人	4 万元	200 平方米	2015 年	21 万元
HY14	4 口人	3 万元	400 平方米	2013、2018 年	30 万元
HY15	5 口人	5 万元	150 平方米	2009 年	9 万元
HY19	2 口人	1 万元	200 平方米	2010、2015 年	5 万元
HY20	5 口人	5 万元	260 平方米	2010、2019 年	21 万元
HY22	4 口人	4 万元	400 平方米	1999、2011、2016 年	17 万元
HY27	4 口人	4 万元	600 平方米	2013、2018 年	30 万元
HY36	4 口人	3 万元	400 平方米	2008、2018 年	20 万元
HY39	7 口人	4 万元	400 平方米	2009、2010	30 万元
HY41	2 口人	2 万元	200 平方米	2009 年	11 万元
HY44	4 口人	2 万元	200 平方米	2008、2011 年	12 万元
HY47	5 口人	5 万元	800 平方米	2002 年……	60 万元

但在日常消费之外，房屋投资成为显现村民经济状况差异的重要标志。同样是如表 4-1 所示的个案情况，虽然这些家庭的人口规模多在 4 ～ 6 人，但房屋建筑面积却相差明显，建房费用（包括装修）更是相差巨大。西村目前的住

房普遍是砖混结构的二层小楼[①]，面积在200平方米左右。但是，一些经济收入状况较好的家庭会在楼房的两侧盖上东厢房和西厢房，为以后分家析产做准备，更有甚者，在自家宅基地内为成婚的儿子另建一栋二层小楼，或者不断加盖，房屋面积随之扩大。访谈对象HY14的家位于公路旁，由于公路地基高于房屋地基，常因雨水的汇流出现积水问题，于是他在2013年拆掉旧房，将地基垫土抬高，与公路持平，然后重新建房，总共花费12万元左右，建筑面积220平方米。2018年，他又在院内加盖房屋，包含装修一共花费18万元，面积为180平方米。所以，现在的房屋建筑面积达到400平方米。访谈对象HY47从2002年开始建房，时隔几年，待积蓄达到一定程度时，就会在原有房屋的基础上进行加盖，无法加盖的话就另起一处继续建楼。现在这户人家的宅基地内有三处房屋，临近公路旁有一间房屋和一个停车库。这户人家为修建这些房屋先后投入60万元左右。

房屋面积的扩大能够改善村民的生活条件，面积的大小在宅基地范围内根本上由村民的收入状况决定，但在家庭人口规模相差不大的情况下远超村中一般水平却是另有玄机。2016年，西堡生态森林公园建设项目被西宁市政府确定为“十三五”期间生态建设重点项目，石灰沟处在计划建设公园的中心位置。受此消息影响，一时间村民纷纷推测政府将会对石灰沟内的村庄进行拆迁。因而，现金充裕的家庭选择扩建房屋作为投资，以期拆迁时能够获得更多补偿款。这就是为何个别村民扩建房屋的时间在2016年及2016年之后。

不过，更多的经济收入水平一般的村民受资金限制会控制新建住房面积，甚至有的村民还需要通过借款筹集建房支出。访谈对象HY41目前的住房新建于2009年，上、下两层面积为200平方米，总共花费11万元，其中6万元通过向亲戚朋友借款筹得。该位村民的父亲因为当时有固定工资，资助两万元，另外三万元来自夫妻俩务农亦务工多年的积蓄。访谈对象HY13也就是之前提到的赵商成说：“我们家2015年建的房子，一开始砌砖、二楼装修投入了18万

① 当地出于地震、房屋质量等安全因素考虑不允许村民建造三层或更高的楼房。

多元，其中6万元是借的，后面又花了3万多元装修，包括二楼的地板砖、一楼的装修。”①

汽车消费、城市购房也逐渐成为村民经济收入分化的标识。经济条件良好的中老年村民为子辈购置城市商品房，主要目的在于帮助子辈顺利地在城市安家落户，但自身并没有主动迁居到西宁市区的想法。杨施金夫妻二人在村里制作铜香炉已经超过20年，经济收入状况良好，于2013年购买了一辆价值7万多元的小轿车，2018年夫妻俩为正在上大学的儿子在西宁市区全款购置一套面积87平方米的商品房，花费近50万元。杨珍夫妻二人生产铜器也有30多年，2017年，因为儿子开始在西宁工作，夫妻俩为儿子购买了一辆价值10万元的小轿车，并拿出20万元资助儿子在西宁市区购买商品房。汽车消费因为二手市场的存在以及汽车价格的逐年下探，以至于村中拥有小汽车的家庭并不少见，但动辄几十万元的城市商品房消费仍让大部分村民望而却步，即使能够担负，也存在父辈勤俭节约资助子辈的现象。以改革开放为起点，随着经济的发展，在经济活动中以收入及其决定的消费支出为标识，村民也逐渐分化，村民在收支循环中维续着生计。

（二）消费的不同类别

村民消费的商品，小到油盐酱醋，大到彩电冰箱，构成现金支出的方方面面。不过，虽然村民商品消费的支出种类繁多，因人而异，但是依据目前村民一年之中意欲维持家庭生活必需的现金开支，以及随家庭收入状况变化而变动的现金开支，可以将村民生活中的消费支出区分为必要现金支出和变动现金支出，必要现金支出是村民普遍的消费行为，变动现金支出是村民个体的消费行为。这种简单的分类有助于理解村民商品消费类别。

土地耕种是支撑农民长期维持自给自足生计形态的核心环节，但随着商品经济在农村的深化，土地耕种也逐渐商品化，然而现在土地耕种获得的产品

① 访谈对象 HY13。

村民只是自用，并不进入市场，因而土地耕种引发的现金支出也可以认为是村民生活中的消费行为。与村民购买一般的商品如家电进行消费不同的是，村民通过市场提供的生产服务而间接获得粮油等产品。西村的旱地已经荒弃，但是水浇地村民仍在耕种。前面已经提到西村种植小麦，一亩地的种植成本在300～400元。购买种子、化肥是必要现金支出。例如，村民察觉用自种的马铃薯作为来年的种子，两三年之后就会出现口感和产量明显下降的现象，由于马铃薯是村民主要用粮之一，为此村民每年都会到市场上重新购买种子。购买种子的费用虽然不多，但是村民一笔固定的支出。村民种植蔬菜需要的种子或者菜苗同样是来自市场。

又由于村中已经无人蓄养牲畜，耕种时必须雇人犁地，这同样会产生现金支出。村中只有一位村民拥有犁地机，租借费用是120元一亩，旋耕费用相对较低，为70元一亩，但是犁地深度不够，效果一般。虽然村内的犁地价格高，但村民出于方便仍然选择村中的犁地机，一些村民为了节省费用选择旋耕，这与村民并不特别关心粮食收成有莫大关系。

如果说村民雇人犁地是因为缺乏畜力，但播种或者收割期间同样存在普遍的雇用现象，原因则在于其他方面。3月初，村民会雇请村里两个有播种机的人进行播种，价格是每亩10元。到8月底小麦或油菜成熟时，村民会雇用外村的小型收割机收割，费用是每亩100元。村民在土地耕种之外能够获得的收入足以负担雇人犁地、播种以及收割的费用。村民将种植小麦、油菜几个重要但也费时费力的耕种环节交由他人负责，由此能够获得便利高效的服务和满足生活所需的基本粮油物资。因而，在耕种过程中出现普遍的雇佣现象也就不难理解。将小麦、菜籽加工成可以食用的粮油已经无法在村中实现，需要村民将它们运到西堡镇上的专门店铺处理。9月马铃薯成熟之际，大多数村民会选择自己到田间地里劳作。因为村民种植马铃薯的土地只有几分，目的仅为满足家庭的日常食用需求，所以相比于收割几亩地的小麦或者油菜，体力和时间耗费较少，容易完成，这也是村民为数不多的需要自己“下田”的农活。

在土地耕种环节，村民的现金投入逐渐替代体力投入，虽然费用相较于村民的现金收入来说微不足道，但村民现如今普遍意识到“种地需要花钱”。从投入与产出的角度来衡量，虽然村民进行土地耕种需要投入必要的现金，但是按照市场价格购买相应产出的粮油蔬菜所需要的花费仍是较低的。换句话说，虽然村民耕种家中为数不多的水浇地无法获得可观的现金收益，但这在一定程度上起到了节流的作用。加之村民认为自己地里产出的农产品是绿色安全的，因此普遍愿意支付土地耕种需要的费用。

村民生活中的必要现金支出源于一些对生活具有基础作用的物资唯有通过市场才能获得。如同城市居民，西村的村民生活也无法离开水、电、天然气这些商品。由于气候原因，取暖是每个家庭过冬的必要措施。2018 年上半年，“煤改气”工作推进到西村，有超过四分之三的住户选择接通天然气。使用天然气供暖，一年的费用视家庭规模和使用方式而定。以一栋住房面积为 200 平方米的二层小楼为例，据村民计算，仅一个房间供暖一天的费用就在 15 元以上，如果全屋供暖的话，一天需要 40 元，村民一个月的取暖费用在 450 ～ 1200 元。常住人口多的家庭如六口之家需要多个房间全天供暖，整个冬天（持续供暖时间大致在 11 月至翌年 3 月）的供暖费用在 5000 元左右。

农村住房独院独户，并且与其他住户共用墙面少，在室内面积相当的情况下，设定相同的锅炉温度，农村住房室内的体感温度低于城市，这导致村民为了维持可以接受的室温需要将锅炉温度调高。例如，西宁城区中采用单户供暖方式的住房一般将锅炉温度设定在 65 摄氏度即可，农村住房则需要设定在 70 摄氏度或者 70 摄氏度以上。另外，村民的住房面积普遍较大。这些因素都会增加取暖费用。有一次访谈，时间是下午时分，由于访谈已经持续了一个多小时，尽管笔者身穿厚实的衣裤，但仍然感到寒意渐渐从脚底袭来，因此一只手不由自主地在膝盖上来回揉搓。访谈对象看到后问：“你是不是冷？我把锅炉温度调到 70 摄氏度，家里咋还是不热？”[①] 这位访谈对象家中有六口人，夫妻两口，小儿子一家三口，以及已经单独成家的大儿子的孩子。该村民根据 2018

① 访谈对象 HY08。

年天然气的使用情况粗略估算，2019年天然气费用在4000元以上。此外，每月还需要支出180元左右的电费，水费固定，每人每年12元。

也有少部分村民烧煤取暖。一户人家每年需要购买4吨左右的煤，村民购买的是品质一般的煤，每吨价格在900元，一年的取暖费用也需要三四千元。但由于天然气的普及，附近家用燃煤市场正在萎缩，烧煤取暖的方式也将随之消失。电力在西村不仅用于照明和娱乐等，还关涉村民生活。因为村民不再使用和储存秸秆、柴火等燃料，所以日常生活对电力的依赖程度加深。

西村已被互联网覆盖，中青年村民人人都使用智能手机，也家家通有宽带。杨勇的家庭规模为三口人，一年宽带支出在600元，三个成年人的手机费为1800元，2019年的天然气费用预计为4500元。电、天然气以及通信是现代生活得以持续的基础，村民现在的生活也难以离开这些商品，必须为此支付现金。

村中现在除了几家牲畜养殖专业户，其他村民已经不再圈养家畜。至于家禽，笔者在入户访谈时注意到，只有两家在院子里养了几只鸡。这意味着，对于大多数村民来说，肉制品的摄取需要依靠市场供给。除了以上重点论述的，在村民的衣食住行中，必要现金支出还涉及基本的衣物、调料等方面。以上列举的必要现金支出无疑是商品化过程中发生的，由于难以穷尽，只能就一些明显部分进行描述，但这也能够充分说明在村民生活消费的种种类别中一些商品已经成为支撑生活的必需品。

在日常生活之外，村民的必要现金支出也涉及节日、仪式。春节期间置办年货、购买礼品是必不可少的，由物向商品的转变要求村民为此必须支付一定数额的现金。对于婚丧嫁娶、乔迁新居等重大人生事件，开支的数额虽然有差异，但是在市场经济浪潮中成为村民生活中的必要现金支出。以建房为例，由于建筑材料由自给向市场供给的转变，以及建筑施工队的出现，村民修建新居的方式发生变化：一种是村民自己购买建筑材料，包括水泥、沙子、砖块等，与施工队按面积议定价格后交由施工队施工；另一种是“包工包料”，村民和施工队议定房屋面积的单价，施工队自购建筑材料建造房屋，2016年“包工包料”的价格是一平方米 400 元。这两种方式都不可避免地产生现金支出。

在婚丧嫁娶等仪式中不可或缺的宴席现在也必须依赖现金支出才能得以实现。由于村中从事非农工作的村民越来越多，村民在操办这些仪式时已经难以请到合适的人选负责后厨，因而村民现在雇用村庄附近专门做席的厨师负责操办宴席。笔者住在房东家时，经历了一次完整的丧葬仪式过程。在持续几天的仪式中，房东雇请专门的厨师负责后厨，厨师团队为一男一女，男性为主厨，女性为助理，费用是一天 500 元。因而，无论是社交规则还是村中生产生活方式的变化，都使村民必须依赖市场提供的商品（包括服务），这成为村民在日常生活中必须支出的现金。

变动现金支出主要集中在村民对一些重要物品的消费上。由于家庭收入状况不一，村民在支付必要的生活成本之外，必定因为对商品的品牌、质量、款式等多样的需求产生不同的消费支出。但是，村民在一般生活用品方面的消费支出相差不大，究其原因，第一，村民的经济收入虽有分化，但仍低于西宁城镇居民。例如，尽管有村民能够在西宁城区全款购买商品房，但在一家五口人全部迁居过去生活了几个月之后，由于发现经济收入不足以支撑在西宁市区的消费，不得不选择重新回到村里居住。第二，西村现在处于未完善的消费市场之中，这部分抑制了年轻村民的日常消费。第三，西村仍具有熟人社会的特征，日常消费仍然存在趋同的现象。第四，中老年村民保持着生活节俭的习惯。所以，在村民的家庭日常消费支出中，必要现金支出如天然气费用、电费以及逢年过节的花费占据较高的比例，相较而言，变动现金支出有限，这也是西村村民一年中一般消费支出总额相差不大的原因。

主客观因素共同决定村民在日常生活方面的消费支出有限，但当村民积累的经济收入用于大件物品消费包括建房和购买汽车时，这不被村民纳入日常消费支出的范围。经济收入状况良好的家庭拥有较强的商品消费能力，因此能够建造面积大、装修考究的住房。杨施增是村中的种植大户，经济状况在西村是比较好的，2010 年修建新房总共支出现金 16 万元，房屋面积 260 平方米，于 2019 年又对房屋进行装修，花费 5 万多元，前后共投入 21 万多元。前述提到有村民在西宁城区购买商品房，但后来又返回村中居住，即是这户人家。访谈对象 HY15 目前 56 岁，于 2009 年建造新房，那段时期因为身体健康在家中制作铜器，收入状况在村中属于中等水平，房屋面积为 150 平方米，总共花费 9 万元。村民在房屋消费上的差距在这里一目了然。汽车消费已经从城市向农村扩散，花费数万元购置一辆汽车成为村民追求美好生活的重要体现。从合资车到国产车，从新车到二手车，村民的经济收入状况不同，具体的消费选择和支出也有较大差异。

必要现金支出和变动现金支出的区分反映出市场经济中多样的商品消费对村民的不同意义。必要现金支出意味着部分商品是村民持续生活不可或缺的资料，村民对这些商品的现金支出具有客观强制性。变动现金支出表现的是村民在追求美好生活过程中所处的不同阶段。在这个过程中，商品消费能为村民带来美好生活的切身体验，但也受到村民收入状况的影响。因而，商品消费中的必要现金支出为村民获得经济收入带来直接的外在压力。

（三）消费的发生场所

西村村民商品消费的场所涉及村、镇与市（城）区。村级层面的商品消费场所包括西村，也包括附近村庄。村民对水、电以及天然气等商品的消费无疑是在村内发生的。西村目前有六家小商店，村民称为“零小”，沿公路两旁分布。2000 年，村里第一家小商店开张并营业，2018 年 7 月，第六家小商店开张。这六家小商店所卖商品基本一致，包括油、盐、酱、醋、香烟、饮料、零食等，都是与村民生活密切相关的商品。唯一明显不同的是，其中一家小商店还售卖机器压制的面条。不过，其中两家位于搅拌站门口，消费群体并不是村民。一家商店服务于搅拌站上百名的工人，另一家商店是村中最晚开张的，服务对象是搅拌站往来运送货物的货车司机。这些司机会在这家商店给货车加水的间隙购买一些食品，多是方便面、香烟以及饮料等。村中唯一一家餐馆位于搅拌站门口，服务对象同样是搅拌站的工人。除了村内的小商店之外，每天都会有流动摊贩驾着小型货车来村内叫卖蔬菜。在海阴公路汇入 109 国道的“T”

字形路口有一座跨越石灰沟河的公路桥梁，村民习惯将这个地方称为“桥头”。桥头距离西村一公里左右，由于是交通要道，虽非市镇，但公路旁分布着车辆修理、餐馆、小型超市、肉铺、菜铺等。在西村南端距离不远的村庄每月都会定期开集，规模较小，只有一些流动摊贩会到此临时摆摊，村民在闲暇时会前去赶集。

在村级消费活动范围内，村民购买的商品多与一日三餐有关。例如，在流动摊贩、桥头的菜铺和肉铺购买蔬菜、肉类，在村中的商店购买面条、香烟、油盐酱醋等。村民赶集也不外乎添置一些日用品，但由于集会间隔时间较长（十天），现在村民赶集更多的是“凑热闹”。但是，村民对村中和桥头小商店出售的商品的质量心存疑虑。有村民被村中小商店出售的伪劣商品所坑骗，也有村民被桥头的店铺售卖掺杂纸巾、洗衣粉的馍馍的消息所震惊。因而，除了能够明显辨别真假的蔬菜、肉类和一些被认定质量可靠的商品，村民对在村级消费市场购买商品较为谨慎。最为典型的例子是购买洗衣粉，村民认为从村中商店购买的洗衣粉泡沫少，是假冒产品，所以大多时候选择从湟中城区或者西宁市区的大型超市购买。

村民镇一级的消费场所集中在西堡镇和多巴镇。虽然多巴镇比起西堡镇距离西村更远，但是因为多巴镇的城区规模与湟中城区相当，村民借助便利的公共交通更乐意去多巴镇购买物美价廉的商品，如衣物、药品等。对于村民来说，西宁市区和湟中城区是进行大额消费的场所，其中又以西宁市区为重。因为村民前往西宁市区距离短，交通更为便利。村民除了在西宁市区购买商品房、汽车之外，在筹办宴席、年货时也会选择去西宁城北区的农副产品集散中心采购价格相对低廉的蔬菜、鸡鸭鱼肉和调料等，也会顺道去市区的大型超市购买一些生活用品。

在三种不同层级的消费场所，村级消费范围基本能够满足村民的日常所需，村民的大件消费集中在西宁市区。村民在选择消费场所时存在代际差异：老年村民的消费场所主要集中在村内，偶尔涉及镇；中年村民的日常消费集中在村内，重大消费一般选择到西宁市区；年轻村民消费、娱乐时倾向于选择到桥头、多巴镇以及西宁市区。不同层级的消费场所满足不同代际、不同层次村民的消费需求。

村民的消费活动发生于现代化的商品市场，借鉴施坚雅关于市场体系等级即基层市场、中间市场和中心市场的区分以及关于“幺店”和“小市”的理论述①，结合我国的行政等级划分，西堡镇政府所在地的市场可以认为是基层市场。虽然镇上并不缺乏提供商品和服务的商店，但仍然保留逢期开集的习惯。西宁市作为省会，无疑在这片广泛的市场区域中处于中心地位。当商贩在权衡收益之后只能从县城批发商批发货物到镇上或者村里售卖时，县城起到的是市场中继作用。西村的六家小商店是“幺店”，桥头可以归为“小市”，或者说由“小市”发展起来的基层市场。

在施坚雅看来，“基层市场……是农产品和手工业品向上流动进入市场体系中较高范围的起点，也是供农民消费的输入品向下流动的终点”②，并认为“一个正在现代化的地区中具体市场的命运实质上要由交通现代化的空间模式和时间顺序来决定”③。西堡镇市场在日益完善的城乡交通的推动下正在成为一个现代化的基层市场，但也正是因为城乡公交一体化的发展，西堡镇市场对西村村民的作用正在减弱。一方面，在消费意义上，村民在村级范围内（包括村内和一公里之外的桥头）基本能够获得日常所需的物资，抑或通过便利的公共交通到西宁市区和湟中城区购买种类齐全、质量可靠的商品；另一方面，在生产意义上，村民生产的产品并不需要借助西堡镇的交易场所进行向上的市场流动，而是可以直接进入西宁市区或者湟中城区的交易场所，这将在后文进行详细的论述。根据笔者在西堡镇上的观察和闲聊，整齐分布在公路两旁的店铺多为餐馆和小型超市，也有一些专营店铺，如经营衣物、寿材、

① 参见 [美] 施坚雅:《中国农村的市场和社会结构》，史建云、徐秀丽译，中国社会科学出版社 1998 年版。

② [美] 施坚雅:《中国农村的市场和社会结构》，史建云、徐秀丽译，中国社会科学出版社 1998 年版，第 6 页。

③ [美] 施坚雅:《中国农村的市场和社会结构》，史建云、徐秀丽译，中国社会科学出版社 1998 年版，第 102 页。

通信的商店以及银行等。在这些店铺中，餐馆和小型超市的消费群体主要是镇政府、镇卫生院、学校的工作人员和学生以及附近村庄的村民。即使是开集当天，也多是附近村庄的村民骑着电动三轮车过来赶集，在购置一些蔬菜、瓜果、日用品之后便驾车回家。只有专营店会吸引距离较远的村民前来消费。也就是说，对于距离西堡镇市场较近的村民来说，这是他们村级范围内的消费场所。

事实上，在理性选择下，西堡镇市场所能提供的商品和服务也只能是满足镇上人口的日常生活消费，诸如政府工作人员、学生以及附近的村民。因为考虑到潜在消费人群的规模和能力，这决定商家无法在西堡镇市场提供如同市区的丰富多样的商品和服务。但村民作为消费者，在日常消费活动中，当两个市场提供的商品及其价格差别不大时，他们唯一需要考虑的因素就是便利性。正是如此，西村村民在日常消费中更愿意选择城乡公交线路上的桥头镇而不是西堡镇。因而，村民生活自给程度降低的一个重要后果是生活过程的维续需要依赖市场提供的商品，村民借助日渐完善的城乡交通网络，现在既能够享受到村级消费场所提供的便利的商品和服务，又可以在更高层次的市场购买到种类多样、质量可靠的商品。

二、生活条件：商品化的过程

西村村民正在经历生活资料商品化的过程。在收支循环中，以商品消费为基础的生活方式得以持续，村民通过不同层级的消费市场能够获得多样的商品和服务，但也在这个过程中面临现金支出压力。在前述分析中，村民的现金支出区分为必要现金支出和变动现金支出。必要现金支出体现了当前村民在构建生活条件的过程中依赖市场交换的特征，同时也与被动商品化紧密相关，即生产与社会再生产的要素来自市场交换在先，为市场生产在后。村民的必要现金支出包括支付水、电、天然气和购买日用品等的费用，也涉及节日、婚丧嫁娶等方面的消费。在经济发展取得巨大成就的今天，生活条件的改善是西村村民分享到的成果在生活方面的反映。由于必要现金支出包含的具体类别繁多，在此以水、天然气和建造房屋为例论述村民生活资料商品化的过程。

（一）从“自然水”到自来水

在西村接通自来水之前，村民的生活用水包括饮用水都是“自然水”。西村的生活用水最开始取自村东的石灰沟河。石灰沟河由沿途的泉水汇聚而成，常年有流水，虽然冬天河面会结冰，但冰层脆薄，村民把冰面砸开后可以正常取水。村里一位老人回忆，在她嫁到村里开始操持家务的时候，每天早上醒来的第一件事情就是和妯娌一起去河边担水，需要往来数次，一年四季，日复一日。寒冬腊月是取水最为困难的时期，因为去河边需要经过陡坡，冰雪覆盖路面后，上下行走变得困难，肩挑两桶水使上坡更加艰难，在河边装水时也有脚下打滑跌入冰窟窿的风险。石灰沟河流经西村时途经数个村庄。随着沿河村民生产生活活动日益频繁，河水被污染的程度日益加深，直至无法饮用，村民在河边取水时甚至能够看到漂浮在河面的粪便。因此，村民迫不得已重新选择生活水源。所幸在村北公路下坡处和石灰沟河靠近村庄的附近各寻得一泉眼。虽然水源问题得到解决，但是村民饮用从公路下坡处取来的水后普遍感觉胃部不适，有明显的灼烧感。在访谈中，有村民分析是因为从该泉眼流出的水含碱量过高，有明显的咸味和苦涩味。据《湟中县志》记载，西堡镇的泉水酸碱度普遍在 8 以上①，水质呈碱性。村民面临喝水难的窘境，到集体化时期才迎来转机。

1967 年，得益于下乡知识青年的关键帮助，修成了一条改变取水水源的引水管道。之所以是关键帮助，村民解释说这些来村的知识青年是西宁钢厂②子弟，当这些知识青年的父母了解到西村存在饮水困难，需要铺设引水管道汲

① 参见湟中县地方志编纂委员会编:《湟中县志》，青海人民出版社 1989 年版。

② 西宁钢厂是“三线建设”时期国家为改善钢铁工业总体布局于 1964 年筹建的，1969 年正式投产，1996 年改制为西宁特殊钢集团有限责任公司，现为西宁特殊钢股份有限公司，当地人习惯称之为西钢。

引新的泉水时，随即为西村免费提供一批急需的铁管。若非受益于此，西村在那个物资匮乏的年代几乎没有可能获得这些铁管。在将铁管从西宁钢厂运回西村前，生产大队将村里的成年女性集中起来，告知大家各自准备好干粮，然后浩浩荡荡数十人在大队书记的带领下前往十公里之外的西宁钢厂将铁管挑回。问及为何是村里的成年女性时，村里一位老妪解释说："村里的成年男子要干的力气活多，所以生产队就让女子去。"① 村民将铁管挑回村里后，生产大队安排 5 个人一组挖深沟，在西山脚下水塘附近的泉眼处埋下铁管，然后将泉水引入村中，整个引水管道的长度在 200 米左右，为防止管道受冻，沟道的平均深度接近两米。村民早上八点吃完早饭后出工，晚上吃完饭后继续加班，引水工程在几天之内就得以完成。当时村里的 10 名知识青年也参与了引水工程建设。

新的水源引入村中，取水点设在西村的中心位置，具体位于公路旁西侧一棵树龄一百多年的榆树旁。新的取水点缩短了村民日常取水的行走路程，但是在时间耗费方面仍未得到有效改观。在传统性别规范的约束下，每天早晚挑上木桶去取水的任务由操办家务的女性村民承担。对此，有女性村民在访谈中提到自己的丈夫时说："别说去挑水，连厨房的门都不会进。"② 至今，村中中年男性在生活中仍然坚持"男主外、女主内"的传统观念。村中年龄最大的女性村民回忆道：

> 早上天刚亮，在生火前就要去挑水。因为木桶特别重，一只木桶只能装半桶水，早上就要来回挑四桶水。先是烧一锅水装在暖瓶里，再烧一锅水用来煮茶。到了做晚饭前，还要去挑两桶水。③

由于这是全村唯一的取水点，几十户人家都需要来这里获取全家人一天所需的生活用水，因而在清晨用水高峰时段往往需要排队等候依次取水，加上泉水流

① 访谈对象 HY49。

② 访谈对象 HY33。

③ 访谈对象 HY33。

量有限，装上半桶水通常需要等上一些时候，这在寒冬变得尤为难耐。不仅取水费时费力，水质较之前的泉水也未能得到彻底改善，仍有咸味和苦涩味。“尤其是从其他地方做客回来，就会感觉村里面的水特别咸，喝不下去，早上煮茶喝的时候感觉盐都不用放。”① 在这样的饮水条件下，村民从集体化时期步入改革开放的经济大发展阶段，并在分享经济发展成果的过程中结束饮用了“自然水”的历史。如今，西村这个取水点仍在正常出水，不时会有住在附近的村民去洗菜、洗衣服等。

1976 年，湟中县开始开展“两管五改”② 爱国卫生运动，至 1985 年，全县有 7 个镇，55 个村改为饮用自来水，覆盖人口 6.3 万人。③1984 年，国家实施“以工代赈”扶贫工程，以解决贫困地区“行路难、吃水难、用电难”为目标，将农村人畜饮水工程纳入“以工代赈”扶贫工程。从 2002 年开始，湟中县政府在国家加大“以工代赈”资金投入力度的前提下推动农村人畜饮水工程规模化、集约化发展。截至 2010 年，在该工程的推动下，湟中县累计 27 万农村人口的饮水问题得到解决，将近占到当年全县农村人口的 61%。④ 加之 1985 年之前所惠及的农村人口，湟中县较多农村实现自来水入户，饮用泉水、河沟水、地窖水的问题得以解决。到 2018 年底，西宁市辖区内的行政村全部接通自来水。⑤

也正是受益于农村人畜饮水工程，2008 年西村接入自来水。自来水入村后，村民不仅饮水条件得到改善，生活的便利和舒适程度也有提升。首先，入村的自来水由县自来水公司取自水源地并经过标准的处理程序，村民不再饮用碱性强、味道咸并且苦涩的泉水，饮水健康得到保障。其次，饮用水入户节省了女性村民的家务劳动时间，为受到传统性别分工束缚的女性村民进入劳动力

① 访谈对象 HY26。

② 即管粪、管水，改炉灶、改厕所、改环境、改水源、改畜圈。

③ 参见湟中县地方志编纂委员会编:《湟中县志》，青海人民出版社 1989 年版。

④ 参见湟中县地方志编纂委员会编:《湟中县志（1986 ～ 2010）》（暂未刊印）。

⑤ 参见西宁市统计局:《2018 年西宁市农村基础设施更加完善》，2019 年 2 年 3 月，http://tjj.xining.gov.cn/html/872/336266.html。

市场提供了可能。最后，自来水入户提升村民日常生活的舒适、便利程度。村民在家中使用自来水，因此不用在冰冷刺骨的清晨用脆弱的身体去挑战无情的寒风，为村民追求更高的生活质量提供基本条件。2019年，湟中县农村自来水的计费方式发生变化，由按照每吨1.1元的标准收取用水费用变更为每年每人收取12元。例如，四口之家一个人一年需要缴纳的自来水费用为12元，总共48元，而依据变更前的收费标准，村民一年大概需要支出80元。这在简化农村水费收取工作的同时，也降低了村民的用水费用。生活用水是村民生计得以持续的一个基本物质条件，由“自然水”转变为自来水为村民的日常生活带来便利和舒适，这也意味着从自然条件中直接获取个人用水的过程发生商品化的转变。自来水作为商品进入西村，政府起到完全的推动作用，使宏观的经济发展成就惠及村庄。村民在自给方式瓦解的同时也被纳入市场经济导向的社会发展过程。

（二）从“天然料”到天然气

取暖是村民过冬的刚需。不同于饮用水商品化过程是由政府力量推动的，村民取暖方式的商品化更多的是体现出由主动商品化向被动商品化的逻辑转化。村民在使用“土暖气”之前，长期采用的取暖方式是火炕加火盆。村民除了需要烧炕，白天还会在炕上烧一个火盆。烧炕和火盆的燃料主要是麦草和牛羊粪。因为当地林木资源稀缺，村民无法使用木材作为燃料。尽管集镇上有木炭出售，但村民普遍缺乏现金，无力负担。

进入集体化时期后，村民开始使用煤作为取暖的燃料。前述内容中提到生产队在农闲时期组织村民外出务工，搞副业。生产队搞副业的驱动因素包括以下几个方面。第一，生产队存在支出现金购买牛、马车、化肥等生产资料的需要。牛和马车是生产工具，牛用来犁地，马车是重要的运输工具。生产队在冬天去西宁城区拉大粪用的马车就是用搞副业挣到的钱购入的。第二，生产队之间在粮食生产等方面存在竞争，购买化肥等生产资料有助于提高粮食产量，

“这样给国家上交的粮食多，社员也能够分到更多的口粮”[①]。第三，生产队能够用挣取的现金购置一些生活资料。例如，生产队会到牧区购入一些小羊羔，然后安排村里 13 岁左右的孩子放养，到年关将这些育肥的羊宰杀后分给社员，改善社员的生活条件。在生产队购入的生活资料中有时也包括煤。在村民记忆中生产队分过为数不多的几次小块的煤，村民将煤弄成粉末后做成蜂窝煤使用。不过，虽然有了烧煤取暖的经历，但现实情况却是，从生产队分到的煤对于度过漫长的冬季来说只是杯水车薪。村民取暖过冬仍旧主要是依靠麦草、牛羊粪等免费的天然燃料。1958 年，受全国性运动的影响，湟中县成材树基本被砍光。[②] 因此，村民为获得额外的取暖物资就到周边寻找树木被砍之后余留下的树根，在将树根全部挖出来后劈成柴用来烧炕，以致几年内石灰沟的树根几近绝迹。对于过冬，一位村民说道：“生产队的时候，就是在冬天人也没有在家闲着，一天到晚都是在外面干活，也没有觉得家里有多冷。”[③]

改革开放以后，村民自给的取暖方式发生根本变化，原因在于村民可支配的现金日渐增多。1985 年，湟中县统计局定点调查了总寨、大源两个乡 30 户农民的实物消费量等情况。30 户农民，共 177 人，其中劳动力 120 人，经营耕地 438 亩，承包造林山地 226 亩，当年总收入 84982 元，人均 480 元，人均纯收入 347 元，总支出 75327 元，人均 426 元。[④] 实物消费量的具体调查结果如表 4-2 所示，这 30 户农民全年煤炭消费量人均费用为 287.28 元，远高于其他实物消费量按照市价折算的人均费用，位列第二的蔬菜人均费用为 183.6 元，相差超过 100 元。以数量占比情况来看，农户的实物消费主要集中在麦草、煤炭和蔬菜方面，也包括表中未列出的粮食。煤炭消费的高额数量和人均支出一方面说明农户需要大量的燃料用于取暖过冬[⑤]，另一方面反映出煤炭价格高企，

① 访谈对象 HY18。

② 参见湟中县地方志编纂委员会编：《湟中县志》，青海人民出版社 1989 年版。

③ 访谈对象 HY41。

④ 参见湟中县地方志编纂委员会编：《湟中县志》，青海人民出版社 1989 年版。

⑤ 一年按 365 天计算，农户炊事所需的燃料（烧柴 7400 斤加上烧草 76200 斤）每天户均（30 户）7.63 斤；以一年取暖 150 天（11 月到翌年 3 月）计算，取暖消耗的煤炭（50805 斤）每天户均（30 户）11.29 斤。

煤炭的单价与猪肉接近①，这与当年的农户收入进行对比尤为明显，农户人均收入为480元，而人均煤炭消费支出为287.28元。消耗燃料取暖过冬是这些农户的必要消费，也是处于相同环境之中的西村村民的必要消费。由于煤炭难以自给，因而对于当时的农户来说煤炭消费是一笔不菲的支出。

表4-2 1985年总寨、大源乡30户农户主要实物消费量调查

项目	数量（斤）	人均费用（元）	项目	数量（斤）	人均费用（元）
蔬菜	32497	183.60	卷烟	2593	14.65
植物油	1633	9.22	酒	789	4.45
动物油	259	1.46	茶叶	283	1.59
猪肉	3355	18.95	糕点	70	0.39
牛羊肉	446	2.52	糖果	59	0.33
牛奶	674	3.80	水果	202	1.41
家禽	47	0.26	烧柴	7400	0.42
蛋类	304	1.71	烧草	76200	4.30
鱼虾	15	0.08	煤炭	50805	287.28
食糖	129	0.73			

资料来源：湟中县地方志编纂委员会编：《湟中县志》，青海人民出版社1989年版，第381页。

改革开放初期，由于现金收入有限，农村居民必定是多用自给的燃料，少用购买的煤炭。西村村民采用燃煤取暖之后最初接触到的是蜂窝煤和机砖煤，用于在室内烧炉子取暖，但烧炕用的仍然是麦草。这些蜂窝煤、机砖煤村民购买于西宁的西川煤厂。这家煤厂位于桥头附近，距离西村只有几公里的路程。蜂窝煤和机砖煤的生产原料来自西宁市各大型暖气厂烧锅炉剩下的煤渣，因而成本低廉，售卖价格是每吨300元。然而，相较于村民当时的收入状况，购煤仍是一大笔开支。村民为节省用煤，只在生产活动基本停止以后，人在家中闲坐而室温低到难以忍受时才往炉子里加煤以提高室内温度。但由于蜂窝煤、机

① 煤炭单价=287.28÷（50805÷177）=1.0008（元/斤），猪肉单价=18.95÷（3355÷177）=0.9997（元/斤）。

砖煤是由煤渣制成，燃烧效果差，村民说只能用来烧水，取暖效果一言难尽。所以，虽然村民比起集体化时期能够购买到更多的燃煤，但是在改革开放初期，村民取暖主要依靠的仍然是火炕。

村民真正摆脱火炕是在21世纪。2006年，村民开始陆续改用“土暖气”。“土暖气”就是村民在室内加装暖气片，使用煤炉对水进行加热供暖。需要指出的是,2011年，西宁市政府在城区进行燃煤锅炉“煤改气”的专项整治工作，受此影响，西川煤厂随之关闭，村民结束了使用蜂窝煤、机砖煤的历史。改用“土暖气”的一个直接的现实原因在于村里兴起建造新居热潮。村民新建的房屋普遍为两层的砖混结构楼房，住房面积翻倍，房间数量增加，火炕加火炉的供暖方式已经无法覆盖数个房间，可行的策略就是采取城区建筑供暖的方式，即在各个房间安装暖气片，通过热水循环对房间供暖。这背后的根本原因是农村居民收入连年快速增长，可支配现金不断充裕。使用“土暖气”的关键环节是煤炉对循环水加热，村民之前使用的蜂窝煤和机砖煤燃烧释放的热量无法达到要求，因此需要直接使用煤块。在这个意义上，蜂窝煤和机砖煤被村民抛弃只是时间问题，但客观上村民也由此失去了一个节省取暖费用的选择。在2008年自来水通村入户之前，暖气片中的水需要村民专门加进去，接通自来水之后这个麻烦就省去了。

在村民使用“土暖气”初期，煤的价格普遍在每吨750～800元，到2019年，品质差的煤的价格在每吨800元左右，品质好的煤的价格每吨达到1000元。村民每家每年取暖用煤两吨以上，一般的五六口之家需要消耗四吨煤。“土暖气”的供暖效果优于之前的取暖方式，但村民的煤炭消费数量也高于以前，村民为此必须支付更多的费用，一个家庭每年正常使用“土暖气”需要花费数千元。西村的住房已经全部更新为新式住房，随之而来的是“土暖气”在村中的普及以及火炕几近终结的命运。现在村中只有一些老人仍然保留着烧麦草暖炕的习惯，在家中装有“土暖气”的同时，他们特意在火炕靠着的房屋墙外留一个用以烧麦草的口子。但在大多数新建房屋的客厅中，火炕虽有保留但与普通的床无异，有形无实。因而，火炕被“土暖气”替代是村民自给取暖方式商品化的具体表现。

村民使用的“土暖气”每年都需要燃烧大量的煤炭，因引发环境污染问题，“土暖气”在最近几年趋于消亡。从2011年开始，西宁市政府先后多次对辖区内的城区、农村地区推进燃煤锅炉“煤改气”专项整治工作，目的在于改善和提升大气环境质量。[①]2018年，全国范围内统一启动农村天然气入户工程，当年西村超过四分之三的住户接入天然气管网，“土暖气”被天然气替代。在天然气管网入村时，西村附近的一个村庄因为有超过四分之一的住户未缴纳天然气入户费用，项目未能实施。由于使用天然气取暖具有显而易见的便利、清洁的特点，2019年村委会发布通知：“现大部分村民多次要求重新实施天然气进村项目，经村委会研究，决定重新实行该项目。”村委会代表集体与天然气公司签订实施合同的前提条件是每户需要先缴纳费用7000元，并且交款户数达到500户（总共800户）。

天然气入户时，西村村民为此支付数千元到上万元不等的费用。例如，杨千在接入天然气的过程中总共支出1万元，其中燃气锅炉5500元、暖气片4500元。赵商成因接通天然气一次性支出8300元，包括锅炉费用5500元，与此同时，因为天然气入户时房屋内部的装修工作仍未完成，他因此选择安装地暖，花费2800元。孙果忠为了接入天然气，花费6300元用于更换暖气片，花费5500元用于购置锅炉。杨珍在接通天然气时，因经济状况较为宽裕，选择了安装价值7000多元的锅炉。大部分村民因为使用“土暖气”已有数年，而在接入天然气时必须更换为新的暖气片，加上购买燃气锅炉的费用，必要支出超过万元。正是由于这个原因，村中少数经济境况拮据的村民选择继续使用“土

---

① 参见西宁市人民政府：《关于印发〈西宁市2011年燃煤锅炉“煤改气”及市场燃煤设施专项整治工作实施方案〉的通知》，2011年5月13日，http://www.xining.gov.cn/xxgk/zt/ny/201105/t20110513_137585.html；西宁市人民政府：《关于印发西宁市2014年“煤改气”治理工作方案的通知》（宁政〔2014〕63号），2014年3月28日，http://www.xining.gov.cn/xxgk/zt/cx/201403/t20140328_137831.html；西宁市人民政府：《关于印发西宁市2019年燃煤锅炉“煤改气”治理工作实施方案的通知》（宁政办〔2019〕94号），2019年7月12日，http://www.xining.gov.cn/xxgk/zt/cx/201907/t20190712_137893.html。

暖气”。

天然气入户改善了村民的生活条件，并日渐成为村民取暖的主流。使用天然气取暖之后，村民不再需要在每年入冬之后购入多达几吨的煤炭堆放在自家柴房内，也免去每天隔一段时间就要往煤炉添煤的琐碎，村民需要做的只是将锅炉打开，设定温度即可。这与城市居民的分户采暖无异。西村的整体经济状况优于邻村，因而天然气入户过程十分顺利。天然气的日渐普及及其具有的明显优点吸引邻村村民重新选择使用天然气取暖。不过，天然气在农村的普及也在压缩“土暖气”的生存空间。在“土暖气”兴盛时期，石灰沟内有多家煤场，但到 2019 年，因为天然气的普及，只剩下一家煤场仍在运营。随着石灰沟内的村庄被完全纳入天然气管网覆盖范围，以及西堡生态森林公园建设项目的实施，石灰沟内的煤场将会进入政府的整治范围，在此背景下，“土暖气”终将“寿终正寝”。加之烧火炕的取暖方式几乎已经完全被村民抛弃，使用天然气也就成为村民取暖的主导方式。

新式房屋的兴建促使麦草之类的自给燃料淡出村民的生活，清洁能源的使用更是强化了这种生活方式。从麦草、煤炭到天然气，从火炕、煤炉到燃气锅炉，西村的取暖方式从改革开放前自给的取暖方式逐渐变为现在完全商品化的取暖方式。这是村民在经济发展背景下追求更为便利、舒适的生活的缩影，但也不能忽视这种转变受到结构与制度因素的推动。此外，便利、舒适的生活也对村民的生产行为形成外部压力，驱使村民陷入被动商品化的行为逻辑。

（三）从“自给房”到“商品房”

如同前述生活用水和取暖方式，村民的住房同样经历了商品化的过程，由自给转向依靠市场供给。房屋自给同样主要发生在改革开放以前，即商品经济尚不发达的时期。青海地区传统的民居称为“庄廓”，在建造庄廓时，毛石用来作为房屋基础，墙面由黄土夯筑而成，承重结构主要用的是白杨树。[①] 不过，

① 参见房琳栋、王军、靳亦冰:《青海庄廓民居更新与建造技术策略研究》，中国民族建筑研究会第二十一届学术年会论文，长沙，2018 年，第 179 ～ 185 页。

在村民看来，以前的住房用“土房子”形容更为贴切，因为标准的庄廓是由高大的土筑围墙和厚实的大门组成的四合院，而村民一般自建的住房难以达到如此程度。村民在建“土房子”时，建房材料主要是黄土以及少量的石块和木材，都是就地取材，施工人员则是自己以及亲戚、村里的朋友。在村民的记忆中，建房所有工序中唯一需要支出费用的地方是雇请木匠对木材进行加工。因此，村民的住房几乎是自给自足。

在解放初期以及之前，西村村民为积攒能够雇请木匠的钱财，会利用农闲时间到西宁城区做一些零活。关于集体化时期村民的建房情况，孙果忠说道：

> 1969年我娶媳妇，总共花了五六百块，这些钱都是找亲戚凑上的。那个时候盖房子也几乎不用什么钱，因为木料自己种，土墙也是自己垒的。主要的钱花在请木匠上面，一天给的工钱是两三块钱。这些木匠也是生产队出来搞副业的，挣的钱也需要上交给生产队。①

这说明集体化时期村民的住房也主要是依靠自给，唯一不同的是需要支出的少量现金来自村民参加生产队搞副业挣到的工钱。在全县范围内，“1952至1980年，全县70%的农户打了庄廓，一般每户占地6分左右，共建房18万余间”②。不过，虽然庄廓占地面积大，但是住房是面积狭小的土木房。1986年，湟中县农村居民平均住房面积为9平方米，超过80%的房屋仍为商品化程度低的土木结构，2000年前后，农村居民住房发生根本性的变化，砖混结构的盖板房、二层楼房大量出现，到2010年底，农村居民的平均住房面积扩大至31.66平方米。③人均住房面积成倍增加，究其原因，除了农村家庭人口规模普遍缩小之外，关键在于农村建房商品化程度的提高以及村民现金收入的增加。

伴随村民收入的日益增长，建房过程中建造材料和人工的商品化程度不断

① 访谈对象HY19。

② 湟中县地方志编纂委员会编：《湟中县志》，青海人民出版社1989年版，第169页。

③ 参见湟中县地方志编纂委员会编：《湟中县志（1986～2010）》（暂未刊印）。

加深。包产到户后，村民为修建新式的砖混住房，尤其是二层小楼，就必须将建筑材料从自给的木料、土料替换为市场提供的砖块、水泥、板块等。不过，建房时自给的人工则因为村民生产生活方式的变化以及出现专门化的市场服务而逐渐消失。

1998年，西村出现第一处单层砖木混合结构的住房。新式住房的出现与西村村民制作铜灯存在直接关联。最早修建新式住房的村民参加过生产队于1979年组织的制作铜灯副业组。这位村民在这个过程中不仅掌握了相关技术和流程，更为关键的是积攒到包产到户之后进行单干的本金。铜灯副业组在成立之初实行的是集体劳作制，由副业队长进行监管。但在制作铜灯的具体过程中，小组成员发现每个人生产进度不一，计算的工分却是一样的，遂而感到不公平。因此，铜灯副业组随即改为包干制，即生产队提供原材料，小组成员每天完成生产队安排的任务即可，多出的铜灯所得的收入归个人。包产到户后，小组成员多数选择继续制作铜灯，成为改革开放后村里第一批制作铜灯的人。最先修建新式住房的这位村民正是凭此积攒了建造新房需要的现金。据这位村民回忆，当时建房总共花费几万元，主要支出包括购买水泥、砖块等材料，还有一些质量上乘的木头，被用来制作廊柱、门窗等，住房面积超过200平方米。目前一家人仍然居住在这处房屋中。

在村民陆续修建新式住房的过程中，除了建筑材料需要购买之外，建房时的人力投入也逐渐呈现雇佣替代自给的趋势。2008年，杨陆修建了目前居住的房屋，面积300平方米左右，“当时是找亲戚朋友一起盖的”①。杨施升在2011年修建了现在的住房，面积超过200平方米，“当时因为在做泥瓦工，就自己盖，也找了亲戚朋友一起帮忙，总共花费8万多元”②。但对于那些建房时难以寻求亲戚朋友帮忙的村民，雇用建房工人成为最好的选择。村民兼业以及进城务工人数的增加更是强化了选择这种建房方式的合理性。具体建房过程是村民购买好相应的建筑材料，然后在村庄或者周边雇请建房工人，议定价格之后开

① 访谈对象HY38。

② 访谈对象HY40。

工建设。村民在雇请建房工人的初始阶段是按天支付工钱，但在这个过程中普遍发现建房工人存在故意拖慢进度的问题。例如，建房工人在干活期间会时不时地歇一会儿，喝个茶，抽根烟，诸如此类。后续建房的村民随之改成根据施工面积议定工钱。专门化建房服务的出现更是加速了人力自给被取代的进程。

从2000年开始，西村以及附近村庄的建房势头日盛，出现扎堆建房的现象，用村民的话说就是"一家比着一家盖"。对此，有访谈对象说道："老百姓挣的钱都花在盖房上面了，当时砖紧张地买不上，需要提前预订。"[①]因而，庞大而旺盛的建房需求催生出人数众多的活跃在农村建房现场的服务中介——包工头。包工头一方面与有建房需求的村民进行接触和对接，另一方面与一些建房工人维持着固定的联系。包工头为村民省去了建房时自费周章雇用建筑工人、监督施工过程等环节，村民因此获得便利的建房服务。

在西村以及附近村庄建房最为热闹的时期，仅西村就有四五位村民做包工头。杨良是其中之一，1992～2013年，他一直在农村建房。刚入行时他是受雇于其他包工头的辅助性工人（村民称为"小工"），两三年的从业经历使他熟悉和掌握了建房的基本流程，同时也积累了一些资金和关系。以此为基础，丰厚的利润促使他选择自己做包工头。每年三月到十一月，即当地适宜建房的时节，他借助熟人关系网络招揽周边村庄中的一些建房工程，并从西村雇用几位村民组成施工队。在施工期间，他作为包工头需要监督施工过程，确保工程质量，也作为建筑工人参与具体的施工工作，以扩大盈利空间。大多数时候，杨良一年能够承包四五个建房工程，单个工程的周期一般在1～2个月，纯利润在一万元左右，因而一年能够获利四五万元。从2014年开始，因为附近农村建房热潮逐渐消退，市场需求萎缩，加之年事已高，杨良不再做包工头，在西宁城区觅得一份保安工作。

包工头为村民建房提供便利服务且获利可观，但是由于需要经验、人脉和本钱等，因此阻碍了一些人进入，不过西村也有村民通过其他途径为农村建房

① 访谈对象HY39。

提供便利服务。例如，有村民选择加入村中包工头组建的施工队，也有村民提供另一种中介服务——卖砖。例如，同样是从2000年开始，赵录和另外两个人合伙开小型货车在西村周边卖砖，他说：

> 我们三个人合伙，一次买得多，所以从砖厂批发出的砖会便宜几分钱。比如我们买一块砖两毛钱，你自己去单买可能需要两毛四。再加上你雇车，要付额外的运费，所以从我们手上买砖更划算。刚开始的时候我们一年一个人能挣上五六万，最好的时候一年能够挣上十多万。①

村民能够在周边农村卖砖得益于附近有三家砖厂，一家位于西村南边的邻村；另一家在西村北边的邻村，距离都在一公里左右；第三家在桥头东边，靠近西宁城区，距离西村四公里左右。邻近西村的南北两家砖厂是当时整个石灰沟内仅有的砖厂。由于在石灰沟内除西村以及附近几个村庄分布有红土，南部的村庄均缺乏这种制砖原料，无法开设砖厂，因此建房的砖块大多只能从西村附近的三家砖厂购买。西村村民从事卖砖生意为石灰沟以及更大范围内的村庄提供了建房便利。无论是作为包工头、建房工人还是卖砖，都体现出村民建房商品化程度逐步加深。在西村和周边村庄的建房热潮消退后，村中的包工头、建房工人以及卖砖生意都随之销声匿迹。

虽然集中建房的浪潮已经退却，但是随着市场经济的不断发展，农村建房的商品化程度进一步深化，明显的标志就是在最近几年西村以及周边村庄中零星建房的村民普遍采取包工包料的方式建造新居。在“包工包料”这种建房方式中，基本的建筑材料如水泥、砖块、板块等以及人工费用都由施工队购买或支付，并且负责房屋后期的简单装修。杨全2009年修建新房，选择的是“包工包料”的方式，当时议定的价格是每平方米140元，施工队只负责建造毛坯房，后期装修等费用均由他自己支付。2016年，“包工包料”价格涨至400元左右，包含房屋简单粉刷的费用。通过采用“包工包料”的方式，建房过程中

① 访谈对象HY28。

村民的体力投入被商品服务替代，建房过程完全转变为一种简单、便捷的购买商品和服务的形式。活跃在青海农村的外省施工队以四川人组成的施工队为主，在西村的墙壁、电线杆上不时能够看到四川施工队留下的联系方式。村民认为，四川施工队不仅建造的房屋质量可靠，而且收取的建房费用低于青海当地的施工队。四川建房施工队一般规模在 10 人左右，分工明确，一人专司联系业务，其他人负责建房，男性负责切砖，女性负责挑砖，相互搭配，同工同酬，一栋 200 平方米的两层小楼只需 20 天即可完工，然后立即转移至其他建房现场。村民感慨于四川施工队的建房效率，更惊叹于施工队中女性丝毫不逊色于男性。2019 年，西村有人意欲来年修建一栋两层楼房，经过多方打听、参观求证后确定联系四川施工队负责施工，“包工”的价格为每平方米 250 ～ 280 元，“包工包料”的价格为每平方米 850 元。但受突如其来的新冠疫情的影响，此计划未能成行。因此，在 2020 年上半年开工时交由西村一位曾经做过包工头的村民负责，历时近 40 天，基本建房（包括一个车库和院墙在内）费用为 20 余万元。[①] 虽然“包工包料”的方式并未完全取代“包工”的方式，但无论采取哪种方式，在建房的整个环节，村民除了表现出对质量的关切之外也无从介入。目前，西村村民的住房已经全部由以前的“土房子”变为砖混结构房屋。在家庭人口的自然演变中，商品化的农村建房将会要求另建住处的新生家庭支付必要的现金。

无论是生活用水、取暖和建房方式的变化，还是村民生活的其他方面如能源、通信、饮食、交通等领域出现的新事物，都遵循着以更为便利、快捷、舒适的方式实现生活资料的功能和作用的商品化逻辑，因而在村民生活条件逐步改善、提升的过程中，农村商品化程度得以加深。西村的商品化过程中，宏观与微观、被动与主动因素共同起作用。第一，伴随国家经济发展，村民的现金收入得到快速增长，在市场经济的背景下具备消费商品的能力。第二，商品进入农村既有政府部门的推动，自来水和天然气入村是明显的两个例子，也有在市场经济的条件下受逐利动机驱动的商品对农村领域的悄无声息的渗入，商品

---

① 主要费用包括付给包工头的工钱 9 万元、砖块和水泥 8.7 万元、钢筋 1 万元、通水电 1.6 万元等等。

在村民的生活中变得触手可及，从生活琐细到人生重要事件无不涉及。第三，追求美好生活的内在需要，促使村民接受市场供给的商品带来的便利与舒适。例如，在包产到户后，村民因为拥有的现金增多，在使用麦草之外也开始购买煤炭进行取暖。第四，村庄熟人社会的特征对商品在农村的普及、深化具有推动作用。村民外显的商品消费行为存在从众现象，典型的例子就是村民扎堆建房，出现“一家比着一家盖”的现象。第五，商品化程度的加深削弱了村民保留自给自足生活方式的可能性。主观方面，目前村民在生活中使用大量的商品获得自给自足难以比拟的便捷和舒适。客观方面，商品在农村的普及和渗透也正在塑造村民对当下及对未来生活的想象。电和天然气的普及在村民的新式住房中“消灭”了原本用于存放燃料的房间——“柴房”，耕种活动的缩减和商品化也导致牲畜、犁锄等农业生产工具“消失”，随处可见的商店、流动摊贩同样让大部分村民家中曾经圈养的家畜家禽“不见了踪影”。生活资料的商品化在影响村民的生活方式方面对村民商品化程度的加深形成外在强制性约束，而这种强制性约束在市场经济的长期发展中会不断强化。目前村民生活中必要的现金支出无疑是生活资料商品化的结果和具体表现，在上述五个因素的持续作用下，必要现金支出的涉及范围将可能继续扩大。因而，基于生活资料功能便利化和舒适化的逻辑，改革开放以来被卷入市场经济的农村经历着快速的商品化过程，在此过程中农民获得更为便利、舒适的生活条件，同时也变得更加依赖市场，陷入被动商品化的行为逻辑。

三、市场依赖：商品化的后果

基于生活资料功能便利化和舒适化的逻辑，在宏观与微观、被动与主动因素的推动下农民涉入市场经济，生活资料的商品化程度不断加深。村民在收支循环中持续着商品消费行为。商品消费行为中出现必要现金支出和变动现金支出的类别区分，必要现金支出显示出目前村民生活对商品的依赖程度，抑或村民基本消费中的商品构成度；变动现金支出随个人收入状况变化而变化，指明了村民生活条件的变迁方向。基本的趋利动机将商品经由不同的市场层级扩散直至村民触手可及之处，村级消费市场的形成能够满足村民的日常消费需要，城乡交通的完善缩短了村民到城区享受更为优质多样的商品服务的空间距离，多层级的消费市场为村民提供完善的商品服务。生活资料商品化程度的加深为村民带来更为便捷、舒适的生活条件，以此为基础村民构建当下和未来的生活方式，但与此同时，村民自给自足的生计属性也在弱化。

生活资料的商品化推动农民生计转型。在已有的研究中，生计转型被视为社会由传统向现代变迁在农民生计中显现的一种结构现象，无论是在宏观的产业结构、城乡人口流动方面还是在微观的社区或者个人的生计策略方面都有具体的表现。农民生计转型的实现因素，目前得到明确分析的包括传统农业部门的衰败、自然风险、乡村工业化、制度变革等。但是，在市场经济日益成为现代化进程中重要社会构件的背景下，上述回答忽视了生活资料商品化对农民生计的根本性影响。“农民一生中满足于消费用自己的双手生产的产品或用食品和劳务向邻居换来的产品”①，“他们去城镇集市的人虽然很多，但在集市只买他们不可缺少的铁犁头，而把出卖鸡蛋、黄油、家禽或蔬菜所得的钱留着纳税，他们不能算真正投入市场交换，而只是来去匆匆的过客”②，但在被卷入市场经济之后，“一度基本上自给自足的农民，只能越来越依赖市场的商品交换，以进行他们的再生产”③。这在村民的生活方面表现为生活资料的商品化，这是宏观（政府、制度等）与微观（村民个体）、主观（主动商品化）和客观（被动商品化）诸多因素共同作用的结果。生活资料的商品化意味着，在市场经济中，由于商品的力量，村民具有自给自足属性的生活方式让位于依赖市场交换的具有商品消费属性的生活方式，村民构建生活方式的基础——生活条件需要通过参与市场交换来实现。也正因为如此，村民生活条件的自给自足在生活资料商品

① [法] 费尔南·布罗代尔：《15 至 18 世纪的物质文明、经济和资本主义》第 2 卷，顾良译，生活·读书·新知三联书店 2002 年版，第 38 页。

② [法] 费尔南·布罗代尔：《15 至 18 世纪的物质文明、经济和资本主义》第 2 卷，顾良译，生活·读书·新知三联书店 2002 年版，第 38 页。

③ 叶敬忠：《发展的故事：幻象的形成与破灭》，社会科学文献出版社 2015 年版，第 74 页。

化的过程中逐步遭到瓦解。因此，在生活资料商品化的过程中，市场作为一种“形式”逐渐嵌入村民的生计之中。

市场嵌入生计引发村民生产方面的变化。生计不仅包括行动者基于一定的生活条件形成的生活方式，也包含行动者基于生计资本作用于资源与机会的生产活动。生计是一体两面的，生活方面，生活资料的商品化显示村民生活的物质来自市场交换，最为直接的体现是“可有可无的”货币需要转变为“必不可少的”货币需要；生产方面，由于村民存在“必不可少的”货币需要，货币产生于市场交换的基本事实决定村民生产的物质要流向市场。市场嵌入生计的生活与生产之间的过程，意味着在自给自足生计形态中生活与生产之间的直接联系由此替换为经由市场的间接联系。其间，村民的生计与作为“形式嵌入”的市场形成双重联系，即生活的市场联系与生产的市场联系（见图 4-1）。生计与市场的双重联系实质上可视为一种物质的社会流动方式，即农民生活的物质来自市场交换，生产的物质流向市场交换，“交换是连接的圆环和合页”①，生计由此得以形成完整的过程。也正是因为这个过程，农民的生产发生根本性的转变，生产的产品由直接满足自身生活需求转向用于满足市场交换需求，即为市场而生产。

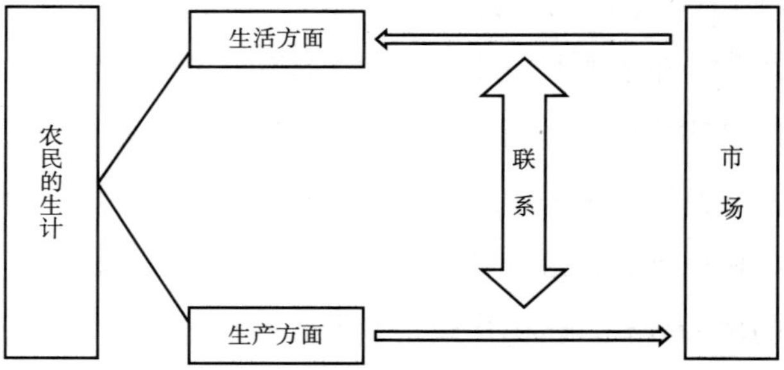

图 4-1　农民的生计与市场的联系

---

① ［法］费尔南·布罗代尔：《15 至 18 世纪的物质文明、经济和资本主义》第 2 卷，顾良译，生活·读书·新知三联书店 2002 年版，第 227 页。

由于生活与生产发生根本性的转变，身处市场经济之中的农民的生计随之由自给自足的形态转变为依赖市场的形态。市场依赖型生计[①]在宏观层面的意义是，在实行市场经济制度的社会中，市场交换作为占据支配地位的社会整合和生计组织方式，市场依赖型生计由此成为一种普遍的形态；在微观层面的意义是，农民从生产到生活的完整生计过程主要通过参与市场交换才能得以实现，个体的生计因而依赖市场的存在。市场依赖型生计最基本的特征是双重市场联系的持续存在。通过市场联系，在生产方面形成的物质资料得以流入生活方面，以实现生产对生活的物质基础作用。农民被“经济力量的无声强制”“锁入”市场经济的商品交换过程中[②]，对于个体而言，在市场客观存在的前提下，生计的持续因此离不开市场联系，又由于生产的物质基础地位，生产方面的市场联系也就对行动者的生计具有更为重要的意义。所以，作为生活资料商品化的后果，农民生计的属性发生变化，在转变为市场依赖型生计后，市场联系的存在成为行动者维续生计的重要形成条件。在市场依赖的生计形态中，村民作为消费者在日益发展的市场经济中受益于市场联系所带来的商品服务，生活条件得到改善，并在此基础上构建适应社会发展进程的生活方式。与此同时，为维持生活方面的市场联系的存在，村民必须在生计更为重要的另一方面——生产方面建立、维持市场联系。因此，接下来将以市场联系为核心对西村村民生计中的生产方面进行论述。

---

① 需要说明的是，已经有文献在行文中提出“依赖市场的生计”，具体区分为“生活对市场的依赖”“生产对市场的依赖”“收入对市场的依赖和不确定性”三部分内容。参见解彩霞：《现代化·个体化·空壳化：一个当代中国西北村庄的社会变迁》，厦门大学博士学位论文，2014 年。

② 参见叶敬忠：《发展的故事：幻象的形成与破灭》，社会科学文献出版社 2015 年版。

第五章

农业生产的商品化实践

无论是在农民的生计资本中，还是在生计实践的作用对象方面，土地都是不可或缺的，这是一个显而易见的事实。在“锁入”市场经济之前，农民通过土地耕种能够获取主要的生活资料实现再生产，生计中的生产与生活之间具有直接的联系。在生产与生活之间的联系转变为间接联系之后，由于农民与土地的天然亲和性，基于土地形成自身在生产方面的市场联系也就成为自然而然的选择。包产到户之后，西村村民继续从事着传统的粮油耕种。国家粮油购销政策历经多次调整，1993 年以后政府部门实行“不拒收、不限收、不打‘白条’、不代扣款”的粮油收购原则①，村民基于土地的传统耕种能够与市场形成稳定的联系。然而，由于种植传统的粮油物经济收益低，西村的土地因而在一段时间内用于大规模种植经济作物，但很快又在市场竞争中销声匿迹。本章将就西村的经济作物种植与市场联系进行相关的论述。

一、经济作物种植的兴起：市场联系的形成

在村民记忆中，在将胡萝卜引进作为经济作物之前，西村的农作物中从未

① 参见湟中县地方志编纂委员会编:《湟中县志（1986-2010）》（暂未刊印）。

有过此蔬菜，因为形成了市场联系，西村的蔬菜目录中出现了这一新品种。因为胡萝卜种植的经济收益明显高于传统粮油耕种，胡萝卜种植在西村迅速扩散，直至占用全部灌溉耕地，由此出现家家户户种植胡萝卜的盛况，为村民带来可观的经济收入。

（一）胡萝卜种植的缘起

胡萝卜作为经济作物进入西村与村中的土地分配格局具有密切关系。1993年，中央下发专门文件稳定农村的土地承包关系，“提倡在承包期内实行‘增人不增地、减人不减地’的办法”，以此激发农民生产的积极性，确保农村发展的稳定。根据该政策，西村于该年进行了最后一次土地调整，当时的标准是灌溉耕地人均 1.2 亩左右，西山的旱地人均 1.3 亩左右。西村由此形成的土地承包状况一直保持不变。在此期间，随着家庭人口的自然变化和“增人不增地、减人不减地”办法的实行，以平均主义为基础的土地承包引发家庭人口规模和承包土地面积错位的现象。

家庭人口规模与承包土地面积错位，其中最为明显的就是在 1993 年以及之前组建并独立的家庭获得的承包地远多于这之后新独立的家庭。例如，杨珍出生于 1968 年，在 1993 年村中进行土地调整时已经单独成家并育有一儿一女，当年分到的承包地中灌溉耕地有 4.6 亩，与之形成强烈反差的是同村的赵云，他说：

> 我是 1972 年生的，因为家里人多，比较穷，15 岁就被父母送到西宁小桥的一家煤厂打工，就是装卸煤。一个月的工资一两百块钱。19 岁开始跟着舅舅到都兰县建房子，做土砖块。我 1999 年结的婚，当年分家的时候我和我媳妇两个人就分到一亩二的（水浇）地。①

---

① 访谈对象 HY22。

根据“增人不增地、减人不减地”的办法，赵云独立成家“分到”的土地并非来自集体，而是1993年西村进行最后一次土地调整时他个人分到的承包地。目前赵云夫妇养育有两个孩子，四口人，1.2亩的灌溉承包地除去0.5亩作宅基地只剩下0.7亩。相比之下，年龄相仿的杨珍因为女儿已经出嫁，儿子在西宁政府部门担任公职，家庭规模缩减为两口人，但承包的灌溉耕地仍为4.6亩。两个家庭之间的承包地面积相差明显，出现家庭人口规模与承包地面积错位的现象。

土地调整以后家庭人口因死亡、出嫁、外出就业等出现流失也是错位现象产生的重要因素。杨施德在土地调整时家中共有7口人，分到8亩左右的灌溉耕地，到2019年，家庭人口减至5口人，灌溉耕地面积仍为8亩。杨森一家从土地调整至今，因为家庭人口增减平衡，仍为5口人，灌溉耕地面积为6.6亩。

1993年以后，西村逐步迈入市场经济的运行轨道，土地错位给一些村民的生计带来新的压力。由于生活资料的商品化，生活中村民开始面临现金支出的压力，尤其是取暖用煤之类的必要现金支出。土地调整之后新组建或者独立门户的“新兴”家庭，面对十分有限的承包地，若沿用传统的粮油作物耕种模式将会使家庭生计陷入难以持续的危险境地。因而，如何在市场经济的背景下将土地产出经济收益最大化，就成为村民破解生计困境的必然选择。在此现实背景下，土地错位促使那些切实感受到“人多地少”压力的“新兴”家庭做出新的选择和尝试。

采取新的生计策略是土地错位压力下“新兴”家庭的必然选择，但胡萝卜作为经济作物进入西村则具有偶然性。西村最先开始种植胡萝卜的是赵忠、胡拥绣夫妻，具体时间为2007年。这对夫妻是村中感受到迫切的土地错位压力的“新兴”家庭之一。在访谈中，问及选择种植胡萝卜的缘由时，胡拥绣解释道：

当初会想到走这条路，是因为家里兄弟多，我们成家后分家时分到

> 的地太少了。我们分家时家里面总共只有9分地，地里种麦子手扶都跑不开。没办法，我们跑到西宁种子站买了胡萝卜的种子打算种胡萝卜。一开始的想法是种胡萝卜，然后走街串户用胡萝卜换洋芋，再把换来的洋芋拉到西宁的批发市场去卖。当时我们也不知道胡萝卜能直接卖钱。在胡萝卜长得差不多的时候，附近小寨批发市场里的人不知道从哪儿打听到我们在种胡萝卜，专门过来收购。当时我们除了自己的九分水浇地全部都种上了胡萝卜，另外还种了别人的五分地。因为是第一次在地里种胡萝卜，当年胡萝卜的产量比较高，收购价格也比较高。那一年挣了七八千块钱，比在地里种麦子的收入高很多。①

用当地稀缺的蔬菜品种——胡萝卜换购村庄普遍种植的马铃薯，而后转卖到批发市场挣取差价是这对夫妻初期的打算，但在这个过程中，真正确定胡萝卜成为西村经济作物的因素是市场联系的建立。市场主体也即访谈对象提到的批发商主动联系他们，这反映出市场需求的存在和急切，更为关键的是一次偶然的机会将他们的胡萝卜生产与市场连接起来并形成市场联系，推动处于市场经济中的生计过程顺利实现闭环。

选择种植胡萝卜为这对夫妻带来了可观的经济收益。当年，种植1.4亩的胡萝卜为这个家庭带来七八千元的现金收入。相比而言，同期小麦价格每斤0.4 ～ 0.5元，亩产量800斤左右，加之西村的气候条件，作物只能一年一熟，一亩地用于种植小麦收入仅三四百元，远低于胡萝卜带来的经济收益。即使是与人均纯收入相比，种植胡萝卜为这个家庭带来的经济收入也是不错的。2007年，湟中县农村居民人均纯收入为2854元。按售卖胡萝卜获利7500元计算，这对夫妻加上孩子，当年家庭人均纯收入在承包地不多的情况下接近全县平均水平。因而，在生计资本投入类别相差无几的情况下，选择将小麦替换为胡萝卜在农业生产方面具有明显的经济优势。

---

① 访谈对象HY42。

在这对夫妻决定将小麦改种为胡萝卜的初始阶段，曾遭到来自村中的舆论压力和不解。对此，访谈对象说道：

因为种胡萝卜的时间比种麦子晚，所以等到村里人都把地里种上麦子长出芽了我们家的地还没有动静。村里老汉（老人）看到了，以为我们连地都种不起，家里的地要荒了，就好心给我们说你们家要是没有种子，我给你们，地不能荒掉。①

对于家中土地撂荒，有村民解释说这在西村会被视为一件“丢人、没面子”的事情。土地撂荒，在西村尤其是在村中的老人看来是源于懒惰，而无其他。这给意欲尝试改种胡萝卜的这对夫妻带来无形的压力。可以推想，当年他们如果没有因为种植胡萝卜获得明显高于小麦的经济收益，西村的胡萝卜种植终将只是昙花一现。因而，将有限土地的农业产出收益最大化，是土地错位压力下村民的必然生计选择。

新的尝试带来可观的现金收入，为维持这种经济收入远高于传统耕种模式的农业生产活动，赵忠夫妻随后主动尝试建立市场联系。在确定市场对胡萝卜的需求后，也就是在他们“知道批发市场收购胡萝卜”后，第二年，赵忠夫妻继续将全部的耕地都种植胡萝卜。等到胡萝卜成熟至可以售卖的时间，夫妻二人将胡萝卜装上拖拉机，运到距离西村几公里的批发市场卖给那里的批发商，主动与市场建立联系。在不断向批发市场售卖胡萝卜的过程中，他们与来自西安的老板熟络起来并建立了合作关系。这意味着他们通过私人关系确立了稳定的销售关系。

在这对夫妻如何开始种植胡萝卜的故事之外，种植胡萝卜因为具有诱人的经济回报而在村中引发出新的故事。在赵忠夫妻俩第一年种植胡萝卜时，每逢批发商专程开车过来收购，夫妻二人经常会因为仓促之间难以应付而“叫

① 访谈对象 HY42。

上”关系好的村民前来帮忙，包括挖胡萝卜、协助装车等。在这个过程中，胡萝卜的种植、市场行情等信息传播开来。第二年，经常前去帮忙的杨勇腾出半亩耕地尝试种植胡萝卜。除此之外，通过村庄内部熟人之间的社交网络和信息传递方式，村里三四户人家在知悉相关消息后也开始将部分承包的水浇地种上胡萝卜。与赵忠夫妻相熟的批发商为扩大胡萝卜的收购规模，在得知西村已经有五六户人家种植胡萝卜后，要求他们将村里其他人种植的胡萝卜也一同代为收购，在这个过程中，收购一斤胡萝卜赵忠夫妻能够获得一分钱的代办费。自此，西村部分村民开始将胡萝卜作为经济作物进行种植。

胡萝卜作为经济作物出现在西村，直接原因是村中出现的土地错位对“新兴”家庭产生的迫切的生计压力，根本原因则是社会变革将村民卷入市场经济之中，生计的持续逐渐依赖于市场。在此背景下，村民建立与维持市场联系成为生计过程中不可或缺的一环。村民关于胡萝卜的商品生产能够在“偶然”中形成市场联系，西村的社会联系特征为此提供了可能。无论是村民购买胡萝卜种子还是前往批发市场售卖胡萝卜，这些活动在当时交通运输条件并不完善的条件下能够顺利进行均得益于西村所处的地理位置。例如，访谈对象提到的小寨批发市场距离西村 3 公里左右，位于西宁市城北区，而且青海省规模最大的青藏高原农副产品集散中心距离西村仅 10 公里。当市场需求的存在得以确定时，西村紧挨批发市场的空间位置为村民将生产的商品与之发生联系提供了便利。庞大的消费人群、四通八达的交通网络将市场交换中重要的中间环节——批发市场确定在城市附近，这也就意味着在地域意义上城市是最重要的市场。

相比于外出务工主要依靠人力资本获得生计，村民居村种植胡萝卜能够综合利用已有的物质资本、自然资本、人力资本以及社会资本。这在一定程度上减少了村民转换生计策略时因自身缺乏某种必需的生计资本而面临的困难，即生计策略的转换成本，甚至因此还能具有一定的竞争优势。在五大生计资本中，对于改革开放初期经济收入微薄的农民，相比于微乎其微的金融资本和物质资本（包括房屋、耕作工具、运输工具等），自然资本（主要是指土地）在生产方面无疑具有最为重要的作用。因而，在此情况下，种植能够产生不错经济效益的胡萝卜成为村民为数不多的可以选择的生计策略。

（二）胡萝卜种植的扩大

西村几户人家种植胡萝卜取得的经济收入远高于传统的粮油种植，这个消息很快在村内传开，吸引越来越多的村民在来年将承包的水浇地改种为胡萝卜，由此胡萝卜逐渐成为西村大规模种植的经济作物。村民杨施爱从2008年开始种植胡萝卜，他是继赵忠夫妻之后在村中率先改种胡萝卜的几位村民之一，他说：

> 当时我们家里种了三亩多的胡萝卜，批发卖出去的，那年挣了一万多块钱吧。2009年我们就扩种到六亩多地，也是批发卖出去的，挣了两三万块钱。当时一亩地可以产出七八千斤的胡萝卜，收购的价格从一开始的五毛钱一斤涨到六七毛钱一斤。收购的高峰时期主要是在八九月份。这边的胡萝卜收购价格高，是因为青海这边种出来的胡萝卜比起其他地方来说刚好是反季节，所以价格好。①

杨施爱种植的胡萝卜经由赵忠夫妻代收批发售出，获得了不错的收入。杨施增同样是从2008年开始种植胡萝卜，因为小麦价格低，当年他就决定把家中承包的四亩水浇地全部都改种胡萝卜，并在连续种植三年后开始在村外大规模租用土地种植胡萝卜，成为村中的农业种植大户。可以说，市场联系的存在以及可观的经济收益成为他们改种、扩种的直接动力，也是推动村中更多的家庭改种胡萝卜的直接因素。2009年和2010年，西村已经有二三十户人家在种植胡萝卜。西村胡萝卜种植规模高峰时期是2011～2015年，村中500亩左右的水浇地中有400多亩被村民用于种植胡萝卜②。由于生产集中、种植面积大和蔬

---

① 访谈对象HY43。

② 此时已有部分邻近公路的水浇地被进村的企业“租用”。

菜品种特色鲜明，西村被列为湟中县露地无公害蔬菜生产基地，西村因此成为“一村一品”专业生产村。在村民种植胡萝卜的过程中，政府部门连续多年按照 200 元 / 亩的标准发放种植补贴，这在降低种植成本的同时也进一步强化了村民的种植意愿。无疑，市场需求的客观存在、村中成功案例的刺激以及政府的种植补贴，都是促使西村村民大规模种植胡萝卜的因素。然而，这种现象能够在西村持续数年，究其根本，则是市场联系的存在。

西村大规模种植胡萝卜时期也是市场联系最为稳定的时期。在胡萝卜成熟之际，有来自陕西、甘肃和四川等地的批发商来村收购胡萝卜，这些批发商或者采取在村中建立代购关系的方式收购，或者直接驻村收购。西村规模化种植之初，胡萝卜主要是由前述提到的来自西安的批发商收购，赵忠夫妻充当中间人提供代收服务，并收取相应的费用。西安的这位批发商对收购的胡萝卜具有较为严格的要求，只收购个头较大的胡萝卜，一些不符合要求的胡萝卜因而就被村民丢弃在路边。此时，胡萝卜的收购价格为每斤 0.5 ～ 0.7 元，每亩地平均收益在 3000 ～ 4000 元，相当可观。当更多村民加入胡萝卜的种植行列，西村的种植面积进一步扩大时，更多的批发商被吸引过来，村民关于胡萝卜生产的市场联系得到进一步强化。批发商的增多使村里面一些人与之建立了稳定的合作关系，这种关系源于这些村民为这些批发商充当在村中的联系人，按照要求在村中代收胡萝卜。具体来说，当与之联系的批发商表明收购需求后，这些联系人随即找到村民商谈具体的收购事宜，包括价格、数量以及胡萝卜的大小等细节，并且在村民按照要求将清洗干净的胡萝卜送过来后，联系人需要检查质量，然后称重、装车发送给老板。在胡萝卜种植产销两旺的时期，村中有数位联系人。虽然这些联系人在这些过程中会收取一定的费用，但是基于合作关系形成的熟悉与信任为这些同样种植胡萝卜的村民建立了相对稳定的市场联系。其他村民则间接通过村中的联系人将生产与市场联系起来。

相对稳定的市场联系是指作为生产者的村民在市场交换中与具体的消费者建立的纯粹形式化的商业关系，通过熟悉、信任、互惠等互动特征的深化而发展出个人关系，这种个人关系与商业关系的混合有助于市场联系的强化和稳定，减少村民在同质化生产中所面临的竞争风险。在经济行为中，商业关系与个人关系的混合随处可见，原因在于这种混合具有能够降低交易成本等优点，市场行为嵌入人际关系之中，良好的个人关系有助于市场主体之间形成稳定的交易行为。① 因而，在商业关系中发展出良好的私人关系也就有助于村民在具体的生产活动中形成相对稳定的市场联系。与之对应的是不稳定的市场联系，在不稳定的市场联系中，市场主体之间是纯粹的商业关系，交换行为完全受到市场竞争机制的调节。布洛克提出了“经济交易的市场性”这一概念，认为“市场性程度高意味着不存在对价格支配地位的任何干扰，而从该连续体向下移至较低的市场性程度水平上，非价格方面的考虑意见则具有了较大的重要性”②。与此概念进行对照，可以认为不稳定的市场联系处在市场性程度高的位置，相对稳定的市场联系则靠近市场性程度低的地方。对于单个的种植胡萝卜的村民来说，不稳定的市场联系意味着极易在与中间商或者消费者的竞争中失去话语权。例如，一般村民通过联系人与批发商进行的交易行为可以归为不稳定的市场联系。当然，稳定也只是相对的，仅相对于参与市场交换面临的竞争风险程度而言。相对稳定的市场联系成立的前提是交易行为的收益得到双方认可，充满变化的市场环境随时可能将相对稳定的市场联系转变为不稳定的市场联系。正如布洛克强调的，“这并不是说，在市场性程度低的条件下，价格似乎就是无关紧要的；只是价格与许多其他可变因素相竞争”③。由此来看，对于作为生产者的村民来说，在广泛的市场竞争中重新建立市场联系似乎是更为重要的方面。不过，需要看到的是，相对稳定的市场联系为村中扮演联系人角色的村民不仅带来额外的经济收入（收取代收费用），更重要的是为他们胡萝卜

① Granovetter M., “Economic Action and Social Structure: The Problem of Embeddedness”, *American Journal of Sociology*, Vol.91, No.3, 1985, pp.481-510.

② [美] 弗雷德·布洛克:《自我调节的市场的矛盾》，张群群译，许宝强、渠敬东选编:《反市场的资本主义》，中央编译出版社 2000 年版，第 155 页。

③ [美] 弗雷德·布洛克:《自我调节的市场的矛盾》，张群群译，许宝强、渠敬东选编:《反市场的资本主义》，中央编译出版社 2000 年版，第 155 页。

的销售提供了“近水楼台先得月”的便利，其中部分联系人因此走上规模化经营之路。

在代收方式之外，也有批发商选择驻村收购。一位来自甘肃的批发商在得知西村大规模种植胡萝卜后专程来到西村，并在一户紧挨着公路的村民家租下几间房子用于居住和收购胡萝卜。居住时间为两个月，即8月和9月，这是胡萝卜收购的高峰时期。为方便进出，这位甘肃批发商特意将房门扩大并改装为卷帘门。由于间隔时间不远，目前在西村仍然可以看到这个明显不同的房门。村民在访谈中说道，这位批发商鼓励村民都去种植胡萝卜，并且做出以每斤0.5元的价格进行收购的承诺。不同于其他批发商，这位甘肃批发商不区分胡萝卜的大小，直接收购。虽然这位甘肃批发商给出的价格比起其他批发商并无明显的吸引力，但村民在考虑到这能够通过重量得到弥补时，种植胡萝卜的兴趣被更大地激发。

由于胡萝卜的市场需求较为旺盛，这位甘肃批发商为节约收购时间，对所有装有胡萝卜的袋子，以目测最重的袋子的斤数作为标准然后乘以袋子的数量计算总重量，最后付款给村民。这种快捷的收购方式给一些村民留下“钻空子”的机会，即为增加重量在袋子里混入一些泥土。这位甘肃批发商发现后，在后续的收购中提出收取去皮费，即将胡萝卜去除泥土后减少的重量计算在收购费用内。在将村民未经清洗的胡萝卜收购之后，这位甘肃批发商通过自动化的机械设备，以流水作业的方式快速地将胡萝卜清洗干净并打包，批发销往学校食堂、菜市场等。对此，村民的看法是：

> 他（批发商）就是认为100斤袋装的胡萝卜里面要去除20斤的泥，只能按80斤算。但实际上，正常拔上来的胡萝卜不会带那么多的泥，这让大部分老实的人吃了亏。①

① 访谈对象HY02。

虽然村民认为这种收购协定并不合理，但是，首先，这位甘肃批发商有别于其他人的不论大小照单全收的收购方式为村民在失与得的比较中找到心理平衡。其次，村民把胡萝卜拔上来之后通常需要从村西搬运到村东的石灰沟河边去清洗，收购时期频繁如此，数量巨大且难以清洗彻底，费时费力，这种收购方式为村民省去出售胡萝卜时的清洗环节。最后，这位甘肃批发商几乎每天都会从村民手中收购胡萝卜[①]，收购频次远高于其他批发商，收购的确定性降低了胡萝卜无法售卖的风险，这无疑也会对村民产生吸引力。因而，村民选择接受这位甘肃批发商提出的收购规则。

村民接受这位甘肃批发商的收购规则，根本原因是村民与这位甘肃批发商形成的商业关系中存在不平等的权利关系。由于西村已经进入大规模种植胡萝卜的阶段，在批发商眼中，为数众多的种植户同质化生产的弱点——可替代性暴露。这位甘肃批发商虽是驻村收购，与村民之间具备产生密切日常互动的条件，但在此情况下，他与村民建立的依然是一种不稳定的市场联系。[②]当村民无法将不稳定的市场联系通过例行交易行为之外的个人交往与互动转化为相对稳定的市场联系时，不可避免地面临同质化生产带来的后果——市场竞争，权利关系的天平也就此倒向批发商。事实上，有村民曾经希望将自己清洗好的胡萝卜按照实际重量出售给批发商，但遭到批发商拒绝，理由显而易见。因而，尽管批发商的到来为村民将生产的胡萝卜转化为再生产所需的现金收入提供了便利，但是两者之间的权利关系是不平等的。

---

① 以高峰时期种植规模为400亩地，每亩地平均产出胡萝卜6000斤计算，西村能够产出240万斤胡萝卜，收购时间主要集中在8月和9月，以此推算，60天内西村需要每天往外输出胡萝卜4万斤（20吨），两辆装载量为10吨的运输货车才能完成此项工作。以此可窥见西村在胡萝卜收购时期的繁忙。

② 市场联系表达的是生计过程中行动者与作为客观存在的市场之间的联系，具体表现为行动者与其他市场主体发生的商业关系。在具体的生产活动中，行动者与他人发生的商业关系（或者说交易行为）的集合是行动者形成的市场联系。由于村民种植的胡萝卜主要是出售给这位甘肃批发商，因而村民与这位甘肃批发商之间的商业关系也就是村民在胡萝卜生产方面形成的市场联系。

能否摆脱批发商自己直接到市场上售卖呢？村民给予的回答是“自己根本卖不出去”。虽然西村的胡萝卜种植已经具备规模化的特征，但实质上仍然是一家一户的小农生产模式。作为孤立的生产者，村民无法与这些批发商一样寻找并建立跨区域的商业网络，因为这需要时间、金钱，更需要长期在市场中积累的经验与关系网络。如果村民跳过中间环节选择在西宁市区零售胡萝卜，需要面对销售速度慢、需求量小的风险，这将会导致大部分胡萝卜最后只能“烂”在地里。村民主要向同一位批发商出售胡萝卜存在的竞争引发不平等权利关系的出现，而村民对现有商业关系的依赖进一步强化了这种关系。因此，这决定村民只能选择接受批发商提出的“勉强能够同意”的收购规则。不过，幸运的是，在更大的地域范围内，西村种植的胡萝卜仍然是稀缺的，例如前文提到西村被湟中县政府列为“一村一品”专业生产村。这确保西村胡萝卜生产的市场联系基本稳定，村民因而能够从中获得较高的经济收益。

由于西村胡萝卜种植火热，胡萝卜种植很快扩散至周边的村庄。例如，在西村大规模种植胡萝卜后不久，南边的邻村也开始种植。邻村甚至一度因为产出的胡萝卜个头大、品相好，收购价格高于西村。2017 年，石灰沟的中南部有 7 个村庄种植胡萝卜，面积达到 5000 多亩。[①]

胡萝卜种植向周边村庄扩散也能够从西村售卖胡萝卜种子中略见一斑。赵忠夫妻受益于与西安批发商个人关系的逐渐加深，从而了解到西安的消费者对胡萝卜的具体偏好，“西安那边的人喜欢吃红色的胡萝卜，黄颜色的不吃”[②]。赵忠夫妻为种植迎合市场需求的胡萝卜，每年都专程开货车去西安购买胡萝卜种子。在建立市场联系之前，生产者需要确保产品具备成为商品的基本属性——符合市场需求。批发商专程找到赵忠夫妻是由市场需求的存在而引发的被动建立市场联系，而赵忠夫妻前往西安购买种子的行为则是由市场需求的存在而引发的主动建立市场联系，赵忠夫妻以此稳定与西安批发商之间的商业关

---

① 参见何耀军：《湟中县西堡镇胡萝卜滞销》，《西海都市报》2017 年 9 月 11 日。

② 访谈对象 HY42。

系。西村以及附近的村民在得知赵忠夫妻种植出来的胡萝卜受到批发商欢迎收购价格高后，纷纷到他们这里购买种子，

> 我们开始改用西安那边的种子的时候，同样的种子在西安买的是6块钱一斤，但是因为这边要的人多，价格就变成了20块钱一斤。后面过来买的人越来越多，还有湟源县那边的人专门跑过来买种子。种子的价格一直涨，38块钱一斤，43块钱一斤，就这样种子都不够卖。不过我们卖种子风险也大，比如种出来的胡萝卜颜色不对，就会有人过来搅沫沫（意指胡搅蛮缠）。因为这个胡萝卜种子必须在五一前后种，时间种早了颜色就会变成橘黄色或者纯黄色，不是红色，但是他们不管，就是觉得我们卖的种子有问题。①

除赵忠夫妻外，也有其他商贩专门来到西村销售胡萝卜种子。对此，村民在访谈中提到：

> 西宁的种子卖5块钱一斤，那些贩子在我们村能卖到40块钱一斤。买的人太多了，几天就卖完了，去慢了都买不上。（为何不去西宁买种子？）西宁农科所卖的种子都是小包装的，村里卖的种子是一大包的，用起来更方便。②

种子一时间在西村供不应求，这充分说明胡萝卜种植已经不局限于西村，西村的成功将胡萝卜种植逐渐推向周边甚至邻县的村庄。

如今，在西村南边的一些村庄，沿着海阴公路仍然可以看到路边的田地里种植着一些胡萝卜，这些胡萝卜主要运送到西宁市区的批发市场售卖。西村胡

---

① 访谈对象HY42。

② 访谈对象HY02。

萝卜种植的扩散反映出这些村庄同样渴求改变传统的耕种模式以获得更高的经济收入，究其原因，与西村如出一辙。不过，这些效仿的村庄始终没有达到西村这样全村种植的程度。对于西村而言，大规模的胡萝卜种植进一步推动村庄商品化程度的加深。

（三）胡萝卜种植的影响

西村大规模胡萝卜种植是村民实践“为交换而生产”逻辑的具体表现，在此过程中，无论是在生计的生产方面还是生活方面，村民生活商品化程度都进一步加深，更加依赖市场联系。由于大规模种植胡萝卜，西村兼具自给和商品性质的传统粮油耕种模式完全转变为商品生产模式。在家家户户都将家中的水浇地改种胡萝卜后，耕地里已无他物，与此同时，村民已经基本将西山的旱地荒置。因而，村民使用售卖胡萝卜获得的现金在市场上购买日常所需的粮油物资。种植胡萝卜产生的数倍于小麦种植的经济收入，使这种在自给自足的生计形态中略显陌生的消费方式以一种自然的过程被村民接受。同样，由于全民种植胡萝卜，村中因此先后出现两家餐馆：

> 村里先是一个女的开了一家馆子，没多久关了。后来杨旺开始开，当时全村人都在种胡萝卜，有些人累得不想在家生火就去馆子里吃。但是杨旺做的饭菜太咸了，去吃的人就越来越少，差不多开了一年就关门了。[①]

种植胡萝卜收入的增加促使村民在体力劳作之后乐于接受便捷的餐饮服务，这是村中出现餐馆的客观原因。这些商品消费行为由胡萝卜种植引发，同时又直接服务于大规模胡萝卜种植，从而强化了此种耕种模式。

在西村的土地耕种转向完全的商品化种植之后，由于对整个胡萝卜种植和销售环节的熟悉，一些具有生计资本优势的村民选择走出西村寻求规模化经

① 访谈对象 HY02。

营的道路。除此之外，胡萝卜种植也为村民计算土地的产出效益提供了参照。2008 ～ 2015 年，包括加气块厂、管道厂、搅拌站等在内的私人企业陆续进驻西村，这与 2009 年西村开始走向大规模胡萝卜种植的时间重合。这些企业占用的土地均是西村公路两旁的水浇地，胡萝卜种植的经济收益成为村民和企业主“私下”议定土地“出租”费用的基本依据。正是因为这个直观的参照物将双方各自留存的想象空间降至最低，土地“出租”协定得以顺利达成。顺利达成协定的背后是双方对商品等价交换原则的遵循。因而，胡萝卜种植将西村的土地耕种带入商品交易的世界，成为市场经济商品大生产中一个细小的环节。

生活资料商品化将村民生计中的生产过程逐渐纳入市场交换的运作逻辑，同时商品生产带来的可观收入又进一步提高了村民生活资料的商品化程度。种植胡萝卜为村民生计带来的最直接的改变，毋庸置疑是获得远高于种植小麦所能挣取的现金收入，村民使用现金购买日常所需的粮油和享受村中的餐饮服务是最为直观的体现，重要的影响在于改善了村民的生活条件。

从 2000 年开始，西村新式住房如雨后春笋般出现，其中最热闹的时候是 2007 年村民开始种植胡萝卜之后，因为胡萝卜的连续热销使村民积攒到部分甚至是全部的修建新房需要的费用。例如，作为村中种植胡萝卜的开拓者，赵忠夫妻从 2007 年开始种植胡萝卜，完全依靠该项收入，在 2009 年底修建了一栋共有 8 间房的两层楼房，总共花费 8 万元。杨劲奎一家六口人承包的水浇地共有 8 亩，在 2006 年以及 2016 年先后两次建房，建成两栋共 12 间房的住房，总共花费 16 万元左右，其中第二次建房的费用大部分来自种植胡萝卜的收入。村民章智瑛则是用种植胡萝卜积累的收入将建房的借款偿清，她说：

2003 年，家里盖了现在住的新房子，200 平方米左右。总共花了六七万，当时手里有 2 万多元，向亲戚借了 4 万多元。后来村里面开始种胡萝卜，我们就是靠种胡萝卜才把这些钱给还上了。[①]

在“一家比着一家盖”的村庄社会环境中，修建新房成为村民商品消费中的必要现金支出。种植胡萝卜普遍提升了村民的收入水平，因此成为建房风潮产生的部分推动力。村民的住房条件由此得以改善，与之相伴随的是村民的生活资料逐渐商品化。

不过，对于大多数种植规模囿于几亩承包地的村民来说，种植胡萝卜获得的收入对提升物质生活水平的作用有限。村民通过种植胡萝卜积攒到收入主要用在动辄花费数万元建房方面。[②] 除了简单添置一些家具、电器，更多的是大规模的经济作物种植所引发的消费形式的变化。因而，胡萝卜的种植有限地促进了村民生活条件的改善，更为关键的改变在于，由于生产的商品化，村民日常生计的维持需要依赖市场联系的存在。大规模的胡萝卜种植摧毁了村民自给自足生计形态的生产基础，取而代之的是依赖市场联系的商品化生产，并为村民的商品消费提供条件。参与市场交换包含提升物质水平的希望，这驱使村民改变生计策略，寻找能够提升商品消费能力的土地耕种模式。随着商品化生产的出现，村民的生活在获得改善的同时也变得更加依赖市场。

市场经济中商品的活跃与扩散将作为消费者的村民纳入多层级的商品服务体系，村民如何依据已有生计资本在生产方面做出改变成为胡萝卜进入西村的根本因素，部分“新兴”家庭遭遇的土地错位压力是直接的诱发因素，市场联系的形成则是西村大规模种植胡萝卜的确定因素。供需情况决定胡萝卜的市场价格，受益于有利的市场供需环境，西村的胡萝卜生产通过持续存在的市场联系连年产生相对可观的收入，因此形成家家户户种植胡萝卜的盛况，并吸引

① 访谈对象 HY09。

② 以一个家庭承包 4 亩水浇地计算，平均每年每亩地获利 3500 元，一年纯收入 14000 元，完全依靠此项经济来源，修建花费 7 万元的房屋需要积攒 5 年。但事实上，由于内外因素的交织作用，每亩地 3000 ～ 4000 元的收益水平仅仅在西村持续了几年时间，对此情况将在后续章节中详细论述。

周边村庄加入。少数村民（联系人）与批发商的商业关系因为熟悉、信任、互惠而得以加固。这可以视为这些村民在经济互动中发展出的社会资本。赵忠夫妻因为西安批发商的分享获悉胡萝卜的市场信息即是一个例子。虽然相对稳定的市场联系作用范围有限，但在市场竞争中，村民能够因此获得一定的优势地位，这一点将在接下来的内容中得到揭示。相比之下，大部分村民作为胡萝卜的生产者，面临的是不稳定的市场联系，并且因为潜在的竞争风险而处在不平等的权利关系中。大规模种植胡萝卜将西村推向完全的“为交换而生产”的耕种模式，村民的生活在获得改善的同时，生计也变得更加依赖市场联系。

二、经济作物种植的终结：市场联系的消失

从胡萝卜的进入到发展为村庄唯一的经济作物，这个过程在短短的几年内便完成。村民因种植胡萝卜获得可观的收入，生活条件随之得到改善。但很快村民在多重因素的影响下失去胡萝卜生产的市场联系，西村将胡萝卜作为经济作物进行种植的历史戛然而止，喧嚣的田地归于沉寂。

（一）西村胡萝卜种植的结束

2007 年，西村村民开始尝试种植胡萝卜，此后村中加入胡萝卜种植行列的村民不断增多，2011～2013 年西村进入胡萝卜种植产销两旺的阶段，之后西村的胡萝卜种植开始走向衰落。2014 年，村中部分较早改种胡萝卜的村民因为产量的下降遭遇经济收益的首次下滑，为扩大收入来源，一些家庭选择多样化的生计策略，即在继续种植胡萝卜的同时也外出做一些临时性的工作。2015 年，那位来自甘肃的批发商没有在胡萝卜的收购季出现在西村，当年的胡萝卜经由村中的联系人代理批发商收购，但收购数量有所下降。一些村民对此有所察觉，村民杨勇自述从 2016 年开始缩小种植规模，从之前的四亩缩减至两亩。2017 年，胡萝卜的市场价格高，但与往年形成巨大反差的是批发商的销声匿迹。

胡萝卜销售困难不仅限于西村，也包括西堡镇内其他种植胡萝卜的村庄，该情况一度得到当地政府、媒体的关注并施以援手。[①] 对于西村的胡萝卜销售情况，有村民说道：“那些联系人也只能通过自己的关系把手里的胡萝卜卖掉。”[②] 所谓的关系就是少数扮演联系人角色的村民与批发商形成的加入私人关系内容的商业关系。在争夺批发商的市场竞争中，作为生产者，这些村民凭借自身在批发商处发展出的社会资本将胡萝卜顺利出售。因此，社会资本能够为处在市场竞争中的生产者带来一定的优势。相比之下，大部分处于不稳定市场联系中的村民陷入胡萝卜无人问津的困境。虽然有宁夏、陕西的批发商在政府的积极联系下来到西村，但在稍做了解之后认为西村的胡萝卜缺乏市场竞争力便转而去甘肃等地收购，因而此种尝试未能奏效。无奈之下，一些村民以一车重达数吨的胡萝卜作价 1000 元送给邻村的养牛场以尽量降低损失，更多村民因销路无门最后只能任由胡萝卜烂在地里。2018 年以后，西村再无村民种植胡萝卜，胡萝卜现在只是散见于村民的餐桌。可以说，西村商品化种植胡萝卜的历史已然结束。

西村结束商品化种植胡萝卜是内外因素作用的结果，但归根结底是市场联系的消失。在内部因素方面，由于西村连续多年种植胡萝卜，土壤肥力逐渐下降，导致胡萝卜亩产从最初的七八千斤降低到三千斤左右，加之品种存在劣势，难以满足市场偏好（个头大、颜色红、品相好），西村的胡萝卜无法赢得批发商的青睐。无论是产量的下降还是品种的劣势，客观上都对西村胡萝卜的盈利空间和满足市场需求的程度产生消极影响，但是只有被置于广泛的市场竞争中，这些因素才会凸显和被放大。最为明显的例子是村中二十多户较早开始种植的家庭在 2014 年已经遭遇产量下降的问题，使用的胡萝卜种子也未经任何改变，但由于西村面临的外部竞争环境并无明显变化，种植胡萝卜仍然能够产生虽有下降但依旧高于种植小麦的经济收益，因而这些家

---

① 参见何耀军：《湟中县西堡镇胡萝卜滞销》，《西海都市报》2017 年 9 月 11 日。

② 访谈对象 HY02。

庭选择继续种植胡萝卜。

在胡萝卜种植走向衰落的时期，西村面临的不只是来自一个地方的市场竞争压力。一个是西村周边的村庄。西村胡萝卜种植的连年成功吸引石灰沟南部村庄越来越多的人加入。虽然这些村庄种植的集中程度低于西村，但由于距离近，种植规模又远高于西村，因而成功地转移了批发商的部分注意力，出现邻村收购价格高于西村的现象。另一个是与湟中毗邻的湟源县。2014年，湟源县的胡萝卜种植面积达到1000公顷。① 2017年，湟源县申请对湟源胡萝卜实施国家农产品地理标志登记保护并得到农业农村部批准。② 除了湟源胡萝卜具有的规模和品牌优势之外，更为致命的是，两地气候相近，因而胡萝卜的采收期重合，并且在地理位置上接近，西村胡萝卜在市场竞争中遭遇劲敌。还有一个是同处西北的甘肃省。2013年，甘肃省的胡萝卜种植面积为23550公顷，其中处在青海省北邻的永昌县有1530公顷，该县的胡萝卜获得国家A级绿色认证，上市时间为7～9月；位于青海省东向的临洮县种植面积为3000公顷，由于多种种植技术的推广，该县的胡萝卜具备全年供应的能力，胡萝卜的销售市场包括东南沿海、西北地区等，并且在品种引进、栽培与种植技术等方面得到省内农业研究机构的扶持。③ 2017年，永昌县的胡萝卜种植面积扩大至2000公顷。④ 永昌县、临洮县与西村的胡萝卜上市时间基本一致，即使不考虑品种、种植技术，两地借助完善的高速公路网络能够迅速地将胡萝卜销往西宁、兰州、银川以及西安等西北的主要消费市场，也会对西村及其附近村庄的胡萝卜产生巨大的直接竞争压力，因而出现政府联系来的批发商转而去甘肃收购胡萝卜的情形。西村村民对此有着清醒的认识："在胡萝卜价格好的时候，甘肃那

---

① 参见罗铭莲:《胡萝卜缺素试验初报》,《青海农技推广》2014年第4期。

② 参见农产品质量安全监管司:《中华人民共和国农产品地理标志登记公示〔2017〕第5号》, 2018年1月18日, http://www.moa.gov.cn/govpublic/ncpzlaq/201801/t20180118_6135301.htm。

③ 参见昔小丽:《甘肃省胡萝卜产业现状与发展建议》,《甘肃农业科技》2015年第8期。

④ 参见刘伟业:《永昌县创建全省绿色食品原料（胡萝卜）标准化生产基地助农增收》,《金昌日报》2017年8月23日。

边的胡萝卜刚好把我们这边的挤掉。”①

由近及远，不同规模的市场竞争将西村的胡萝卜带入任人挑选的自选商店，而在比较中凸显的产品“劣势”包括品种陈旧、产量低下等预示着西村胡萝卜将会遭遇的市场命运——被淘汰出局。因而，在市场联系消失的情况下，村民为此次市场判决“赔偿”了足具警醒意义的费用之后选择放弃继续种植胡萝卜，西村随即结束商品化种植胡萝卜的历史。

在西村的胡萝卜生产面对不稳定的市场联系时，结束胡萝卜种植似乎是一种必然。首先，竞争是市场经济的基本特征和关键的资源配置方式。在基于逐利动机参与市场交换的过程中，市场主体之间首先发生的是纯粹的商业关系。因而，作为胡萝卜的生产者，村民首先面对的是不稳定的市场联系，事实上大部分村民也是如此，市场联系的存在极易受到市场竞争的影响。

其次，面对同类商品生产引发的市场竞争，西村村民在胡萝卜经济收益开始下降的短短几年中未能事实上也无法依据自身在广泛的市场竞争中处于劣势的生计资本，如落后的耕种技术（人力资本）、品种劣势（物质资本）、稀疏的资金投入（金融资本）等，对胡萝卜产品进行升级换代，也未能借助政府、研究机构等外部力量的支持有效地应对持续而激烈的市场竞争。西村被淘汰的快慢程度取决于竞争对手的产品扩散和更新的速度。因此，在市场竞争环境发生变化后，西村村民无法基于生计资本提升胡萝卜的市场竞争力以增强市场联系的稳定性。

最后，村民提供的商品被置于市场经济的交易体系中，需要面对不同来源、不同规模的竞争对手，产品本身存在的任何不足、缺点都会在激烈的竞技场中被无限放大，由此面临随时被替代出局的风险。交通网络的完善、信息技术的发达促使市场经济能够将触角遍及各地，越来越多的生产者链接到市场经济的交易中。生产者的增多意味着市场中出现同类商品的可能性增加，进而加剧市场竞争。广度与深度日益增加的市场经济对于具体的市场主体来说无疑增

① 访谈对象 HY43。

加了面临的市场竞争风险，这成为西村胡萝卜种植失去市场联系的外在致命因素。这是大市场中小生产者面临的困境，也是西村胡萝卜种植的现实境遇——处在市场经济之中，但市场联系可能随时消失。

但这并不是发生在西村的个别现象，在市场经济下这种例子不新奇。20世纪末21世纪初，由于欧洲消费者对新鲜凤梨的需求不断增长，加纳凤梨大量出口到欧洲，与此同时，美国种植企业也在中美洲种植了大量的新品种的凤梨，当美国市场饱和时，产能日益过剩且规模庞大的美国种植企业开始把视线转向欧洲市场，原服务于加纳凤梨出口的欧洲仓储、物流体系逐渐被美国新品种凤梨占据，加之新品种凤梨在甜度、颜色、形状以及大小方面更能迎合消费者的偏好，欧洲市场上的加纳凤梨随之被取而代之，出口的骤然减少给加纳种植凤梨的农户尤其是小农的生计带来致命打击，许多刚进入市场就遭遇需求大幅萎缩的农户因此损失惨重。[①] 与加纳凤梨出口类似的例子在市场经济中随处可见，不胜枚举。同时，从西村种植胡萝卜和加纳凤梨出口这两个相隔千里但性质一样的例子中可以发现一个共同点，那就是种植出来的产品都是销往“发达地区”。这些“发达地区”因集中了社会大部分财富而具有强劲的商品消费能力，其中又以城市为代表。这意味着农村地区的生产者大规模生产的商品流向的是城市，这包括主要的消费市场是城市，物流枢纽也是交通四通八达的城市。因而，当农村作为广泛商品交易的一部分链接到市场经济体系中时，农村在城乡财富悬殊的情况下无法为农民的商品化生产提供对应的消费市场。正如西村每年生产的数百万斤胡萝卜无法由西村以及附近的村庄进行消化，众多的农民作为生产者需要争夺的是城市的消费市场。提升产品品质、拓宽销售渠道等固然是稳定市场联系的可行手段，借助政府、研究机构等外部力量也是解决销售困难的可靠方式，但类似西村这样一个在市场经济中平淡无

---

① Gough K. V. and Fold N., “Rise and Fall of Smallholder Pineapple Production in Ghana: Changing Global Markets, Livelihoods and Settlement Growth”, in Agergaard J., Fold N., Gough K. V., eds., *Rural-urban Dynamics: Livelihoods, Mobility and Markets in African and Asian Frontiers*, Abingdon: Routledge, 2009, pp.59-73.

奇的生产点，无力也未能通过以上方式巩固市场联系，在失去市场联系之后也就难以为继。

（二）胡萝卜种植大户的退出

前文已提及，在西村大规模种植胡萝卜的时期，少数村民作为联系人与批发商建立了相对稳定的市场联系，因此在胡萝卜产销两旺的情况下村中有四位村民不再局限于承包地限定的种植规模，成为种植大户。2009 年，赵忠夫妻开始到湟源县租地种植胡萝卜。之所以选择到湟源县种植胡萝卜，胡拥绣解释道：

> 因为有湟源那边的人找到我们这里来买种子。听他们说那边有很多山地没有人种，熟了以后，我们就让湟源人帮忙找点地。湟源那边山地水上不去，大片地都没有人种，租地很方便。我们去湟源种胡萝卜也吃了不少苦。因为种胡萝卜的时间主要是每年的 5 月到 10 月，那几个月刚好是青海比较热的时候，又离家远，我们就只能在那里搭帐篷住，吃的都是从家里这边带过去的。当地人看见我们来这里种胡萝卜，都说两个可怜人跑来湟源种地。①

相关研究指出，由于湟源县种植业收入的比较收益低，农村劳动力大量外出务工，农村从事农业的劳动力锐减，耕地无人耕种，加之农田水利和交通等基础设施的不完善导致地处偏远、耕种不便的耕地仍然处于“靠天吃饭”的状态，当地的脑山地区（即深山地区）出现耕地撂荒的现象，并且存在面积扩大的趋势。②

湟源县的土地耕种状况为赵忠夫妻大规模租地种植胡萝卜提供了便利。一

---

① 访谈对象 HY42。

② 参见王丽花：《湟源县脑山耕地撂荒问题的调查分析》，《中国农业信息》2014 年第 7 期。

方面，土地的种植收益低和无人耕种意味着地租廉价，且租地协议能够顺利达成。胡拥绣回忆说当时租地为每亩 200 ～ 300 元。另一方面，部分留守的村民成为当地闲置的劳动力，而当地劳动力市场需求相对不足，这使得赵忠夫妻在种植胡萝卜的过程中能够以相对低廉的价格雇用留守的村民，为胡萝卜的种植产生盈利空间。相较而言，西村的种植大户不倾向于在周边村庄承租土地，一方面是因为难以在附近村庄连片租地，种植大户承租的土地面积通常达到几十、几百亩，涉及的村民众多，需要种植大户与每家每户分别协商，由此增加了连片租地的困难程度；另一方面是因为周边村庄大多距离西宁市区较近，留守的村民能够在农闲时相对容易地找到临时的工作机会，因而增加了种植大户潜在的用人成本。

当年，赵忠夫妻在湟源县租种 30 亩地，胡萝卜亩产量在 5000 ～ 6000 斤，每斤价格在 0.6 元左右，在去除人工费、地租、化肥以及农药等成本后，赵忠夫妻获得七八万元的纯收入，收益可观。同一年，杨施增在西村邻近的乡镇承租 50 亩地种植胡萝卜，租金为 400 元一亩，但由于成本价与市场价接近，他未能实现盈利。杨施增通过赵忠夫妻得知湟源县的地租和人工工资低廉后，于 2010 年在湟源县租用 180 亩地，这一年胡萝卜亩产量达到 8000 斤，收购价每斤 0.6 元左右，在刨去成本后当年纯收入达数十万元。与此同时，村中另外两对夫妻也因赵忠夫妻的成功加入湟源县种植胡萝卜的队伍，并且也获得较好的经济收益。由此，这四户人家成为西村种植胡萝卜的大户。

这些村民在扩大种植规模初获成功后连续多年在湟源县租地，直至 2019 年，其间与西村胡萝卜种植遇到的情况一样。这些种植大户每年各自都会在湟源县承租几百亩的土地，他们在长时间的种植过程中认识到胡萝卜对土壤肥力具有较高的要求，“一块地一般种了三年后产量就会下降，最好的是种两年”[①]，因而需要频繁重新租地。2016 年及以前，这些种植大户每年都能够获得数万元甚至更多的收入。2016 年，包括赵忠夫妻在内的六人（均为夫妻搭配的

① 访谈对象 HY20。

生产模式）在湟源县共同承租 400 亩地种植胡萝卜，总共获利 60 万元，每人分得 10 万元。

在这些种植大户租地种植胡萝卜期间，湟源县包括胡萝卜在内的蔬菜种植规模逐年扩大。从 1998 年开始湟源县全县的粮食作物播种面积呈现出总体下降的趋势，与之相反的是，从 2000 年开始全县蔬菜播种面积表现出整体上扬的姿态（见图 5-1）。2014 年，湟源县蔬菜播种面积达到 3246.7 公顷，其中 1000 公顷为胡萝卜。不过，此时市场竞争的略微加剧并未对种植大户与批发商之间的市场联系产生冲击，这些村民仍然能够从中获利。

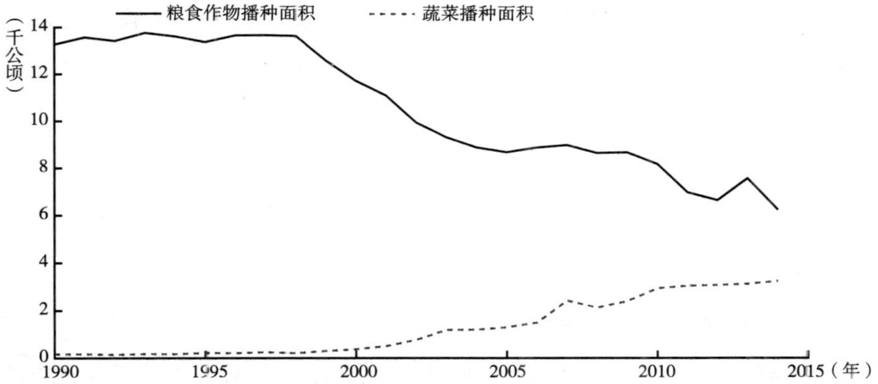

图 5-1　湟源县粮食作物和蔬菜播种面积的变化（1990 ～ 2014 年）

资料来源：青海省黄土高原县（市、区）社会经济数据集（1980 ～ 2011 年）；地球系统科学数据共享平台 – 黄土高原数据系统共享平台（2013）；《青海统计年鉴》（2013）、《青海统计年鉴》（2014）、《青海统计年鉴》（2015）。

2017 年，也就是西村遭遇销售困难的这一年，异地种植的大户同样遭受到市场竞争的压力。这一年，赵忠夫妻遭遇失去相对稳定的市场联系的危机，被迫面对不稳定的市场联系，“我们主要是把胡萝卜卖给西安老板，西安老板给我们说不要再种了，青海的不再要了”①。这也就反映出相对稳定的市场联系作用范围十分有限，在更多的情况下，村民面对的是因市场竞争的存在而随

① 访谈对象 HY42。

时可能消失的市场联系。由于该年种植规模较大，赵忠夫妻的胡萝卜并未通过私交较好的批发商完全售出，夫妻二人为降低损失专门雇车将胡萝卜运送到西安售卖。但夫妻二人未料到的是，西安的商人以胡萝卜保鲜时间有限，不及时卖出最后都将烂掉为由，将收购价格压得极低。对此，种植大户杨施增感同身受，他说：

> 我们都是和那些经常打交道的老板联系好，然后装车发过去。自己没有办法绕开这些中间商到市场上去卖。如果你自己拉到市场上去卖，比如说那里已经有两家批发商，他们就会联合起来压价甩卖，一直压到你个人无法承受损失主动退出为止。把你挤出去后，他们又恢复到以前的价格。①

最终，赵忠夫妻的损失高达 42 万元。同年，种植大户杨施录的种植面积为 160 亩，赵商浩的种植面积在 120 亩，也都损失惨重，二人因而在 2018 年决定退出胡萝卜种植。

赵忠夫妻虽然遭受惨重损失，但在 2018 年仍然坚持种植 80 亩，所幸这一年胡萝卜价格上涨，获得数万元的净收入。不稳定的市场联系受市场竞争的影响，随时都有可能消失。2018 年，由于胡萝卜的市场收购价低于成本价，赵忠夫妻陷入“挖得越多，赔得越多”的困境，无奈之下，只能选择将胡萝卜遗弃在地里。同年，杨施增承租了 300 亩地种植胡萝卜，不稳定的市场联系同样使其陷入亏损的泥潭。这些种植大户在市场竞争中意欲维持市场联系，必须选择接受低于成本价的市场价格出售胡萝卜，但以此种方式形成产品的竞争力预示着需要承担当前生计难以维续的风险，这也就意味着种植大户失去了胡萝卜生产方面的市场联系。现在，他们共同的期望就是保险公司能够如约按照每亩 600 元的标准进行理赔从而降低损失。这些种植大户表示种植胡萝卜“已经挣

① 访谈对象 HY20。

不到钱了”，也因年老体衰，因而再无租地种植胡萝卜的打算。西村种植胡萝卜的大户就此退出。

种植大户退出的根本原因与西村其他村民一致，源于胡萝卜生产的市场联系的消失。具体而言，与西村失去市场联系的原因一致的是，种植大户以及湟源的胡萝卜同样受到来自甘肃的冲击：

> 我们主要是受到甘肃那边的冲击，甘肃那边胡萝卜产量大。青海这边的胡萝卜也主要是销往甘肃、陕西和四川，所以甘肃的胡萝卜产量一上去，青海这边胡萝卜的价格就往下跌。①

与之不同的则是种植成本连年攀升。西村种植胡萝卜使用的劳动力主要是家庭成员，用工成本不与直接的现金支出挂钩，因而不计算在投入与产出比中。但种植大户在湟源县种植胡萝卜完全依靠的是雇用劳动力，用工成本的高低与利润有直接关系。2009 ～ 2019 年，湟源县蔬菜种植规模扩大等带动用工需求增加，致使当地的用工成本不断上升，具体包括：拔草从 12 元一天上涨为现如今的 80 元一天；浇水从 7 元一亩上涨至 30 ～ 40 元一亩；打农药从 15 元一天上涨至 150 ～ 180 元一天；收胡萝卜从 2 元一袋上涨至 8 元一袋；等等。另外，地租也从一开始的 200 ～ 300 元一亩增至 600 ～ 700 元一亩，成为前期投入中一笔较大的现金支出。种植成本增加的直接后果就是“以前工钱低的时候，三毛钱一斤就能挣到钱，但是现在要到六毛钱一斤才能回本钱”②。

但更为重要的是，种植大户面对甘肃胡萝卜的大量上市引发的市场竞争，无法依据自身的生计资本进行有效的应对。这些种植大户与其他村民在胡萝卜种植方面的最大区别是生计策略的不同，即选择了租地进行规模化经营，但在生计资本方面并没有出现本质的差别。其中，人力资本方面，种植大户关于胡

① 访谈对象 HY20。

② 访谈对象 HY42。

萝卜品种、栽培的知识和技术与村民相差无几；物质资本方面，与村民一样，种植大户并未拥有和使用新型机械设备，整个耕种环节依然依赖的是人力；金融资本方面，虽然种植大户因规模较大获得远高于村民的种植收入，也得益于这些资金能够租用更多的土地，雇用工人，但并没有投入资金到胡萝卜的品种引进、技术提升等方面以提升产品的竞争力，种植大户在胡萝卜种植方面使用的金融资本与村民并无根本不同；自然资本方面，尽管种植大户租种的耕地在土壤肥力和面积方面都强于村民，但在遇到激烈的市场竞争时，这些优势却无法有效提升胡萝卜的市场竞争力；社会资本方面，当种植大户由于市场竞争的冲击无法凭借与批发商的关系稳定地出售胡萝卜时，其与村民一样面对的是不稳定的市场联系。所以，种植大户在市场竞争加剧后无法基于自身的生计资本对生产过程做出有效改变，包括改善耕种技术和设备以降低生产成本、培育新品种以提升产品吸引力等，因而最终只能接受失去市场联系的结果。由此看来，种植大户失去市场联系也是必然。

无论是居村种植还是外出租地规模化经营，村民都因市场联系的失去而退出胡萝卜的商品化种植。种植技术落后、品种陈旧是西村胡萝卜种植历史终结的内部因素，但这始终无法脱离它的作用条件——市场经济。广泛的市场经济体系将不同地域、不同规模的生产主体置于同一个平台引发显在或潜在的竞争，作为个体的生产者时刻面临被淘汰出局、失去市场联系的风险。也就是在市场竞争中，作为生产者形成市场联系的基本依据，生计资本被拿来进行无限的比较，由此产品显现的优劣即预示着市场联系的得失。例如，当西村胡萝卜遇到来自甘肃的竞争时，与西村村民多年未改变胡萝卜种子形成鲜明对比的是，甘肃种植者使用的种子早已是引进荷兰、日本的优质品种。① 两地生产者的生计资本在市场竞争引发的比较中显现出优劣之分，这又是胡萝卜种植的落后地区与先进地区存在结构性差异的具体表现，比较的结果就是西村胡萝卜的消失。诚然，改进生产技术、提升产品品质、拓宽销售渠道等是提高产品竞争

① 参见昔小丽：《甘肃省胡萝卜产业现状与发展建议》，《甘肃农业科技》2015 年第 8 期。

力、增强市场联系稳定性的有效手段，但是考虑到这些手段建立在一定的生计资本的基础上，包括专业的知识（人力资本）、充裕的资金（金融资本）、先进的生产设备（物质资本）等，它们似乎又是正在经历生计转型的西村村民无法拥有的。事实上，市场供需关系的骤变也没有给村民留下足够的反应和应对时间。因此，内外因素的交织使西村村民的胡萝卜种植失去了市场联系，这个短暂的商品化种植过程随之成为历史。

不同于村级消费市场基本能够满足村民的日常消费需求，作为生产者的村民大规模生产的商品如胡萝卜需要的是城市这一级别的消费市场，因为城市集中了社会的大部分财富。但是，众多农村生产者共同争夺城市消费市场无疑会增加自身面临的风险。消费的便利与销售的困难同时出现在农村，这意味着相比于确保市场联系的稳定，农民作为生产者更需要做的是寻找和建立市场联系。扩散的工业品和汇聚的农产品同时集中在城市表明农民建立市场联系与城市密切相关。

三、经济作物种植的“后时代”：土地使用的现状与观念

胡萝卜种植作为西村仅有的一次大规模商品化耕种的尝试，为村民带来了可观的经济收入，但也因内外因素的作用失去市场联系而归于沉寂。此后，西村进入胡萝卜种植“后时代”。除了部分已经“出租”的耕地，大多数水浇地仍被村民用于种植传统的粮油作物，不过已经与商品无关，更多的是与村民关于土地的观念有关。

（一）土地使用的现状

目前，西村剩下的大部分水浇地多用来耕种粮油作物，小面积栽种果树和树苗，旱地则基本荒置。当下，西村的水浇地主要用来种植小麦和油菜，仍然采用轮作方式，村民也会另辟小块土地种植马铃薯和蔬菜。村民对此的看法

是，“吃自己种的比较放心，但是呢，就是种地挣不上钱”[①]。因而，村民已经不再将产出的粮油、马铃薯等农产品作为商品出售。例如，杨森有3.6亩水浇地出租出去，另外三亩地仍然自己耕种，在供给家庭成员日常所需之外，因为他和妻子每到年底都会在村中做一段时间的肉牛育肥生意，所以就将多余的粮食用作饲料。杨国中在西宁的一家政府单位作为临聘人员负责烧锅炉，月工资为3100元，但闲暇时间居多，因而能够在工作之余将家中剩有的两亩地“顾上”，妻子目前在西宁市区照看孙子，地里产出的粮油多被送到儿子家中。赵超邦家中承包的水浇地共有6亩，其中两亩地“租”给停车场。赵超邦目前为子辈在青海湖经营的旅馆帮忙，妻子在家中照看孙辈，每逢暑假也会携带孙辈到旅馆帮忙，因此这个家庭有时间将另外四亩地种上小麦、马铃薯等农作物。因为家庭成员大多时间不在村中，赵超邦表示四亩地产出的粮食每年都会有富余，但也不会因此卖掉，而是用来馈赠亲友。其他村民皆是如此，产出的农产品多为自用，部分赠送亲友。正因为如此，现在村民对农作物的产量并不关心，种植的多为传统农作物。

村中较多的土地被企业“租用”，流转的土地寥寥无几，只有村委会为修建农家乐园流转了10亩土地。另外，西村只有屈指可数的几户家庭选择放弃耕种，将承包地交予他人打理。譬如，杨珍家中常年只有两口人，杨珍专职制作铜器，妻子因患有心脏病无法做重体力活，遂将几亩承包地转给邻居耕种，夫妻二人在村中的小商店购买平时所需的粮油。杨千早年离异，一人独居，因为一年之中多数时间在外务工，所以将租给搅拌站之外的一亩地交由族亲负责。

村中还有小面积的水浇地栽种了果树和树苗，其中栽种果树的面积为5亩，栽种树苗的面积近10亩。果树出现的原因是村中两户人家鉴于家中主要劳动力的工作情况，为避免耕地撂荒而采取的一种应对办法。2012年，因周边村庄疯传县林业局不久会采购大量树苗，一些村民轻信之后放弃种植胡萝卜，

① 访谈对象HY43。

以一株一元多的价格抢购树苗，并在不考虑任何间距的情况下将承包地种满，但谣言很快被戳破。目前，这些树苗仍然在地里生长，一些树苗如松树苗已经从之前的10厘米长到一米多高。由于密度过大对树苗的生长越来越不利，一些耕地较多的村民因此将部分树苗移栽到其他地方，但更多的村民选择放任不管。所以，在“出租”之外，大部分水浇地村民仍在耕种，这为大多数村民提供日常所需的粮油、蔬菜等。但旱地遭受的命运与此截然不同。

21世纪初以及之前，旱地都是村民重要的粮食来源，但此后逐渐沦为荒地。村民在旱地种植的农作物包括小麦、马铃薯、油菜和蚕豆等。虽是“靠天吃饭”，但每年也有收获。例如，旱地里小麦的收成一般在400斤左右/亩，占到水浇地收成的一半。对于荒弃旱地的过程，有村民回忆说：

> 大家每年都会在山上种上油菜、小麦、土豆这些东西，小麦、土豆的产量还不错。但是在2005年，情况就变得不对了。我们家当时在山上的旱地里都种上了油菜。因为天气好，一直是大晴天，油菜开花的时候，花开得特别大、特别艳，胡都（意为“非常”“很”）好看。但结果天天是大晴天，一点雨都没有下，开得大大的油菜花生生地被晒死了。这之后的几年，年年都是那样，夏天特别热，天天晴天，不下雨。山上的旱地本来就浇不上水，靠天吃饭，地一旱，庄稼就活不了。大家那样被摆了几道之后，就再也没有在山上种东西。①

这说明西村旱地荒弃与连年干旱直接相关。有研究表明，1951～2015年西宁市年降水量在197～565毫米，其中2005～2015年是西宁市年降水量降低的时期，2006年的年降水量相比于2005年下降超过100毫米，2007年的年降水量出现回升并略高于2005年的水平，但在2008年又跌至接近2006年的水平。②降水量

① 访谈对象HY02。

② 参见常周梅、胡文博、张丽娟：《西宁市1951～2015年气温及降水量变化特征》，《水电能源科学》2017年第2期。

的连年大幅度波动进一步佐证西村旱地的荒置与自然条件的变化有关。

目前，西村部分旱地被政府部门征收用于“退耕还林”，于2017年栽种的树苗如今已有半数未能成活，还有100亩旱地被一位村民租来种植燕麦，其余的旱地已经无人打理。包括旱地在内的耕地已经完成农村土地确权。对此，有村民感慨说：“要是不确权的话，村里的老人一没，就没人知道山上哪块地是谁的了。”[①]

水浇地产出的自给化、旱地的荒弃，反映出土地作为自然资本在村民生计转型中的失落。随着村民生计过程的持续对市场联系依赖程度的逐渐加深，土地作为村民重要的生计资本需要通过作用于市场联系以实现对生活的支撑。然而，传统的粮油种植带来的现金收入十分有限，这无法支撑村民维持已有的生活条件，毋庸说对美好生活的进一步追求。更为关键的是，大规模的商品化种植在激烈的市场竞争中因市场联系的消失昙花一现。因此，村民重要的生计资本——土地因市场竞争引发的生计资本比较，从自给自足生计形态中的核心资本转变为市场依赖生计形态中的辅助资本。同时，随着村民自然资本（土地）作用的弱化，人力、社会、物质等生计资本的作用也就日益凸显，村民也正是依据人力、社会等生计资本并在此基础上采取其他生计策略（进入非农生产领域）以重新形成市场联系。

温铁军认为，“随着农业人口增加对土地的压力越来越大，我国农村土地正在逐渐丧失作为生产资料的功能，福利化趋势日益明显”[②]。“土地福利化”的提法，秦晖认为有其积极意义，“因为它指出目前条件下我国多数农区农业经营的不经济已使土地丧失了产生‘农业利润’的资本功能，而成为一种生存保障手段”[③]。“土地福利化”观点无疑准确地概括出土地对农民生计作用的转变。不过，从西村大规模种植胡萝卜的过程来看，这种变化在人地关系紧张之外也有市场经济带来的深远影响。土地对村民生计的作用逐渐式微，转

---

① 访谈对象HY38。

② 温铁军：《中国农村基本经济制度研究》，中国经济出版社2000年版，第279页。

③ 秦晖：《农民中国：历史反思与现实选择》，河南人民出版社2003年版，第49页。

而成为一项社会福利，在一般情况下，村民耕种土地获得的粮油最大的作用在于有限地满足家庭的日常消费，减免一些现金支出。对此，村中的水浇地目前完全能够承担这种功能，这成为耕种条件不佳的旱地被村民荒置的深层次原因。

另外，距离村民住所近、灌溉便利、产量稳定的水浇地仍为村民所耕种也有具体的形成条件。首先，大部分村民尤其是耕种主力——中年村民仍然居住在村中，为土地耕种提供基本的人力保障。其次，中年村民具有耕种意愿，这与村民关于土地的观念有关，这将在后续内容中进行论述。再次，中年村民即使是在西宁市区务工，工作也多为临时、临聘性质，工作时间灵活，闲暇时间较多，这为中年村民进行耕种提供了时间条件。对此，村民杨陆表达的想法即为典型，他说：

> 我现在做的这个工作是做一天休两天，就是为了能够把家里的地顾上。如果我不休这么多的话能够拿到三千多的工资，但是我不要，我还是想把家里的地种上，不能把它们给撂荒了。那样在村里面自己也会觉得不好意思。目前家里就我和我母亲在住，媳妇去西宁给儿子看孩子了，等自己不上班了，就在家里种种地，粮食吃不完，就送给亲戚。①

最后，市场提供的犁地、播种、打药、收割等耕种服务，客观上为村民的土地耕种提供了便利，降低了体力劳动门槛。实际上，村民已经普遍接受市场提供的这些服务，整个耕种环节付出的体力劳动已经大为减少。在这些条件的共同作用下，目前村内的水浇地基本得以继续耕种，成为村民物质消费的来源之一。因而，土地作为与村民尤其是中老年村民具有天然亲和性的生计资本，始终在生计过程中发挥着作用，但由于村民面临的形成市场联系的困境而逐渐转变为一项社会福利。

---

① 访谈对象 HY38。

“出租”的土地构成村民现金收入的部分来源，但从目前来看，部分村民面临失去这份收入甚至可能遭遇更大的损失。因西村具有的区位特征，村民得以将土地以不同于种植农作物的方式作为“商品”形成市场联系。村民将土地“租”给私人企业与大规模种植胡萝卜的时间重合，双方议定土地“出租”费用的基本依据是种植胡萝卜的经济收入，因而租金远高于村民种植粮油作物获得的收入，甚至一些村民因为选择“卖地”一次性获得数万元的现金。与之形成对比的例子是村委会在2019年因修建农家乐园租用村民土地给付的租金。在议定租金初期，村委会预估水浇地小麦亩产量为600斤，然后按照每斤1元的价格计算，确定每亩土地租金为600元，但是相关的几户村民认为租金过低，经过双方再次协议租金提高至700元。不过，这些企业在西村“租地”多数未经过合法的土地使用审批程序，属于企业主与村民之间的“私下行为”，因而违反相关的土地法律法规。2020年下半年，政府部门开始对西村进行集中整治，不具有合法用地手续的、占地面积较大的停车场、砂石场等将会被强制关停、拆除。

在土地“出租”终止之后，村民的租金收入随之中断，土地面临复耕的问题。耕地恢复方面，企业在“租用”土地之初已经支付给村民每亩地3000元的恢复费用。但从实际情况来看，这笔费用难以使一些“出租”的土地恢复到可以耕种的水平。典型的例子是一些企业主当初为在公路边修建停车场，用大量渣土、建筑废料将纵深差超过五米的耕地地面垫至与公路齐平，垫土面积达数十亩，牵涉两个停车场。两个停车场都属于违法使用耕地，土地复耕势在必行，但面临困境。一方面，如果村民选择直接在停车场的原址上复耕，不仅土地面积减少，更为重要的是土壤的质量难以达到耕种标准；另一方面，如果村民采取挖走垫土的办法，这个过程产生的支出将远超村民收到的土地恢复费用。对于这些土地具体应该如何处理，相关村民表示自己不知道，但认为雇用人力、机械将垫土挖走恢复耕地的可能性比较低。2019年下半年，砂石场老板已经着手联合其他老板共同出资1000万元将砂石场转移至邻近的多巴镇。这意味着如果涉事企业不能履行恢复耕地的义务，这些曾经的水浇地将可能难以恢复，相关的村民失去的也就不仅仅是租金。在复耕问题之外，土地“出租”的结束预示着西村更多的土地将成为在市场联系之外对村民生计产生作用的自然资本。

（二）关于土地的观念

首先需要说明的是，这里论述的不是村民关于土地的深层观念，而是村民在当下土地使用行为中所展现的态度和表达的想法。前文提到西村的中年村民具有明显的耕种意愿，这是由村民对土地的态度和想法决定的。

第一，中年村民与老年村民一样在长期耕种中对土地产生感情。中年村民虽然目前多为务工，但在个人长期的劳动经历中土地是再熟悉不过的对象，对土地有一定的感情。

第二，村民普遍存在“撂荒的话会觉得没面子”的想法。村民之所以将土地撂荒与没面子相关联，是因为荒弃土地被村民视为个人懒惰的表现。西村依然具有熟人社会的特征，在村中被贴上这样的标签无疑会对个人形象产生负面影响，中年村民有着强烈的居村生活意愿，这也就变得尤为严重。这意味着对村民的耕种行为存在某种程度的外部强制性。不过，现在看来，不能撂荒的土地仅限于村中的水浇地。

第三，由于土地承包关系的长期稳定以及市场经济的渗入，村民目前关于土地的使用持一种“大公小私”的态度。“大公小私”是指村民关于土地使用的态度存在两个向度，一个是国家向度，另一个是私人向度。私人向度方面，村民关于土地的态度是“只要土地我种着，那就是我的”。这种态度一方面促使村民形成耕种意愿，借此宣示自身对承包土地的权利，另一方面衍生出村民在与他人围绕土地发生关系时以商品交易的准则指导行为。国家向度方面，村民对于土地秉持的观点是“土地是国家的”。例如，在访谈中聊到国家征地这个话题时，村民认为国家设定的补偿标准是需要无条件接受的。在国家与私人之间，村民关于土地的态度，“土地属于我，除非国家征走”[①] 能够进行很好的

① 访谈对象 HY38。

概括。上述态度和想法共同激发出村民尤其是中年村民耕种土地的意愿。在这些具体的观念中，土地情感和舆论监督仅仅是推动村民继续耕种土地的因素，而“大公小私”态度中涉及个人的私人向度还对西村的土地使用产生其他影响。

村民的“小私”土地态度影响着村庄内部的土地使用行为。西村的土地自1993年进行最后一次调整后已经完全发包给村民。此后村庄内部的土地调整主要依靠村民之间的自主协商，这个过程受到村民“小私”态度的影响。村中最能说明此种影响的例子就是村民因修建新房屋进行的“换地”行为。新家庭的组建往往意味着需要修建新的住所，“自立门户”。村民修建新房的前提条件是向镇政府土地管理所申请审批新的庄廓证，没有此证即属于违建。政府部门审批庄廓证的一个基本要求就是村民拟建新房的地块需要紧挨村里的已建房屋，以此遏制村民随意占用土地建房的行为。村民使用的宅基地均是水浇地，当有建新住所需求的村民因自家承包地无法满足上述要求时，就需要通过换地来实现，也就是村民使用位于他处的承包地换取其他村民位于允许建房处的承包地，抑或“买地”。对于换地，村民一般的态度是：“地是属于我的，一般不换地，除非两个地块一模一样。”当村民之间关系较为密切时，换地过程十分顺利。若非如此，村民需要借助商品交易的行为准则进行换地。一般情况下，西村的换地规则是一亩换两亩，或者根据政府征地的补偿标准按被换地块的面积折算成现金。2019年，当地的征地补偿标准是5.8万元一亩，这意味着村民建造占地面积为四分地的宅院，需要支出两万多元用于“买地”。不过，村民即使是严格依照规则行事，也不能确保换地成功。

村委会不对村民之间的换地行为进行干涉，村民遭遇换地困难也不会求助于村委会。杨施升的大儿子于2017年结婚成家，这个新组建的家庭随即在承包地上修建了一栋二层小楼，但在房屋建成后却由于地块所处的位置，陷入无路可走的窘境。这块地东向是用土垫高的停车场，往北隔着一条水渠与另一户人家的围墙相邻，东北角为石灰沟河边的陡坡，两面受堵。这块地有一条田埂朝南延伸，和一条水泥路相通。但这条水泥路不属于村中的公共道路，而是几户村民在建房时将承包地的一部分专门用作通行而修成的道路。村民将这种路称为“私人路”。如果这户人家选择从南面寻路出行，一方面需要和四户人家分别进行复杂的换地协商，另一方面可能需要负担高昂的换地费用。唯一可行的办法是向西“突围”。

在这块地西边，与之相邻的是另一户人家的一块承包地。如果被换地村民根据规则接受换地，那么新建房屋的这家人向西换出一块长条地，如此能够铺设一条长度10米左右的小路连接公共道路。杨施升夫妻为此专门提送两瓶酒与被换地村民协商此事，但由于这两家人住在一个巷子里，之前因琐事发生过口角，因而换地请求遭到拒绝。更让杨施升夫妻感到愤慨的是，他们希望换取的那块耕地，由于南边建有一排两层楼房，因而紧挨墙面的部分地块阳光照射不足，导致小麦、油菜以及马铃薯等均无法成熟，于是这块地的承包户就在那里密集地种上数排松树苗。虽然感到愤慨，但杨施升夫妻也无计可施。目前儿子一家人只能选择走田埂到村中的公共道路，雨雪天气时多为不便。

类似案例虽然在西村鲜有出现，但充分显示了村民的“小私”态度产生的影响。同时，这个案例也反映出“小私”的土地观念已被村民接受，成为一种共识，尽管不乏一些不满的声音。2019年猪肉价格高企，村民赵云打算不再从事日渐惨淡的货运业，他说：

> 如果政策允许的话，我想继续养猪，虽然辛苦，但是只要猪养出来就能挣上辛苦费。但是因为村里面的地我分到的少，我要在村里找一片连块的地办养猪场的话，就只能租地（2019年西村的土地租金为2500元/亩）。这是不公平的，村里面那些地多的人，地要么是让别人种，要么是自己勉强种一点麦子或者油菜什么的，其实这对他们的生活一点影响都没有。关于分地的问题，我以前找村委会说过，当时有人说了一句“谁叫爹妈把你生晚了”，把我气得都想打他。[①]

① 访谈对象HY22。

显然，赵云因为身处土地错位的不利位置，由此感到村中的土地分配和使用情况有失公平、合理，对此却也无可奈何。不菲的地租支出成为阻碍他实施养猪计划的一个重要方面。以长期稳定的土地承包政策为前提，村民在此过程中形成并通过“小私”的态度维护这种稳定，并以此演化出村民借助市场交易的行为准则调整相互之间的土地使用关系，其间村民的“小私”态度经由交换行为的获利得到进一步巩固。正因为如此，作为村集体成员的赵云，在愤慨村中土地分配不公的同时，依旧考虑或者说只能借助市场交易的行为规则租地并衡量投入与产出比。

土地流转产生的经济收益不仅强化了村民的“小私”态度，而且助长了村中出现的简单耕种现象。一个例子就是荒弃多年的旱地因为部分流转到一位村民手中而重新得到利用。不过，流转的前提是每亩地每年需要支付 100 元的地租。“小私”的态度还引发村民侵占公共用地的现象。在进行土地确权的过程中，西村曾经发生村民私自占用公共土地用以扩大耕地面积，但因为多出部分未被确权而大闹村委会的事件，最终公安部门介入才得以平息。而且，这并不是个例，村中的公共道路、田埂以及沟渠与集体化时期相比宽度均有缩减，原因就在于一些村民借此扩大承包地的面积。无论是换地失败、无奈租地还是侵占公共用地，这些现象都是村民“小私”态度的具体表现，也反映了这种态度在村庄土地使用方面产生的后果。能够推想，在现有土地政策不发生重大变化的情况下，村民的“小私”态度会继续延续下去。这决定村民主要依靠市场交易准则调整相互之间的土地使用关系，进而给村集体内部的土地流转行为带来经济压力。目前西村的土地大多是由村民在务工之余兼顾耕种，在市场联系之外对村民的生计起到辅助作用。“小私”的观念同样会促使村民继续耕种土地，这对于村中仍具有明显耕种意愿的中年村民来说尤为如此。因而，这就意味着西村脱离市场联系的土地在具有耕种意愿的村民手中将可能长期具有福利性质。

因而，随着西村大规模商品化种植的结束，由于无法再次建立起能够支撑村民日益深化的商品消费的市场联系，西村的大部分土地逐渐演变为一种对村民生计起辅助作用的自然资本，成为一种社会福利。村中部分因区位特征而被私人企业“租用”的土地在政府部门的整治行动中也将面临脱离市场联系的风险。在长期稳定的土地承包制度前提下，随着市场经济的渗入，目前村民关于土地形成一种“大公小私”的态度，私人向度方面，村民的态度是“只要土地我种着，那就是我的”；国家向度方面，村民的观点是“土地是国家的”。“小私”的观念对村民保持耕种意愿具有促进作用，也指导村民借助市场交易的行为准则调整相互之间的土地使用关系。西村村民尤其是中年村民因土地情感、舆论监督等因素具有明显的耕种意愿，脱离市场联系的土地在政策保持不变的前提下将可能长期处于福利性质的耕种状态。

四、土地与市场联系

土地作为农民自然资本最重要的部分，由于农民的生计转型在生计中的作用变得与市场紧密相关。随着包产到户以及稳定的土地承包政策的实施，土地成为村民首要的可用于形成市场联系的自然资本。并且，这也是西村村民基于村庄生计资本所能形成的个人生计资本的一个重要方面。在确定的市场需求前提下，村民基于土地在生产方面形成市场联系以便为生活方面日渐加深的商品化提供支撑作用。通过采取商品化的种植，以土地为核心的生计资本经由市场联系为村民带来物质生活的改善，村民生计的市场依赖程度也在这个过程中逐渐深化。但市场联系的形成也意味着村民卷入日渐广泛的市场经济体系中。无论是在财富创造抑或在交通网络中均处于中心位置的城市无疑占据市场经济的核心地位，众多土地产出的商品汇入城市，争夺城市消费市场，作为个体的生产者因此首先面对的是不稳定的市场联系。在事实上无法利用其他生计资本（人力资本、物质资本、金融资本、社会资本等）应对商品化种植面临的市场竞争时，个体生产者的土地作为生计资本脱离市场联系成为必然。市场联系之外的土地因此成为村民的辅助性生计资本，可能长期处于福利性质的耕种状态。不过，村民生计的生活方面与市场的联系始终存在并且呈日益强化的趋势。因此，村民需要在土地之外的生产方面形成与之对应的、发挥支撑作用的市场联系。

第六章

非农生产的多样化尝试

生计是由复合实践所形成的状态和过程。当村民最为重要的自然资本——土地只能在市场联系之外发挥福利的作用时，这意味着受商品化逻辑驱使的村民需要寻找其他的生产方面形成市场联系以实现生活与生产的完整生计过程，也就是农业生产之外的非农生产。由于章节的前后安排，因而容易形成一种村民先进行商品化种植而后从事非农生产的错觉，但事实上，在包产到户之后村民已经开始涉猎非农生产领域，采取兼业的生计策略以适应日渐渗透的市场经济。这被研究者称为农户兼业的初级阶段，农民在半自给的小规模耕种基础上就地兼业。[①] 不过，在此后数十年里西村并未出现兼业农户人口大量转化为城镇居民或者农村非农业人口的现象。在这个过程中，从事非农生产一直是村民在农业生产之外满足商品消费需求的重要方面。西村的大规模商品化种植在经历短暂的兴盛之后归于沉寂，村民依据生计资本在非农生产方面形成市场联系更是成为生计维续的关键选择。

① 参见韩俊:《我国农户兼业化问题探析》,《经济研究》1988 年第 4 期。

一、作为生计策略选择的“倒灯”：从集体到个人

制作包括铜灯等铜器在内的手工艺品，村民习惯统称之为“倒灯”。在西村“倒灯”的具体发展过程中，“倒灯”所指发生了由窄到宽的变化。“倒灯”出现在西村之初，指的仅仅是制作铜灯，此后由于村民制作铜器类别的增多，“倒灯”所指随之变得不再局限于制作铜灯。新中国成立前，“倒灯”已经在西村出现，之后在村内消失了很长一段时间，到了集体化后期改革开放初期才“重出江湖”。“倒灯”在包产到户后开始在西村涌现，一度发展为村中大部分人在非农生产方面的主要选择，其后如同商品化的胡萝卜种植一样走向衰落。但不同的是，村中近十户家庭从包产到户开始专职“倒灯”直至今日。“倒灯”是村民在非农生产方面尝试形成市场联系的起点，是村民应对和融入市场经济的重要生计策略。

（一）集体化时期的“倒灯”

西村制作铜器的历史可以追溯到20世纪前期，具体可能起源于一次姻亲关系的缔结。根据知悉西村“倒灯”起源的村民的说法，在新中国成立前，具体年份不详，当时村中赵姓村民的女儿嫁到鲁沙尔镇的王家，双方结成姻亲。王家世代相传制作铜器，尤其擅长制作铜铃。赵姓村民的儿子通过姻亲关系得以进入王家的铜货铺子做工，并且从中逐渐掌握制作相关铜器的手艺。赵姓村民的儿子回村成家后在家中置办了一套相对简易的制作设备，农忙之余也制作铜灯出售给鲁沙尔镇的商铺。当时几位年轻的村民因为帮过忙，也就掌握了制作铜灯的基本方法。

鲁沙尔镇出现铜匠、铜铺又与塔尔寺密切相关。“明代嘉靖以后，蒙古族、藏族群众来塔尔寺膜拜者增多，民族服饰品和民族宗教用品需求量增大，外地手工业工匠陆续来鲁沙尔镇定居，鲁沙尔镇逐渐发展成县内最大的手工业集

镇，产品畅销省内外。”[①] 在此背景下，“清道光二十四年（1844），甘肃临夏王珍迁居鲁沙尔，以铸生铜器为业，教子王守礼等5人学艺”[②]，至民国初年，“王氏家族中以王守礼手艺最为人称道”[③]，铸造的铜器包括佛像、大小铜灯、大小净水碗等法器供物深受塔尔寺僧人喜爱。[④]

结合村民的说法与县志的记载，与西村赵姓村民结成姻亲的王家应为王氏家族的一户。西村距离鲁沙尔镇约 11 公里，两家人缔结姻亲关系也不无可能。因此，西村的铜灯制作发源于鲁沙尔镇的说法是可信的。西村最早开始制作铜灯的村民是目前村中一位四十多岁村民的祖父。目前该村民的母亲已近八十岁（1940 年出生）高龄，由于该村民在四兄弟中年龄最小，因此与母亲的年龄间隔较大。这位村民的母亲在 19 岁时嫁到西村，可以大致推算这位村民的祖父与他的母亲年龄相差在 20 岁左右，即这位村民的祖父出生在 1920 年前后。再假定该村民的祖父是在 20 岁左右学成手艺，之后开始在西村制作铜器，以此推测，西村在 1940 年前后开始制作铜灯。据村中老人回忆，解放初期西村仍有村民制作铜灯，限于当时制作原料——铜的匮乏，这些村民使用的原材料主要是从商贩手中购买的铜钱等，然后将制作的铜灯售卖给鲁沙尔镇上的店铺。不久后鲁沙尔镇上的店铺全部关闭，村民也不被允许制作铜灯，“倒灯”就此在西村中断。不过，制作铜灯的流程和方法仍存留在一些村民的记忆中，这为“倒灯”重现西村提供了必要的前提。

1978 年，伴随改革开放政策的实施，沉寂数十年的“倒灯”在西村重新出现。改革开放后，鲁沙尔镇的个体商户重新得到发展。[⑤] 此时的西村仍处于集体化时期，村中一位在解放前后制作铜灯的老人由于年事已高，已不再是主要劳动力，因而只负责生产队日常安排的辅助性劳动任务。这位老人为贴补家

---

① 湟中县地方志编纂委员会编:《湟中县志》，青海人民出版社 1989 年版，第 133 页。

② 湟中县地方志编纂委员会编:《湟中县志》，青海人民出版社 1989 年版，第 133 页。

③ 湟中县地方志编纂委员会编:《湟中县志》，青海人民出版社 1989 年版，第 133 页。

④ 参见湟中县地方志编纂委员会编:《湟中县志》，青海人民出版社 1989 年版。

⑤ 参见湟中县地方志编纂委员会编:《湟中县志》，青海人民出版社 1989 年版。

用，凭借记忆重拾“倒灯”技艺，利用晚上的时间在家中制作铜灯。老人因为年事已高，所以一天只做四个，积攒到一定的数量后就送到鲁沙尔镇卖给居住在那的一位商贩。后来，这位老人发现该商贩只是一个中间商，商贩以几毛钱的单价买入，然后以超过一元的单价出售给鲁沙尔镇的店铺，挣取中间差价。自此以后老人便自己直接送到店铺售卖。这样持续一段时间后，老人在家制作铜灯的事情被生产队发现，但是生产队并没有制止他的行为，而是要求他将部分利润上交生产队。更为关键的是，老人的行为激发出生产队将“倒灯”作为副业的想法。在生产队成立“倒灯”副业小组后，这位老人成为副业小组的技术指导。这位在集体化后期率先“倒灯”的村民，在包产到户后不久便购置了一辆价值 1670 元的手扶拖拉机。“倒灯”副业小组的成立不仅为生产队带来额外的经济收入，也推动“倒灯”技艺在村中扩散。

1979 年，西村生产一队成立铜灯副业小组。这一方面受益于技术条件的具备，另一方面是因为一次偶然的机会为生产队的铜灯制作带来了组织化生产所需要的大量铜料。1977 年，一位湖南人来到西村，与生产大队协商在村里合办一家冶炼厂，具体分工为大队提供土地、劳动力以及厂房，设备、原材料和销路由他负责，所得利润各占一半。双方一拍即合，冶炼厂随即成立。在这位湖南人的运作下，西村冶炼厂使用来自西宁钢厂等西宁企业的废铜作为原材料，通过火炉冶炼加工成铜条出售给西宁的轻化公司。但是经营不到一年时间，因为生产的铜条销路不畅，冶炼厂于 1978 年被迫关闭。

虽然冶炼厂未能成功，但是余留下来的废铜以及铜条却成为西村重新开始制作铜灯的原材料。事实上，村中率先“倒灯”的那位老人使用的原材料即来自该冶炼厂。就此，制作铜灯作为生产一队的副业具备了基本条件。副业小组共有八名成员，其中两人包括那位老人因为熟悉制作铜灯的流程和技艺扮演师傅的角色，主要负责指导以及监督小组中的其他六位年轻人。在这个过程中，制作铜灯的技艺得以在西村传承和扩散。

副业小组在生产之初采取集体劳动的工作方式。小组成员集中在生产队专门辟出的一间房子里两两合作，共同制作铜灯。房间内总共摆有三个火炉，具体分工是一个炉子两个人，一个烧火，一个制作铜模子，另外还有两个车床，小组成员用手搓的方式将半成品的铜灯打磨成型。村民回忆，在包产到户后“倒灯”进入个人单干阶段时村中才出现抛光环节，在这期间村民为加快打磨速度同时发明电动打磨的方式。副业队长（由生产队长兼任）监管，小组成员集体生产，在这种制度下，小组成员因各自的生产效率差异过大而出现不满情绪，所以该制度很快遭到替代。取而代之的是包干制，即生产队负责相关原材料如铜、炭的供应以及铜灯的销售，小组成员在完成生产队设定的任务的前提下实行多劳多得。生产队规定小组成员每天需要上交 10 元才能被记为满工分，但这并非难事，因而小组成员的劳动积极性被激发。铜灯的销售具体由副业队长负责，出售对象同样是位于鲁沙尔镇的店铺，原材料的供应责任也由副业队长肩负。在冶炼厂剩余的铜消耗殆尽后，为获得原材料，副业队长隔一段时间就会骑自行车去西宁城区附近的压力表厂、无线电厂以及西宁钢厂等企业收购废铜。将制作铜灯作为副业扩大了生产队的现金来源。1981 年，生产一队使用“倒灯”挣取的收入在西宁火车站附近购买了一辆手扶拖拉机。也正是在这里，村干部从外省人的口中得知有些地方的农村已经开始包产到户。1982 年，西村包产到户，“倒灯”副业小组随之解散。但是，重新燃起的“倒灯”之火并没有随之熄灭，甚至一度蔓延至整个西村，成为村民适应、融入市场经济浪潮的合理选择。

（二）包产到户后的“倒灯”

包产到户之初，村民在非农生产方面的尝试，一是“挖金”，二是“倒灯”。在包产到户后不久，一股挖金的“热浪”席卷西村。由于青海砂金资源丰富，解放前湟中县已经形成男性村民在农闲时去青海的北部、西部等地方挖金的风气，这也是青海一年之中气温最高的时期。1983 年，受周边乡镇有人挖金暴富传闻的刺激，西村的青壮年怀揣致富梦三五成群地前往未知的戈壁、深山挖金。但实际的挖金过程充斥着天灾人祸，村民不仅需要应对复杂多变的自然风险，而且随时面临来自其他挖金人的抢夺、殴打等危险。更为重要的是，村民并未因为挖金实现致富梦。

在幸运的情况下，村民在付出四个月的艰辛后可能挖到价值几千元的金子，但多数情况只能收获数百元，甚至是空手而归。杨施爱从1987年开始，连续三年先后前往格尔木、玛多县和祁连县挖金。一行五人以手扶拖拉机为交通工具，5月出发，9月返回，这其中由于路途遥远，往来交通耗时三个多月，扎营挖金的时间不到一个月。挖金时，这五个人之间并无分工合作，而是各自行事。第一年杨施爱挖金收获400多元，但是与他一同出去的村民较为幸运，都获得两三千元，之后两年并无大的改观，每年都是取得600元左右的收入。高风险、低回报的现实让很多村民在两三年内便从挖金梦中醒来。因此，西村的挖金潮在持续五六年的时间后渐趋消失。

挖金梦破灭后，村民重新回到现实，"倒灯"成为一个务实可行的策略选择。1983年，赵斌在一位村民家中学习并掌握制作铜灯的方法，这位村民曾是"倒灯"副业小组的成员。弃学在家的赵斌白天放羊，为挣取现金收入，于是利用晚上的时间试着制作一些铜灯出售，"晚上倒灯，做累了就穿着那身脏衣服倒在床上睡，最多的时候我一晚上能做一百个铜灯"[①]。赵斌也曾被挖金热潮吸引，但在两年之后选择继续"倒灯"。赵超邦曾是"倒灯"副业小组的成员之一，在包产到户后基于已有条件选择继续在家制作铜灯，他说：

> 在生产队的时候，我做了副手，所以学会了"倒灯"。"倒灯"用的铜是我骑自行车到西宁的废品站买的。做完之后，我就骑自行车拿到塔尔寺旁边的商店卖掉。那个时候去西宁打工，一天的工钱是七块钱，"倒灯"每天平均下来能够挣上十几块钱，这个"倒灯"挣的钱是要多于打工的。[②]

但是，挖金潮兴起后，赵超邦也放弃过"倒灯"，跟舅舅转行挖金。连续数年

① 访谈对象HY29。

② 访谈对象HY35。

的挖金中，他只有在前期平均每年能够获得 600 元左右的收入，到了后期，由于辛苦几十天也难以挖到金子，加之整个过程充满风险，赵超邦退出挖金。至此之后赵超邦重拾旧业，选择继续在家制作铜灯，此时平均每天能够挣取 80 ~ 90 元。除了经历挖金之后选择继续“倒灯”的村民，也有少数村民不为所动，坚持将“倒灯”作为非农生产的唯一选择。杨钦也是“倒灯”副业小组中的年轻人之一，包产到户后选择继续制作铜灯直至最近几年，其间从未中断。因而，在非农职业选择有限的 20 世纪 80 年代，“倒灯”成为西村青壮年村民在挖金致富并未如愿的情况下能够用以尝试形成市场联系的主要选择，而这又与“倒灯”本身所具有的特点紧密相关。

在内外因素的作用下，“倒灯”成为村民在包产到户后初步进行非农生产尝试的重要选择。制作铜灯的生产技艺简单易学，生产条件简陋易得，其中最为重要的设备是火炉、细沙、焦炭以及废铜，前期必要投入低廉。制作铜灯对人力资本、物质资本以及金融资本的要求低，这对于多数正在试探性地进入陌生领域的村民来说，无疑是最合理的生计策略选择。具体而言，由于西村制作铜灯的村民日渐增多，形成较大的废铜需求，因此一些收购废品的商贩把从西宁城区收购到的废铜专程拉到西村出售，商贩与村民就此建立固定的业务联系。于是，一些处于“倒灯”起步阶段的村民能够通过赊账的方式购入废铜。对于无钱购买的焦炭，村民可以采取从其他村民那里“借”的办法获得。火炉、细沙以及简单的打磨工具由于支出细小，村民通常能够自己解决，村民甚至能够借助村中的关系网络以更为便捷的方式加入“倒灯”行列。例如，赵斌“倒灯”早于杨森达，当杨森达打算加入“倒灯”行列但苦于没有现金购入相关材料时，由于二人关系密切，赵斌立即将自己的焦炭、废铜送给杨森达一部分，为杨森达顺利起步奠定了基础。在布满熟人关系的村中，即使是对“倒灯”一无所知的村民也能够在其他村民的教授下掌握“倒灯”技艺，这进一步降低了制作铜灯的准入门槛。可以说，村民加入“倒灯”队伍几乎不会遇到生计资本方面的门槛。与此同时，村民的另一只脚仍然深深地踩在熟悉的土地里。以家庭住所为生产场所的“倒灯”满足了村民以农业生产为主、兼顾非农生产的想法。因此，在包产到户之初的几年里，村民都是白天做农活，晚上在家制作铜灯。而且，“倒灯”在充分发挥村民已有物质资本的作用的基础上也降低了对村民稀缺的金融资本的要求。最为关键的是，“倒灯”在西村已经形成从原材料获取到产品销售的完整、清晰的生产过程，村民通过“倒灯”能够轻易地形成市场联系，以在非农生产方面发挥生计资本对生计具有的作用。

在包产到户后，市场经济在农村的渗透促使作为个体生产者的村民逐渐有了扩大现金收入的意愿，用通俗的话来说就是“感觉钱不够花了”。最为直接的表现是村民种地使用的化肥需要支付现金购买，但很多村民并无现金储备，因而只能贷款或者赊账购买化肥，待到粮食收获后再偿还购买化肥的钱款。与之形成对比的是，村民在包产到户初期为获取日常生活需要的食盐、调料、粉条等无法自给的消费品，通常使用粮食替代现金与走街串户的小商贩进行交换。在非农生产方面进行尝试是村民在已有境况下扩大现金收入来源的必然选择，因而“倒灯”吸引了越来越多的村民。

“倒灯”不仅扩大村民的收入来源，而且也反作用于生计资本的形成，这对村民融入市场经济具有积极意义。此时，铜灯具有稳定的市场需求，除了塔尔寺附近的几家铜货铺子能够生产铜灯之类的铜器外，周边地区只有西村的村民涉猎该领域。因而“倒灯”成为村民初步在市场经济中获得现金收入的重要来源。赵斌退出挖金队伍之后选择在家专职“倒灯”，他说：

> 之前我也一直没有算过“倒灯”一年能挣多少钱，直到我结婚后分家的那一年才知道自己当年挣了 9900 元。我 27 岁也就是 1994 年结的婚，然后 1995 年分的家。当年我娶媳妇花了 9700 元，这些钱全是我“倒灯”挣到的。①

不仅是赵斌，包产到户后步入成家立业阶段的青年村民也纷纷借助“倒灯”奠定经济基础，实现了此阶段的人生目标。

① 访谈对象 HY29。

杨钦作为村中集体化时期已经开始“倒灯”的第一批村民，在20世纪90年代每年凭此能够获得过万元的纯收入。得益于此项非农生产的可观利润，杨钦最早在村中修建了新式住房。村民赵云利用“倒灯”积累的现金收入获得了外出务工的金融资本，他说：

> 我1999年结婚之后，为了还清结婚欠下的账，就借了200多元在村里“倒灯”。几个月的时间没日没夜地做，挣了几千块钱，把账还上了。记得有一次，我到西钢那里买铜，因为铜属于有色金属，被西钢保安发现就把我抓住了，说我这是违法行为，把我买的铜扣下来才放我走。到了9月，我联系了我的老表，这样就去了西藏，走的时候身上就带了做铜手镯剩的1000块钱。①

“倒灯”不仅促进村民消费能力的提升和金融资本的形成，也在其他方面对村民的生计产生积极影响。

杨国祥在关系熟络的村民的指导下掌握了制作铜灯的技艺。“那几年倒灯，我起了家，不仅攒到了娶媳妇的钱，那个时候花了4000元钱，还买了手扶拖拉机。”② 这表明村民将“倒灯”形成的金融资本转化为有助于自身进一步融入市场经济的物质资本。杨德在包产到户的几年后花费3900元购置了一辆手扶拖拉机，其中1900元是通过农村信用社贷款获得的，余下的2000元多半来自他多年“倒灯”积累的收入。杨德后来经供职于海西州乌兰县的亲戚引荐，转而开始使用这辆手扶拖拉机承接当地建筑公司拉运建材的业务，前后持续9年时间。他在第一年挣到2700元，在接下来的几年内每年都可以获得五六千元的收入。也正是凭借这一关键的物质资本，此后数年间杨德依然能够在海西州等地从事公路修建运输工作。因而，“倒灯”作为村民在非农生产方面的重要

① 访谈对象HY22。

② 访谈对象HY36。

尝试，一方面提升了村民的商品消费能力，推动生活方面市场联系的强化；另一方面促使村民形成人力资本之外的金融资本、物质资本，增加村民在生产方面形成市场联系的可能。

“倒灯”吸引村民不断加入，在此发展过程中“倒灯”也不再局限于制作铜灯。杨钦是西村最早丰富“倒灯”类别的村民。杨钦在“倒灯”之初也只是制作铜灯，之后由于市场上出现对铜香炉的大量需求，在与之保持稳定购销关系的商家建议下，杨钦开始研究铜香炉的制作。“铜香炉王家人[①]那会儿也不会做，他们只会把两半先做出来然后合成一个”[②]，在无资借鉴的情况下，杨钦经过数月时间的反复尝试，琢磨出一体成型做出铜香炉的制作方式。研发出紧贴市场需求的新产品为杨钦在“倒灯”方面开辟了一个新的领域，这本质上是人力资本的增加提升了行动者形成市场联系的可能。

20 世纪 90 年代初，杨钦受朋友鼓励，加之自身也有建立通畅的销路以实现自产自销的想法，于是在鲁沙尔镇承租了一间店铺。杨钦也因此成为村里唯一在鲁沙尔镇开店铺出售铜器的村民。在经营店铺期间，杨钦的儿子在村内负责制作半成品，送到店铺后交由杨钦打磨售卖。为了解市场行情，杨钦曾经专程携带铜香炉前往上千公里之外的二连浩特，发现大小一致的铜香炉在鲁沙尔镇售价为 8 元，在当地飙升至 20 元，他说：

> 我在那里转市场，有一个内蒙古的买卖人看我卖铜香炉，就让了半个铺子给我，让我看看行情，然后让我往后把做好的铜香炉卖给他，我就在那卖了几天。在那个市场我碰见了湟中县来的买卖人，他们怕我把香炉的价格弄得跌下来，叫我不要卖，回去做。因为那边确实离家太远了，家里做好的铜货不好送过来，我也就没有在那边长久地待下去。[③]

---

① 前文提到的鲁沙尔镇世代为铜匠的家族。

② 访谈对象 HY30。

③ 访谈对象 HY30。

杨钦店铺出售的铜器主要是由父子二人生产的铜香炉，但由于供不应求，货架上经常出现空荡无物的情况。鉴于此，杨钦认为经营店铺并无多大益处，因而选择将店铺转让给他的女婿，自己回到村中专心制作铜香炉。

在杨钦研制出铜香炉之后，村内陆续也有其他村民开始制作铜香炉，但这并不是源于杨钦的传授。杨施德于1986年加入村中的“倒灯”队伍，在获悉铜香炉的市场需求较大后，曾向杨钦请教，但未能成功，他说：

> 我们去他家看，他就不做，然后把我们请到客房坐。即使去鲁沙尔买也买不到，因为他做出来的铜香炉只卖给他的女婿。后面我就自己琢磨出做小铜香炉的方法。我会了之后，把我的堂弟兄也教会了。我的堂弟兄做的是尺寸比较大的香炉，现在还在家里专门做铜香炉。①

显然，杨钦为避免自己生产的铜香炉遭受到来自同村的直接竞争而对制作技艺采取保密措施。不过，杨施德依靠创造力改进了铜香炉的制作方法并在亲属网络中传播。

村民此种做法的根源在于不稳定的市场联系。村民为确保业已形成的市场联系以及因当下供需关系产生的丰厚利润，竭力限制新铜器制作方法的传播范围。但对于其他村民来说，同样因为市场联系以及其中存在的可观的经济回报，个体的能动性被极大地激发以打破这种封锁，由此产生细小而微妙的竞争关系。正是因为处于这种细小而微妙的竞争关系中，稍显复杂的铜香炉制作技艺未能在西村大范围传播。村民在“倒灯”过程中呈现为一种个人化的生产方式，即村民减少相互之间的交流、合作以避免可能产生的竞争，形成“各自为战”的局面。

在铜香炉之后，在外界的刺激下村民制作的铜器类别扩大至铜手镯。由于铜手镯的制作工艺比铜灯简单，因而“倒灯”的村民都能够制作，但它不属

① 访谈对象HY34。

于村民通常制作的铜灯、铜香炉之类的法器，这在接下来会详细论述。如今，“倒灯”涉及的类别更加丰富，包括藏药药勺、水财神、铜镜、铜铃等。原因主要在于村民现在能够通过西宁的小商品市场购买到各式各样的铜器，然后以此为模具生产出相应的仿制品。各式铜器充斥西宁的小商品市场，也打破了西村铜器制作的市场供需关系。西村的“倒灯”类别因村民能动性的发挥得到丰富，这是发展的缩影，但也意味着市场竞争的加剧。

西村的“倒灯”在20世纪90年代中后期达到顶峰，随后热度消退。进入90年代，西村的“倒灯”队伍日益壮大，由此也引发村内的竞争加剧。90年代中期左右，西村的铜器制作发展至第一个高潮。根据村民描述，一户家庭一天能够制作100～200个铜灯，此时全村一个月生产的铜灯数量需要一辆东风货运卡车装运。杨施德之所以在此阶段选择放弃“倒灯”，是“因为那会儿村里面倒灯的人太多了，挣不上钱了”[①]。不过，真正对第一个高潮产生消极影响的是1997年废铜价格上涨。当年，废铜收购价格在毫无征兆的情况下由每斤16元上涨至每斤40元，这导致铜灯的利润空间被挤压殆尽。受此影响，部分村民就此放弃“倒灯”，转投其他非农生产领域。然而，戏剧性的是，之前上涨的废铜价格此后又跌落至一般水平。

铜价回落的同时，有甘肃商人闻讯专程来到西村，要求村民制作铜手镯并大量收购。也就是因为这样，村民的“倒灯”中出现新的类别。在此刺激下，西村的铜器制作在20世纪90年代末期出现第二个高潮。铜手镯制作简单，利润可观，因此吸引一些仍未进入其他非农生产领域的村民加入。赵云为偿还因结婚产生的债务，于1999年加入制作铜手镯的行列，在几个月的时间内获得几千元的现金收入。对于当时村中“倒灯”的情况，一种说法是村中有超过六成的家庭在“倒灯”，另一种说法是村中只有几户人家没有“倒灯”。

但进入21世纪后，对于很多村民来说，“倒灯”能够挣钱的时代一去不复返，从2001年开始大量村民放弃“倒灯”。形成这种现象的直接原因是甘

① 访谈对象HY34。

肃商人不再收购西村的铜手镯，过多村民制作铜灯引发激烈的市场竞争，同时“很多临时加入的村民只出数量，不出质量，没人愿意买他们做的铜灯，所以挣不到钱”[①]。因此，大多数只能制作简单的铜手镯、铜灯的村民就此纷纷退出“倒灯”，这标志着西村制作铜器的热潮开始消退。不过，直接原因之外的因素对西村“倒灯”的命运具有决定意义。

“倒灯”作为一种家庭手工，生产流程十分简单，总共包含四个步骤：第一步，使用细沙做出铜器的沙模子；第二步，将废铜烧成铜水；第三步，把铜水倒入模具然后将凝结成型的铜器取出；第四步，对铜器进行打磨抛光。整个生产过程除了第四步能够借助电动方式实现，其他步骤均手动完成。以铜灯为例，熟练的村民制作一个铜灯只需几分钟，但一天制作上百个铜灯意味着从第一步到第三步需要机械但又必须细致地重复上百次，制作过程枯燥乏味。在集中打磨的环节，村民则不得不忍受长时间的噪声。

如果“倒灯”过程只是艰辛的话，这似乎并不值得一提，但是在这个步骤简单的制作环节村民的身体却无时无刻不承受着危害。首先，“倒灯”的工作环境中充满灰尘，这主要是燃烧焦炭产生的悬浮颗粒物。笔者曾经在一位村民家中近距离观看了一个多小时的“倒灯”过程，结束后发现头发、衣物上布满黑色颗粒。但村民在“倒灯”过程中对此并没有采取任何防护措施，房间内的通风条件也较为恶劣，长此以往，村民无疑会大量吸入这些黑色颗粒物。其次，村民在烧铜水时经常发生中毒现象，有村民说：

> 连续做两三天，就会感觉胃里饱饱的，没有什么食欲。如果两三天没有做，然后你猛砸砸地去做的话就会被铜烟打到。那个症状就感觉像得了重感冒，全身乏力，四肢酸痛，身体发颤。老人的应对办法就是打铁水，就是取上一杯水，将烧红的铁块放入水中将水加热，到铁块去红后取出，拿一些甘草放到里面。铁水做完后，就喝铁水解毒。因为被铜烟打到的症

---

① 访谈对象 HY10。

状和感冒一样，老人用土方子，年轻一点的人就吃感冒药。[①]

后来村民才逐渐认识到这是锌中毒。由于村民使用的废铜多是铜制的水龙头等，上面镀有一层锌，在村民烧铜水的过程中，锌层在高温作用下化成轻烟，守在火炉旁的村民不可避免地会吸入一些，因而出现中毒反应。不过，根据村民的说法，由于吸入的剂量不大，中毒症状持续两个小时左右就会自行消退。长期“倒灯”的村民身体所承受的危害可想而知。[②] 最后，打磨铜器时不仅会产生大量的金属颗粒，也会发出尖锐刺耳的金属摩擦声。打磨工作由女性村民负责，虽然她们会戴上布口罩，但对长期的噪声污染却难以应对。村民“倒灯”的工作条件从集体化时期到现在都未发生实质性的改观。

因此，村民长期将制作铜器作为非农主业，不仅需要忍受“倒灯”的艰辛乏味，还需要承受其中潜藏的对身体的损害。在村民看来，很多人退出“倒灯”部分原因在于“吃不了苦”，却忽视了这可能是生命难以承受之“苦”。所以，“倒灯”对身心的巨大挑战是影响村民选择退出的内在因素。不过，内在因素的消极影响只有在外在因素出现时才得以显现。

在“倒灯”方面失去市场联系是多数村民选择退出的推动因素。2000年以后，多数村民陆续退出“倒灯”，直接原因在于过多的村民加入“倒灯”加剧了村民之间的竞争，并且很多村民一味追求数量导致产品粗制滥造，最终引致无人收购的局面。不过，这些现实状况在20世纪八九十年代同样存在，但并未造成市场联系的失去。根源在于更大的范围内市场竞争环境发生改变，西村的铜灯开始遭遇来自外省产品的直接竞争。在村民看来，西村的铜灯被市场冷落与一位四川人使用机械化的方式生产铜灯有莫大关系。戏剧性的是，这位

① 访谈对象HY29。

② 吸入氧化锌烟尘后口内有金属味等，长期吸入硬脂酸锌粉尘可引起尘肺，伴有咳嗽、咳痰、气急、咯血、胸痛等。参见https://baike.baidu.com/item/%E9%94%8C%E4%B8%AD%E6%AF%92/10904736?fr=aladdin#3_1。笔者与坚持“倒灯”至今的村民进行访谈时，能够明显地闻到这种金属味。

四川人掌握的制作铜灯的技艺来源于西村。20纪纪90年代，这位四川人专程寻访到西村，在村中找到一位村民学习制作铜灯的技艺。这位四川人在学成之后回到四川制作铜灯，其后又使用机器大规模生产铜灯，上演了一出“教会徒弟，饿死师傅”的桥段。

不过，西村的铜灯事实上不仅受到来自四川的竞争。塔尔寺附近的民族用品工艺店、西宁火车站旁边的小商品市场都是村民出售铜灯的重要场所，这些商店依靠日渐发达的交通和信息网络将进货渠道扩大到全国各地。这也使西村的铜灯生产面临大范围的市场竞争，失去市场联系的可能性因此在难以预测的范围内增加。村民杨祥的姐姐杨梅（居住在湟中城区附近）从2006年开始在鲁沙尔镇经营一家工艺品店，这家店铺出售包括铜灯在内的各类铜器，货物既有少量自产，也有部分来自西村，但更多的是来自河北保定、四川以及内蒙古等地。西村在铜灯生产过程中使用的是沙模子，在手工制作的意义上具有速度快、价格低、产量大的优点。但随着同类产品大量涌入青海市场，尤其是使用机器大规模生产的廉价铜灯，造成的致命后果就是多数村民制作的“只出数量，不出质量”的铜灯在市场竞争中被淘汰出局，最终失去市场联系。同时，由于这些村民只能生产简单的铜灯、铜手镯，不具备制作其他铜器的技艺，也就无法在“倒灯”的其他方面形成市场联系。因而，市场联系的失去迫使村民选择退出。

能够在其他非农生产方面形成市场联系是多数村民选择退出“倒灯”的吸引因素。进入21世纪后，与多数村民陆续退出“倒灯”相伴发生的是村民能够接触到的其他非农生产机会的增多。2000年以后，西村周边地区兴起房屋建设浪潮。这一方面包括农村居民开始修建新居所，另一方面是西宁城区发展的加速推动大规模基础设施建设，如西村东北方向距离不超过10公里的海湖新区在2007年开工建设。村民基于西村的地理位置，能够选择进入由此形成的非农生产领域，以作为“倒灯”之外的生计策略。由于当时的房屋建设大量使用红砖，因而对砖块需求旺盛。西村附近有三家砖厂，生产的砖块能够覆盖西宁城区以及周边的农村。部分村民在失去“倒灯”方面的市场联系后，转而从事买卖砖块的生意。

在西村“倒灯”的第一个高潮之后，放弃“倒灯”的杨施德开始驾驶手扶拖拉机买卖砖块。杨施德先是在砖厂买上砖块，然后出售给周边村庄建房的村民，之后由于海湖新区开发建造了大量商品房，西宁城区成为他出售红砖的主要目的地，他说：

> 我卖砖几年后先是买了一辆拉五千砖的东风农用车，后面把这辆车给儿子开，自己又买了一辆拉三千砖的农用车。用车拉砖卖，我把儿子娶媳妇、盖房的钱都挣上了。2014 年，我给儿子娶媳妇，彩礼是六万八，加上其他花费总共八九万。那一年，我家里又盖了一栋两层楼，总共花了六万不到，包工不包料，包括粉刷在内，算下来一平方米 200 块钱，砖自己买自己拉。①

市场需求的存在以及便利的买砖、卖砖条件为村民带来的经济回报并不低于“倒灯”。杨国祥于 2001 年选择退出“倒灯”，随后开始买卖砖瓦，一直持续到 2012 年，他说：

> 一开始和杨国来搭伙卖旧砖旧瓦。一片旧瓦收购价几分钱，卖出价为一毛多。因为挣了一些钱，我就花了一万多块钱把开到报废的手扶拖拉机换成了农用车，三年之后又换成了大一点的东风货车。旧砖瓦买不上后，我又开始从附近的砖瓦厂买上新砖瓦去卖。瓦片主要是卖到西宁城北区与大通县挨着的那一片。在卖砖瓦的那些年平均每年可以挣到四五万块钱。②

可观的经济效益吸引越来越多的村民在权衡之后放弃“倒灯”加入其中。尤其是在 2010 年前后，农村建房热与西宁城区开发潮叠加在一起，部分村民在此

① 访谈对象 HY34。

② 访谈对象 HY36。

期间一年能够从买卖砖块的生意中挣到十多万元。这不仅激励退出“倒灯”的中年村民摩拳擦掌，青壮年村民也因此跃跃欲试。不过，买卖砖块需要村民具备一定的生计资本作为前提，包括人力资本（驾驶运输车辆的技术）、物质资本（手扶拖拉机）以及金融资本（购买砖块的本钱），因而一些村民在建房热潮中成为建筑工人或者包工头等。

在此之外，退出“倒灯”的村民也有其他的非农选择。赵斌受1997年废铜价格突然上涨的影响不再继续“倒灯”。他在西堡镇偶然听闻湟中县出租车外包的消息后，于是与多位村民一同前往湟中县城了解承包出租车的事宜，但由于承包出租车需要预先支付六万多元的押金，而当时只有赵斌能够拿出这笔费用，他因此成为西村最早经营出租车的村民。但让赵斌懊恼不已的是当时没有途径知悉西宁城区也能够承包出租车经营，因为相比于湟中县，在西宁城区承包出租车能够获得更高的收入。1999年，赵云之所以放弃“倒灯”，是因为在亲戚的帮助下选择前往西藏务工，他说：

> 在西藏的时候，我白天用平板三轮车送煤气，晚上租车拉客，就这样干活一年挣个一万多。我到西藏的第二年，我媳妇也来拉萨了，在那里开了一个小卖铺，一年挣个几万。在拉萨我还收过废品。后面因为实在受不了那边的高海拔气候，2006年我们就回来了。[①]

在推、拉因素的共同作用下，村民在“倒灯”之外的非农生产领域重新形成市场联系的例子不胜枚举。

通过在生产方面形成市场联系，村民得以支撑特定时期在生活方面与市场形成的联系，并随着经济收入的增加和积累逐步改善生活条件。伴随经济的发展，不断涉入市场经济的村民需要通过市场联系实现财富的转化和积累。当村民无法在某一个非农生产领域控制不稳定的市场联系所面临的市场竞争风险

① 访谈对象HY22。

时，如何基于已有的生计资本重建市场联系也就成为更为重要的生计问题。因而，多数村民在铜灯生产方面失去市场联系或者在对经济收入进行权衡之后，因经济发展而日渐增多的非农生产机会为村民重新选择生计策略以形成市场联系提供了可能。生计资本状况的差异影响村民的具体选择，例如，同时拥有人力、物质和金融资本的村民选择买卖砖块，特定的社会资本为村民外出务工奠定基础，进而形成村庄内村民从事多样的非农生产的现象。因此，“倒灯”的衰落、围绕市场联系出现的推动与吸引因素，反映出这些多重力量共同驱使多数村民放弃制作铜灯，投身其他非农生产领域。

“倒灯”是村民涉入市场经济之初在非农生产方面形成市场联系的集体尝试，在未遭遇更为广泛的市场竞争前成为村民涉足市场经济选择形成市场联系的共同生计策略，村民也由此获得农业生产之外的现金收入以及金融、物质等生计资本，进一步融入市场经济之中。但由于市场经济日益发展，大部分村民生产的铜灯在汇入市场的中间节点——商铺时受到来源广泛和日益加剧的市场竞争，面临不稳定的市场联系。在多数制作铜灯的村民无法使用自身的生计资本比如人力、物质等在市场竞争中占据有利位置时，选择退出这一生产领域成为合理的生计策略。幸运的是，宏观的经济发展为村民带来更多的从事非农生产的途径。村民基于占有的生计资本如物质资本、金融资本以及社会资本等，结合特定的社会发展情势重新选择生计资本的使用方式（即生计策略）以形成市场联系。村民的生计资本状况不同，形成市场联系的具体生产领域受此影响存在差异。这也从另一方面说明，作为个体的生产者，村民难以基于自身的生计资本有效应对来源日益广泛的市场经济中的竞争风险，就如同村民在现有的生计资本条件下通过家庭手工制作的铜灯难以抵御来自四川的机械化生产造成的冲击，也如同西村商品化种植的胡萝卜无法与甘肃等地的品种更优、规模更大的胡萝卜进行竞争。同时也能够看到的是，无论是种植胡萝卜还是制作铜灯，形成直接、具体竞争的地方都是城市，这既是作为消费市场的城市，也是作为商品汇集分发地的城市，就西村的铜灯而言，包括塔尔寺附近的民族工艺品一条街、西宁的小商品市场等。城市在村民形成市场联系的过程中具有中心意义。因而，对于涉入市场经济程度不断加深的村民来说，面对不稳定的市场联系，当在某一生产领域失去市场联系或者经过权衡选择退出之后，如何能够依据已有的生计资本再次形成市场联系显得尤为重要，而这又与城市密不可分。

（三）今日与未来的“倒灯”

尽管市场竞争环境发生变化之后多数西村村民选择退出“倒灯”，但“倒灯”仍然存留至今。2019 年，村中仍在“倒灯”的村民有七位。例如，1968 年出生的杨珍在 18 岁时接触“倒灯”，初期他作为副手为制作铜灯的长辈提供协助，在掌握相关技艺之后开始独立“倒灯”，持续至今。另外，还有两位村民是在最近几年放弃“倒灯”的。现年 67 岁的杨钦从包产到户前夕就开始“倒灯”，其间未曾中断，最近两年因年事已高选择退休。杨森达在包产到户后不久开始“倒灯”，一直持续到 2017 年，此后选择退出并转向其他非农生产领域。

目前，西村生产的铜器既受到国内产品的冲击，同时也遭遇来自国外的竞争。塔尔寺附近出售民族工艺品的商家已经普遍选择从尼泊尔进口铜器等工艺品，涉及类别繁多。原因在于尼泊尔的人工成本相对低廉，工艺品价格低，而且尼泊尔生产的铜器等工艺品多由机器加工而成，外观精美。从 2017 年开始，同在塔尔寺附近经营店铺的杨梅每年都会前往尼泊尔搜集市场信息，采购佛像等工艺品，兼直播卖货，“今年我去了尼泊尔一次，待了十几天，就卖了三万多元的货，但是来去的机票、住宿算下来也把挣的钱花掉了”[①]。早在杨梅之前多年，已有青海、四川、甘肃等地的商人前往尼泊尔采购工艺品，杨梅称每年去尼泊尔都能遇到一些熟人。杨梅在从尼泊尔进口工艺品之初，是自己专程前往尼泊尔采购然后发往国内，经过一段时间的合作后，现在她能够通过网络下单实现这一过程。在杨梅的带动下，她的弟弟村民杨祥在自己生产铜器的同时

① 访谈对象 HY24。

也正在计划从尼泊尔进口铜器等在青海、四川等地出售，赚取差价。逐利的动机驱使商人在国际贸易体系中寻找利润最大化的方式，西村生产的铜器作为商品因此也被迫卷入其中。不过，村民在夹缝中形成的市场联系阻止了“倒灯”在西村彻底消失。

身处竞争日益广泛的市场经济中，西村的“倒灯”在村民具有的人力资本的前提下因产品因素和竞争关系获得生存空间。制作铜器至今的村民拥有相对较高的人力资本。相比于多数只能制作简单的铜灯、铜手镯的村民，这些村民或者是在熟练掌握“倒灯”技艺之外还具备较强的领悟能力，或者是能够生产较为复杂、多数村民无法制作的铜香炉等。在“倒灯”之初，杨珍也只是掌握了制作铜灯的技艺，但是目前生产的铜器已经不限于此，包括藏药药勺、水财神、妥巴等，并且每种铜器都分为大、中、小三种型号。这些新铜器的产生源于他根据商家提出的采购要求，然后从西宁的小商品市场购买一个外地生产的铜器作为模具，依此进行制作。在学习渠道稀缺的情况下，制作的成功与否取决于领悟能力和熟练程度。杨春现在生产的铜器主要是铜铃和铜镜，区分不同型号，原因也是如此。杨钦在制作铜香炉之外，还在“倒灯”的类别中加入舍利塔。杨施金则是通过亲属关系掌握了制作铜香炉的技艺，只生产铜香炉，持续至今，铜香炉也分为大、中、小三种。村民因具备这些人力资本得以在制作铜灯之外，提供在市场竞争中仍然能够得到接纳的商品。不过，这离不开特定的市场需求和具体的供应关系状况。

产自四川等地的铜器由于是借助机器生产，制作十分精良、细致，相较而言，村民使用沙模子制作的铜器尤显粗糙，但却在以下几方面形成竞争优势。第一，村民制作的铜器在原材料——铜的使用方面是真材实料，不仅在厚度、大小方面能够与外地铜器保持一致甚至更有优势，更为关键的是使用纯铜，相较而言，外地生产的铜器并未使用纯铜。以四川生产的铜灯为例，由于铜灯厚度不够，点上酥油灯之后容易烧穿，耐用性差，这为西村的质量可靠的铜灯留下竞争空间。第二，村民部分生产出来的铜器虽不如外省的精良，但是胜在价格低廉。2018 年，西宁的小商品市场出现产自外地的水财神，该铜器上的人物形象栩栩如生，制作精细，但也因生产成本高，价格昂贵，商家进货的单价为300元。杨珍等村民根据商家的要求，制作出尺寸、样式一致的水财神，虽然相对粗糙，但只需要60元，并且使用的原材料为纯铜，因而满足市场上多样的消费需求。第三，消费者的特定偏好。村民认为，藏传佛教寺庙以及众多的铜器消费者“只相信老一套”，即偏好于虽显粗拙但由手工打造的铜器，如水财神等，并且喜好使用纯铜制作的铜器，这些消费者也能够分辨出铜器是否为真材实料。第四，铜器的竞争关系相对缓和。西村多数村民已经退出“倒灯”，周边地区也不存在从事同类产品生产的竞争对手，这为“倒灯”至今的村民形成了特定的相对缓和的市场竞争环境。因此，市场需求以及特定的竞争状况为西村的“倒灯”留下了生存的空间。在上述因素之外，本质上生成于人际互动过程中的市场联系同样受到村民社会资本状况的影响。

社会资本对村民保持“倒灯”方面的市场联系具有重要作用。20世纪80～90年代，由于铜灯等供小于求，产品的稀缺性成为村民在“倒灯”方面形成市场联系的根本因素。但在市场竞争加剧后，对于村民来说，产品因素在保持市场联系中的作用随之削弱，因而需要借助其他因素进行弥补。杨祥接触“倒灯”始于村中成立的副业小组，至今已有40多年，由于他的姐姐杨梅在塔尔寺附近经营店铺，他凭此获得了较为固定的产品出售渠道。除此之外，他在了解到四川阿坝州因寺庙数量多、规模大，对铜灯等铜器需求旺盛后，曾经专程到四川与当地的中间商建立密切联系，从此获得更大的销量。杨钦回到村内专职制作铜香炉和舍利塔后，他的女婿和儿子分别在塔尔寺和玛多县经营出售铜器的店铺，生产的铜器也因亲属关系获得固定的销售渠道。

村民在缺乏相应的亲属关系网络的情况下，则是通过与中间商建立较为紧密的合作关系（商业关系与个人关系的混合）以维持市场联系，杨珍、杨春、杨施金等人即是如此。杨施金在制作铜香炉之初，出售地点主要是塔尔寺附近的民族工艺品一条街，之后逐渐扩展到甘肃的兰州、临夏等地，这个过程与一位僧人密不可分，他说：

> 我当初在塔尔寺附近卖铜香炉的时候，认识了一位阿卡（藏传佛教寺院僧人）。那位阿卡说自己要到兰州五泉山上的一个寺庙当住持，让我以后就把货卖到他那里。那个时候是用BB机联系，收到信息后就到村里唯一装了座机的家里打电话，那个时候收费一分钟一块钱。我就每次做一定数量的铜香炉，坐车到西宁，然后和其他人包一辆能够坐七八个人的车去兰州，把铜香炉送到那个阿卡那里。当场把账结了之后，再坐车回来，当天晚上11点左右回到家里。那个时候真的感谢这个阿卡的帮助，每次送完货兜里都能装上两千来块钱，因为从来没有见过这么多钱，那个高兴啊！这样送货送了一年，后面就不再联系了。①

正因为如此，杨施金的铜香炉能够卖到兰州，并在此过程中与兰州、临夏等地的中间商建立了长期的联系。杨珍与杨春在长达数十年的“倒灯”岁月中，均与中间商建立了长期稳定的合作关系。部分得益于这种关系，他们的市场联系得以维持至今。

村民失去与中间商的联系，同时无法开辟新的销售渠道，这就意味着市场联系的消失。一对来自内蒙古的夫妇在塔尔寺附近的店铺探问到西村生产铜器后，特意进村寻访，结识了此时正在“倒灯”的杨森达，之后双方建立起长期、稳定的联系，在这期间杨森达制作的铜器大多销往内蒙古。但在2017年，内蒙古的中间商不再下订单，杨森达也无法与其他商人建立新的商业关系，因而退出“倒灯”。不久后，杨森达的一个表弟告诉他去牧区打井收入不错，于是他跟随亲戚一同出去打井，并在第二年用多年的积蓄购置了一套包括一辆运输货车在内的价值十多万元的打井设备。然而，2020年，受疫情影响，杨森达没能前往牧区打井，在长达半年多收入来源中断的情况下，无奈之下利用剩余的原材料重拾“倒灯”，但并不知道是否有商家愿意购买。需要提及的是，在村民与合作关系紧密的中间商中断商业关系的过程中，一方面，中间商顾及双

① 访谈对象HY25。

方的私人交情通常会采取委婉的方式表达目的，诸如向村民表述“最近这些铜货不好卖”等消极话语，村民心领神会后，主动减少或不再将铜器出售给该中间商；另一方面，商业关系虽然以委婉的方式中断，但村民与中间商依然会保持良好的私人交情，这为双方之后重新进行商业合作留下余地。这无疑体现了边燕杰等人提出的纽带的复用性，即“双方的关系不易因为某种功能的中止而完全破裂”①。因而，社会资本对于村民市场联系的维持具有促进作用。不过，这种作用始终受到价格因素的影响，价格因素的敏感度越高，社会资本的促进作用越弱，反之，社会资本的促进作用则越强。

市场联系具体表现为因市场交换而发生的商业关系，显著特征是这种关系由价格机制决定，但在本质上仍是发生在人与人之间的联系。竞争来源日益广泛的市场经济将供需关系的变化转化为村民难以抗拒的外在因素，社会资本为村民在完全的产品竞争因素之外通过人与人的多样关系为市场联系的存留提供了一定作用范围内的依据。因而，村民在具体生产领域市场联系的状况与自身的社会资本密切相关。同时，也能看到，因无时无刻不存在的市场竞争所预示的市场联系的脆弱，村民各自与中间商建立稳定的联系而不互通、共享，因而很少发生重合。社会资本是村民形成市场联系的重要依据，促使村民的其他生计资本在生计过程中发挥作用。

“倒灯”至今的村民基于长期稳定的销售渠道，主要依靠订单出售铜器。仍在坚持“倒灯”的村民基本采取的是夫妻搭档的生产模式，一般是男性村民负责主要的制作流程，女性村民由于需要负责家庭事务，因而承担一些辅助性的工作，比如帮忙烧铜水、打磨等。村民制作铜器的净利润为出售价格的一半。产品的销售方式有两种，一种是订单，与村民各自保持长期联系的中间商通过电话、手机聊天软件等途径下订单，村民根据对方的需求包括铜器种类、大小、数量等进行生产，完成之后将铜器寄送过去，中间商则将货款转汇过来。最近几年双方主要借助手机软件转账。得益于双方的长期合作关系，中间商从未拖欠过村民的货款。另一种是推销，村民在没有订单的情况下将生产出来的铜器

① 边燕杰、张磊:《论关系文化与关系社会资本》,《人文杂志》2013 年第 1 期。

主动拿到西宁的小商品市场、批发市场出售，以“碰运气”的方式询问商家是否愿意收购。推销对村民的收入几乎难以产生影响，村民的“倒灯”收入主要来自订单。

“倒灯”至今的村民在收入方面获得了不错的回报。“倒灯”的收入，杨珍自述在订单较多的年份每年能够收入七八万元，即使是遇到需求萎靡的情况，夫妻二人一年也可以获得两三万元的收入。以一次具体的订单情况为例，应一位西藏昌都商人的要求，杨梅向杨珍发送了一份采购妥巴的订单，包括小号妥巴 200 个、中号妥巴 100 个以及大号妥巴 100 个，对应的价格分别为 8 元、18 元和 22 元，总价值 5600 元，杨珍夫妻二人使用 6 天时间将这些铜器生产出来，获利 3800 元。“倒灯”每年为杨春带来五六万元的收入。因为铜器的销量较大，杨祥每年获得的收入也较高，能够达到 15 万元。“倒灯”收入构成这些村民经济收入的主要部分，这些家庭也因此具有较强的商品消费能力。杨施金于 1996 年开始“倒灯”，成婚后夫妻搭档制作铜香炉至今，依靠此项收入，夫妻二人先后出资修建新房，购买小汽车和商品房，并且负担家中两个孩子的教育支出。也正是因为这些家庭通过生产铜器能够获得在村中处于中上水平的经济收入，“倒灯”得以存续至今，但前景并不乐观。

后继无人的“倒灯”在西村趋于消亡。一方面，目前西村仍在“倒灯”的七位村民均出生于 20 世纪六七十年代，正在逐步退出作为家中主要劳动力的队伍。另一方面，村中跟随父辈一起制作铜器的年轻人目前只有三人，都出生于 90 年代。之所以在前文中没有将他们算为村中仍在“倒灯”的村民，是因为他们现在仍与父辈一起制作铜器，并未完全独立。这三个年轻的村民，其中一人在完成高中学业后便在父亲的要求下“倒灯”，另外两人则是在外闯荡之后“无奈”之下选择“倒灯”。杨春的儿子杨国鹏于 2009 年从大学退学，在此后的五年时间内先后从事快递员和粉刷工的工作，但所获收入仅能满足自身的日常花销，在 2014 年成婚之后选择跟随父亲“倒灯”。现阶段杨国鹏仅能够制作铜镜，平均每天生产 30 面，主要依赖父亲的销售渠道，最初几年每年能够获得四万元左右的收入。2019 年，杨国鹏为建立稳定的销售渠道以扩大销量，在打探到周边县城诸多花圈店出售的铜镜都来自西宁的小商品市场后，曾到附近的大通县尝试与县城内的花圈店建立直接供货的关系。虽然获得成功，但有限的订单并未带来收入上的改观。在问到2019年制作铜镜获得的收入时，杨国鹏不愿提及。杨国雄与杨国鹏年龄相仿，在“倒灯”之前干过餐厅服务员、配菜员、砖块售卖员、货运司机等，于2019年下半年在父亲的指导下开始学习制作铜铃、水财神等铜器。但在2020年上半年，突如其来的疫情导致订单锐减，无奈之下，杨国雄在下半年通过熟人关系选择外出做电焊工。

“倒灯”数十载的父辈已经萌生退出的念头。其中年龄最小的杨施金表示自己制作的铜香炉这两年开始遇到来自宁夏石嘴山的竞争，“那边的香炉做得好，我做了二十多年了，也快做不动了”[①]。年轻村民意欲坚持以“倒灯”作为收入的主要来源，一方面需要克服其中的艰辛和消除潜藏的健康风险[②]，提高技艺；另一方面必须在变幻莫测的市场竞争中为铜器生产建立能够为生活方面提供有效支撑的市场联系。但其他非农生产机会的增多无疑将这两方面的阻碍因素放大。杨春有过将铜器生产机械化的想法，目的在于降低其子杨国鹏的人力投入，更为重要的是增加产量和提高收入，但因无法找到实现途径无奈作罢。因而，年老村民的逐渐退出、年轻村民的难以加入，使曾经作为村民进行非农生产集体选择的“倒灯”进一步走向没落。

“倒灯”作为非农生产方面的一个生计策略选择，经历了从集体到个体的变化，这反映出生计资本的作用受到宏观的市场竞争环境的调节，并最终对市场联系产生影响。村民集体选择“倒灯”，铜器的相对稀缺决定村民依靠产品本身能够形成市场联系，通过人力、物质等生计资本的投入村民得以获得可观的经济收入和进一步融入市场经济的生计资本。宏观经济的发展也带来市场竞争环境的变化，大多数村民无法依据已有的生计资本进行直接的产品竞争而失去市场联系，抑或受到其他非农生产机会的吸引最终选择退出“倒灯”。在激

① 访谈对象HY25。

② 直至现在，由于使用的废铜来源不变，村民在烧铜水时依然常常会出现锌中毒现象。为缓解症状，村民仍旧选择服用阿司匹林。

烈的市场竞争中，在市场需求存在的前提下，“倒灯”与否取决于村民基于具体的生计资本能否形成市场联系，村民既需要利用人力资本、物质资本等作用于产品的产出，也有必要依靠社会资本建立稳定的销售渠道，获得至少能够满足个人生活资料商品化的现金收入，“倒灯”由此成为一项可行的生计策略。生产具有市场竞争力的铜器，能够建立稳定的销售渠道，这要求年轻村民在加入并坚持“倒灯”时需要拥有特定的生计资本作为基础，同时也就成为一种阻碍因素。伴随市场经济的发展，非农生产机会与日俱增，作为个人生计策略选择的“倒灯”将逐渐消失。

二、建立与维持：“倒灯”之外的市场联系

从 2000 年开始，“倒灯”逐渐从集体的生计策略选择演变为个人的生计策略选择，与之相伴随的是村民涉足的非农生产领域日益多样化。例如，一些村民在 21 世纪初退出“倒灯”后随即加入买卖砖块的行列，也有村民选择进入城区从事服务性行业。因而需要关注村民在“倒灯”之外所进行的非农生产。

虽然村民具体从事的非农生产领域多有不同，但目的均在于形成市场联系，其中的过程可以简单区分为市场联系的建立与维持这两个方面。市场联系的建立，以“倒灯”内容为例，需要村民具备以下几点能力。第一，能够察觉市场需求。例如生产队在开始“倒灯”前，通过村中老人的“倒灯”行为认识到塔尔寺附近的民族工艺品商店存在对铜灯的需求，在这之后，村民由于逐渐掌握更多的市场信息，将铜器的销售地点扩大至西宁的小商品市场以及其他地方。生计策略意味着行动者在特定的情况下使用生计资本的方式，在市场经济中，它的一个重要表现在于对生产部门的选择。例如，生计多样化与生计专业化作为两种生计策略，区别就体现在使用生计资本的方式中呈现出的生产部门差异。[①] 选择生产部门是以能察觉市场需求为前提，亦即行动者确定具体的

① Loison S. A., “Rural Livelihood Diversification in sub-Saharan Africa: A Literature Review”, *The Journal of Development Studies*, Vol.51, No.9, 2015, pp.1125-1138.

生计策略以察觉市场需求为先决条件。察觉市场需求，确定生计策略后，接下来是开展生产过程。第二，能够生产迎合市场需求的商品。行动者拥有的生计资本是基础，例如在“倒灯”中具体包括村民拥有的原材料、制作设备和场所（物质资本），掌握的制作铜器的技艺（人力资本），等等。第三，能够将商品与具体存在的市场需求建立空间联系。由于西村距离塔尔寺和西宁城区较近，即使是在交通并不便利的情况下村民也能够借助自行车等工具将铜器送至这些地方，而后伴随交通网络的完善和物流体系的发展，村民运送铜器的手段也逐渐丰富。第四，能够在市场竞争中与消费者基于商品发生交换关系。在市场的供需状况较为有利的时期，村民制作的铜器能够在长时间内顺利地卖给塔尔寺附近的工艺品商店。在市场竞争加剧后，与中间商长期保持稳定合作关系的村民仍然具备该要素。村民同时具备以上要素表明市场联系得以建立。在市场联系建立之后，村民要做的就是维持市场联系，也就是持续地同时具备上述四项要素。在日益激烈的市场竞争中，市场联系最为关键的在于保持交换关系持续发生。借助上述区分，接下来对村民在“倒灯”之外进行的非农生产予以论述。

（一）市场联系概况

目前村民在“倒灯”之外具体从事的非农生产领域丰富多样，因而需要在代际和性别方面进行概述。关于西村村民的务工情况，村委会的统计材料显示，村中有劳动力 312 人，从事运输、建筑、种植、养殖、保洁、家庭手工等行业，主要集中在西宁市的行政区划范围内。2017 年，西村附近的砖厂因环保不达标相继关停。此外，由于西宁城区建筑多改为使用加气块砖、青砖等，村中从事砖块买卖生意的村民被迫转行。加之盛极一时的农村建房热潮早已消退，因而村中目前仍在从事建筑行业的村民只有少数几人，具体为建筑工地上的木匠和电工。

村民务工状况的基本轮廓基于代际和性别的区分能够被勾勒出来。村中的老年村民即出生于 20 世纪 40 年代和 50 年代的村民已经基本退出非农生产的劳动力队伍，但也有几名男性村民仍在村庄附近的企业、小区从事看大门的工作，月工资为2000元。20世纪六七十年代出生的中年村民中，50岁左右的男性村民承担的非农职业较为广泛，自雇用和雇用均有涉及，如经商人员、物业人员、企业工人等，收入不一。相较而言，中年女性村民选择外出务工的多集中在保洁服务行业，主要为酒店、宾馆的雇员，月工资集中在2000元左右。中年男性村民由于仍被视为家中的主要劳动力，因而多集中在生产领域，相比之下，中年女性村民更多的是看家。出生在20世纪八九十年代的年轻村民，其中有数人是在完成高等教育后选择回迁户口，因为村里的有利条件他们暂时生活于此，主要为政府以及企事业单位的工作人员。除此之外，年轻男性村民从事非农生产，一个显著特征就是集中在运输服务业，多为营运大型运输货车。村中有各式大型运输车20多辆、货车司机17人，还有出租车司机3人。未加入的其他年轻男性村民有的成为企业工人、建筑工人，也有在青海湖经营餐饮、住宿的，等等。年轻女性村民大多从事服务行业，如商店服务员、公司销售员、家政人员等。

村民承担具体的非农职业意味着自身在生产方面形成的市场联系，村民以此对个人及其家庭在生活方面逐渐深化的市场联系提供有效的支撑。村民在“倒灯”之外形成市场联系，离不开自身占有的生计资本，也无法脱离客观条件，包括经济发展、信息技术普及等。对此，可以在市场联系的建立与维持的区分中进行阐释。

（二）市场联系的建立

20世纪八九十年代，以偶然的方式建立市场联系是村民的一种生计选择。村民作为生产者满足既定的市场需求在非农生产方面建立市场联系，在很大程度上无法绕开城市，因而建立市场联系的一个基本前提是村民能够在城乡之间自由流动。杨施增退伍回村之后做了两年的司机，因遭遇拖欠工资问题，转而于1987年加入村中的挖金队伍。杨施增退出挖金队伍后，由于身体原因无法做重体力活，于是从1990年开始选择在每年的下半年从附近村庄收购鸡蛋然后运到西宁城区贩卖，在上半年则从西宁城区购入鸡苗后骑自行车到周边村庄售卖，就这样一直持续到2008年种植胡萝卜，每年都能够获得上万元的收入。在市场需求和自由流动双重前提都存在的情况下，加之村庄的地理位置，杨施增因此能够通过在城乡之间提供传送物资的服务建立市场联系，并在具体的供需关系中得以持续，获得不错的收入。

由于具备在城乡之间自由流动的条件，又因有利的区位因素，村民在个体层面得以选择生计多样化的策略。一些村民在农忙之余选择到西宁城区的一个固定地点"站大脚"，即做临时工，如搬运货物、清洁卫生等，在市场需求存在的前提下以偶然的方式建立市场联系。这种偶然性体现在除去交易发生的地点，其他有关市场需求的信息村民一无所知，因而在建立市场联系前充满不确定性。但对于村民而言，城市无疑是十分陌生的，"站大脚"是村民在农业生产之外尝试建立市场联系可及、可行的方式。在"站大脚"之外，也有村民在偶然过程中建立市场联系。例如，赵斌能够在县城承包出租车，源于他在西堡镇偶然听闻湟中县的出租车正在外包。村民对城市的陌生，在赵斌看来可以归咎于"倒灯"，"倒灯把大家害了，大家都关起门来在家倒灯，不知道外面的门路，不了解外面的信息"①。事实也证明，得益于城乡自由流动，村民超越村庄范围的活动为自身形成新的社会资本带来可能。1972年出生的杨森从16岁开始到西宁城区"站大脚"，他说：

> 我在西宁虎台"站大脚"的时候认识一个藏族朋友。20岁那一年，这个藏族朋友把我带到玉树挖虫草。挖虫草的时候认识了当地的牧民，因为他们有的有不杀生的习俗，所以这个时候需要雇别人去帮忙宰牛羊，他们就问我会不会宰牛。自那以后我就每年都去玉树宰牛。宰牛的价格是一头牛150～200元。宰牛最紧张的时候一天可以挣上3000元，但是差的时候，一天可能只宰两三头牛。在十月二十几号到十一月二十号之间，是牧区宰牛的高峰期。②

① 访谈对象HY29。

② 访谈对象HY47。

社会资本的扩大为村民建立新的市场联系提供了条件，因此杨森能够通过向牧民提供宰牛服务获得新的收入来源。不过，以偶然的方式寻求建立市场联系要求村民具备一定的个人特质，如敢于冒险。相比而言，从集体化时期的农业生产走向市场经济中的非农领域，更多的村民选择通过既有的社会资本来建立市场联系。

在偶然建立市场联系之外，通过已有的社会资本是村民进入非农生产领域和城市建立市场联系更为常用的方式。这源于社会资本在市场联系建立过程中的积极作用。社会资本作为社会学最受欢迎的概念①，自布迪厄提出，经科尔曼、普特南、波茨等诸多学者的发展，目前已被学术界广泛运用。社会资本有微观（个体）与宏观（集体）的区分，在个体层次上，“社会资本是个体获取资源的人际关系网络”②。对于个体的社会资本，边燕杰进一步指出，“它的存在形式是社会行动者之间的关系网络，本质是这种关系网络所蕴含的、在社会行动者之间可转移的资源”③。“社会资本可以操作化地定义为行动者在行动中获取和使用的嵌入在社会网络中的资源。”④社会资本产生于行动者的社会关系，不过这种关系具有稳定、私人、投入情感和行为的特征。⑤在具体的研究中，研究者为便于操作选择将社会资本等同于个体的社会关系网络。以行动者为出发点的生计理论在个体层面的意义上使用社会资本概念，在具体的生计研究中表述为“社会资本指农户构建的人际信任和社会网络”⑥等，不一而足。

---

① Portes A., “Social Capital: Its Origins and Applications in Modern Sociology”, *Annual Review of Sociology*, Vol.24, No.1, 1998, pp.1-24.

② 郑杭生、奂平清:《社会资本概念的意义及研究中存在的问题》,《学术界》2003 年第 6 期。

③ 边燕杰:《城市居民社会资本的来源及作用：网络观点与调查发现》,《中国社会科学》2004 年第 3 期。

④ [美] 林南:《社会资本：关于社会结构与行动的理论》，张磊译，上海人民出版社 2005 年版，第 24 页。

⑤ 参见边燕杰:《城市居民社会资本的来源及作用：网络观点与调查发现》,《中国社会科学》2004 年第 3 期。

⑥ 伍艳:《农户生计资本与生计策略的选择》,《华南农业大学学报》(社会科学版) 2015 年第 2 期。

社会资本对行动者的功利行为具有促进作用，或者说“可以带来好的回报”[①]，主要是通过信息机制和人情机制。[②] 社会资本的信息机制体现在促进信息的传递，人情机制表现在促成行动者之间的社会性交换。[③] 社会资本对村民建立市场联系的作用，具体包括：基于信息传递，社会资本促进村民察觉市场需求要素的形成；基于人情互动，社会资本能够推动交换关系的发生，也能够帮助村民提升商品生产能力以及建立空间联系。事实上，已有相关研究证实社会资本对农民的非农就业具有促进作用[④]，也能够增加农民的经济收入。[⑤] 因此，社会资本是村民在新领域建立市场联系的重要依据。

在下述个案的非农经历中，社会资本对村民建立市场联系的作用得到具体展现：

杨国来于 1974 年出生，1990 年经由叔叔介绍成为西宁钢厂建设工地的一名小工，工资一天 4.5 元，不久后成为工地上的泥瓦工，工资一天 8 元，每天骑自行车早出晚归。1994 年，杨国来使用家中出售粮食积攒的 9800 元购买了一辆手扶拖拉机，在同村村民杨德的带领下一同前往海西州等地方从事公路修建中的运输工作。受天气因素影响，每年的工作时间在 4 个月左右，总收入在 2000 元左右。1998 年，杨国来在东村的舅舅受同村人的启发察觉到买卖旧砖的商机，恰好杨国来拥有一辆手扶拖拉机，因而在舅舅的说服下两人开始合伙买卖旧砖，平均每天能够获得 100 ～

① ［美］林南：《社会资本：关于社会结构与行动的理论》，张磊译，上海人民出版社 2005 年版，第 1 页。

② 参见边燕杰、张文宏、程诚：《求职过程的社会网络模型：检验关系效应假设》，《社会》2012 年第 3 期。

③ 参见边燕杰：《城市居民社会资本的来源及作用：网络观点与调查发现》，《中国社会科学》2004 年第 3 期。

④ 参见蒋乃华、卞智勇：《社会资本对农村劳动力非农就业的影响——来自江苏的实证》，《管理世界》2007 年第 12 期。

⑤ 参见周晔馨：《社会资本在农户收入中的作用——基于中国家计调查（CHIPS2002）的证据》，《经济评论》2013 年第 4 期。

400元。与之形成鲜明对比的是，同时期西宁建筑工地上的小工工资每天只有8元。在旧砖无处可买之后，杨国来开始转向买卖新砖。不过，加入买卖砖块行列的村民日益增多，激烈的竞争促使他在2007年选择转投其他非农领域。

可以看到，杨国来首次走出村庄在非农生产方面建立市场联系到之后多次重新建立市场联系，都与他拥有的社会资本（涉及亲属关系、朋友关系）密切相关。在访谈中，杨国来表示，若不是因为叔叔的介绍，他未曾想过去西宁城区的建筑工地上务工。这无疑是强关系的信息与人情混合作用[①]的具体表现。通过个人关系网络的信息分享，他因此能够抓住不同非农生产部门的市场需求，同时通过朋友的帮助将自身所能提供的商品（运输服务）与远在他处的具体市场需求（公路修建）建立空间联系，前往陌生的地方（几百公里之外的海西州）从事非农生产，在建立市场联系的同时从中获得可观的经济回报。

村民受益于既有的社会资本顺利地建立市场联系的事例在西村屡见不鲜。杨国祥在2001年放弃"倒灯"之后，先后从事的非农生产包括买卖砖块（持续时间11年），在湟中县城开出租车（持续时间4年），以及近些年在村内搅拌站做工（已经持续3年）。杨国祥三次"就业"，先后进入不同的非农生产部门，经历了不同的职业。职业的更换意味着市场联系的中断与重新建立。这均受益于他在亲属制度之外在村中形成的关系网络。杨国祥进入买卖砖块的行当，是受到杨国来的邀请并与之搭伙，由此察觉市场需求和具备提供服务的能力；能够在县城开出租车是得到赵斌的启发和帮助，通过赵斌获得相关的市场信息；成为搅拌站的工人则是源于杨施升的引荐，这是因为杨施升与搅拌站的负责人有着不错的交情。1992年，杨国中经由亲戚的"打招呼"成为西宁某政府单位的锅炉工，再次获得一份具有稳定收入的工作，初始月工资为120元，

① 参见边燕杰、张文宏、程诚:《求职过程的社会网络模型：检验关系效应假设》,《社会》2012年第3期。

目前为3100元。同样是在1992年，1977年出生的赵录受困于西村周边有限的非农生产机会，选择与村中的一位朋友一同前往新疆闯荡。此事得以成行，原因在于朋友的一位亲戚在新疆工作。因为社会资本的积极作用，二人不仅在陌生的城市获得栖身之处，而且也很快得到工作机会。村民基于社会资本的作用建立市场联系，在上述提及的事例之外还有很多，难以一一列举。不过，这些事例已经充分证明：相比于村民在陌生领域以偶然的方式建立市场联系，社会资本能有效提升村民建立市场联系的能力。而且，即使是村民以偶然的方式建立并维持的市场联系，经过社会资本的作用也会促使村中其他人建立类似的市场联系。这能够部分解释村中出现的“跟风”现象。村庄的熟人关系网络是身处其中的村民形成社会资本的重要来源，这为村民形成相关要素以在某一生产领域建立市场联系提供了条件，包括察觉市场需求、具备生产某种商品的能力等。西村的“倒灯”就是一个典型的例子。虽然社会资本的运用可能引发意外的消极后果，但对于村民建立市场联系来说，社会资本始终具有重要意义，这不只是体现在村民涉入市场经济的初步阶段，至今依然如此。

随着经济的发展，日益增长和多样的市场需求为村民带来丰富的从事非农生产的机会。村民建立市场联系的方式发生变化，但社会资本的作用依然不可忽视。

经济的发展带来多样的非农就业机会，这是村民建立市场联系的根本前提。村民目前从事的运输服务、物业等非农工作，皆离不开西宁近十年来基础设施建设的持续推进以及商品住宅等行业的繁荣。具体而言，2011年，西村北临的高速公路开工建设，由此产生大量的渣土运输需求，这使得西村的年轻村民参与其中并获利颇丰。目前村中营运的大型运输货车多半为渣土车，在此之外还有混凝土车、半挂运输车等，均是服务于西宁以及周边县市的基础设施建设。同时，由于西宁城区新增大量的商品住宅、商业建筑，由此产生水电工、保洁、保安等岗位需求，这成为中老年村民建立市场联系的主要选择。其中，部分中年女性村民因无须照料孙辈和“看家”，加之土地耕种的商品化程度加深，为贴补家用选择进城务工，具体职业多为小区、酒店的保洁员。这些村民借助西村便利的公共交通每天往返于城村之间。

借助网络工具成为当下村民察觉市场需求的基本方式。不同于在包产到户初期村民以进城“站大脚”的方式获得非农机会，信息时代市场需求经由网络得以广泛传播，能够提升村民建立市场联系的便利度。对于那些善于学习新事物、熟悉网络世界的年轻村民来说，利用网络工具察觉市场需求是一件再平常不过的事情。例如，通过网络上的招聘信息寻找就业岗位是年轻村民惯用的方式，村中年轻的货车司机们则时常会使用一些软件平台承接他人发布的运输任务。赵昭是村中仅有的养羊专业户，经常会在短视频平台上就羊群的情况进行网络直播。网络直播成为他向消费者展示商品的便利工具，更为重要的是有助于他收集更为广泛的市场需求信息，从而获得更大的销量。

但对于中年村民来说，通过现代信息传播方式察觉市场需求却是融入、适应市场经济和现代社会的具体结果。杨财就是一个很好的例子。

杨财出生于1967年，1988年高中毕业，1991年成婚。在西宁虎台“站大脚”两年。1993年，杨财成为村里的电工，直至进城务工。1998年，杨财因为村中的一位好友在西宁某小区当保安，因而也被引荐到该小区当保安，当时的工资为800元/月。杨财得益于在村中做电工期间考取的电工资格证，在小区物业缺少电工的情况下顺利转岗，并且获得相对较高的工资，具体为1500元/月。1999年，为寻找一份收入更高的工作，杨财通过报纸上的招聘信息先后应聘多家用人单位，包括医院、物业公司等，最后在一家物业公司谋得一份电工工作，近些年工资为3000元/月。最近，杨财因听闻同事谈起一个新的高档小区的物业公司正在招聘电工，工资水平高于当前，于是径直循着招聘信息找到小区物业经理，在通过简单的面试流程后，于2019年7月获得一份工资为3800元/月的工作。

杨财获得非农工作的方式经历了从偶然方式到依靠社会资本再到借助招聘信息的变化。这种变化在于杨财因长期在城市从事非农工作熟悉新的察觉市场需求的方式，也从侧面说明村民借助现代信息传播方式能够提升察觉市场需求的能力。然而，对于更多的中老年村民来说，情况却并不乐观，因为大多数中老年村民受教育程度低、非农经历匮乏等，人力资本状况限制其使用现代信息传播工具察觉市场需求。典型的例子是鲜有中老年村民通过互联网获取市场信息，尽管几乎人手一部手机，但更多的是用于娱乐。这些中老年村民建立市场联系的选择范围也就因此受限。因而，借助现代信息传播方式为村民建立市场联系带来更大的可能，不过这种可能建立在个人的人力资本基础之上。

村民市场联系的建立因生计资本状况的不同而形成区隔。这种区隔一个直接的体现是中年和年轻女性村民建立的市场联系。同样是将人力资本作为商品用于市场交换，中年女性村民因在年龄、受教育程度方面存在劣势只能选择工资低廉的保洁岗位，而年轻女性村民则能够选择工资水平相对较高的商店服务员、公司销售员等工作岗位。从建立市场联系需要达成的要素来分析，中年女性村民基于自身人力资本生产的商品能够迎合市场需求的程度有限，在促成交换关系发生时只能将低廉的价格作为竞争优势。不过，年轻女性村民又在与村庄之外拥有更高人力资本的其他人（城市居民）的比较中陷入新的区隔，年轻女性村民职业的趋同即是这种区隔的结果与表现。

在建立市场联系中出现的区隔现象同样发生在年轻男性村民中。年轻男性村民是否经营大型运输货车，在很大程度上取决于能否具备相应的物质资本——运输车辆，这又与个人（或者说家庭）的金融资本状况紧密关联。在学习掌握相应驾驶技能所需费用并不高昂的情况下，物质和金融资本的欠缺直接导致部分年轻男性村民无法具备提供运输服务的能力，毋庸说在此领域建立市场联系。这种区隔进而在年轻男性村民的收入状况中表现出来。1996 年出生的杨盛强从 2019 年 9 月开始营运一辆渣土车，至 12 月初，他大多数时间都在为附近的建设工地运输沙子、渣土，可以获得 3 万元左右的收入。比杨盛强更早加入此行列的村民每年的收入大多在 10 万元以上，高于村中在建筑工地做电工或者是在企业做工人（均主要依赖人力资本）的年轻男性村民。杨云出生于 1991 年，在建筑工地做学徒时逐渐掌握电工技术，现在成为一名电工，在建筑工地一天的劳动报酬为200元。现年29岁的杨国发在2019年入职西宁城南一家新能源企业，具体工作为搬运电池，受企业经济效益波动的影响，每月的工资在3000～6000元。生计资本是村民建立市场联系的基础，在建立市场联系时，村民的生计资本在比较中呈现出群体差距，因此形成区隔，进而在收入状况中表现出来。前文业已提到西村村民的平均收入水平远低于城市居民，这也就自然地可以做出推论：村民的生计资本在城乡比较中处于劣势，个人建立市场联系因此受到限制。

虽然生计资本状况的比较劣势限制村民建立市场联系，不过，村民作为能动的行动者，身处市场经济之中具有丰富、提升人力资本的可能，包括察觉市场需求的能力、掌握生产某种商品的技能等，从而提高自身建立市场联系的可能与选择范围。这一点在中年男性村民的非农生产经历中能够得到具体体现。杨国来通过自学唱“花儿”在2008年宁夏银川举办的一场重要的民歌比赛中获得银牌，自此以后退出运输砂石、石灰的生意，选择成为职业“花儿”歌手。每年农历四月初八到七月是周边地区唱“花儿”的高峰期，杨国来几乎每天都要辗转各地登台演唱，演出地点不仅包括青海省，也包括甘肃临夏等地，据此每年能够获得10万元左右的收入。杨国来因人力资本得到丰富，通过建立的市场联系随之扩展了个人的物质资本与金融资本，由此改善自身生计资本状况。在西村这样的案例并不少见，中年男性村民在摸索着适应市场经济的同时，发挥能动性丰富人力资本，建立能够产生更高收入的市场联系。这也是中年男性村民具体从事的非农生产较为多样的一个原因。对于初入生产领域的年轻村民来说，人力资本在发挥个人能动性的基础上同样具有丰富与提升的可能。

因而，生计资本状况的比较引发村民在市场联系的建立中出现区隔现象，并在收入状况方面产生具体表现。不过，村民作为能动的行动者在市场经济中具有丰富、扩大人力资本的可能，从而提升与扩大建立市场联系的可能性和选择范围。

社会资本对村民建立市场联系依然发挥着重要作用。尽管信息传播日益广泛，借助网络工具成为村民察觉市场需求、建立市场联系的基本方式，但这并未完全替代社会资本的作用。一方面，社会资本能够为村民带来更多的有关市场需求的信息；另一方面，社会资本能够弥补村民在获取市场需求信息方面的不足，这种不足与个人的人力资本状况紧密相关。前文提到村民杨国发于2019年进入西宁城南的一家企业，成为一名工人，他能够获得这家企业的招聘信息，归功于他居住在西宁城南的堂姐。对于村中年轻的司机来说，社会资本的作用首先体现在“领进门”。2019年8月底，杨盛强在父亲的全额资助下购买了一辆价值23.5万元的渣土车，但这并不意味着他已经进入这个行当。因为作为新手，他没有任何可用的客户资源，所以此时他主要依靠村中已经从业数年的朋友的帮带。这具体表现为在朋友承接到客户的运输订单后，杨盛强能够因人情被“带上”共同完成运输订单。在这个过程中，作为新手的他不仅逐渐熟悉了流程、行规，具备提供符合市场需求的运输服务的能力，而且也开始自己察觉市场需求，获得客户资源。正是因为社会资本通过人情机制产生的这种作用，西村因此逐渐形成一个货车司机群体。目前，村中营运渣土车的十多名村民组建了一个“好友群”，在这个小群体中共享运输需求信息，“有活同干”。形成这种群体也与特定的市场需求有关，因为渣土、沙子的运输量大，通常需要多辆车共同完成，货车司机在熟人中建立一个小群体能够便捷、快速地满足客户需求。软件平台曾经也是村民用车的主要途径，但是现在他们很少借助软件平台寻找用车信息，除非陷入没有客户可找的窘境，原因在于软件平台会扣除一笔不菲的中介费用。更为关键的是，软件平台上存在同行竞争，这进一步压缩了司机的利润空间。因此，“好友群”分享运输需求信息帮助营运渣土车的村民快速发现市场需求，共同完成运输任务则促进和扩大了成员各自的交换关系。这一切的基础在于社会资本基于信息机制和人情机制所发挥的作用。因社会资本的作用建立“好友群”，这在西村还有其他的例子。杨国来也加入了由相互熟知的“花儿”歌手组成的“好友群”。群体成员在分享演出信息的基础上共同完成演出工作，“比如说其中一个人在的村子需要请人唱一场‘花儿’，因为他自己一个人没法单独唱下来，他就叫上其他人过来一起唱”[①]。因此，上述例子充分说明，社会资本对村民建立市场联系具有重要意义，具体包括提升村民对市场需求的察觉能力，促进村民形成生产某种商品的能力，促成交换关系的发生。

社会资本促成交换关系的发生也为中年村民的非农就业创造了条件。位于村南的搅拌站于 2013 年建成投产，但并未在西村等周围几个村庄发布过招工公告，原因在于从当地招收的工人被认为难以管理。目前搅拌站的上百名工人大多来自湟中县附近的大通县、互助县、平安区等。不过，目前村中依然有 8 名中年村民在搅拌站工作，其中 6 名男性、2 名女性。村中首个成为搅拌站工人的村民是因为在搅拌站建设期间被雇为看护员，后因搅拌站在投产时缺少人手而得到转用。村中第二位村民能够成为搅拌站工人的原因在于“搅拌站当时的站长带人在大浪给搅拌站挖水沟，我在那边跟着他们挖，就和站长认识了，刚好搅拌站缺人，就把我招进去了”[②]。在此之后的 6 名村民均是在搅拌站出现岗位空缺时通过熟人介绍陆续被招聘，亦即社会资本通过人情机制发挥作用，促进生产者与消费者之间交换关系的达成。当下男性村民的月工资为 3000 元，女性村民为 2600 元。中年村民因社会资本得到在家门口就业的机会。

所以，在经济发展，非农生产机会日益增多的背景下，村民依据生计资本在非农生产领域建立市场联系。在这个过程中，村民的人力资本是基本，察觉市场需求、生产商品等均以此为基础，村民能够通过个人能动性提升和丰富自身的人力资本，并经由市场联系扩展物质资本和金融资本，以此改善在市场竞争背景下的生计资本状况。更为重要的是，社会资本通过信息机制和人情机制能够对村民察觉市场需求（弥补个人人力资本的不足）、形成生产某种商品的能力（丰富人力资本）以及促进交换关系的达成（为扩展个人的物质资本与金融资本带来可能）产生积极作用，因而对村民建立市场联系具有重要意义。建立市场联系是村民在非农生产领域形成市场联系的一个方面，为实现经由

① 访谈对象 HY06。

② 访谈对象 HY40。

市场联系获得稳定经济收入的目的，村民需要涉入形成市场联系的另一个方面——维持市场联系。

（三）市场联系的维持

市场联系的维持，意味着建立市场联系需要具备的四点要素能够持续地在市场竞争中同时得到满足。维持市场联系的根源在于市场竞争的存在使村民建立的市场联系面临消失的风险，这在村民种植胡萝卜和制作铜器的事例中已经得到充分体现。在村民从事非农生产的过程中，具体的消费者可根据固定与否分为变动的消费者与固定的消费者。变动的消费者与生产者之间的供需关系具有不确定性，这种不确定性产生于市场竞争，也源于具体消费者的需求变化。具体的消费者与生产者在一定时期内形成稳定的供需关系时，即为固定的消费者。例如，村民唱“花儿”、经营大型运输货车、养羊经常需要面对新的、变动的消费者，而有村民每年都为同一群牧民提供宰牛服务，面对的则是固定的消费者。村民面对变动的消费者，意味着生产者与消费者之间的交换关系完全是由需求满足的工具理性促成的。但当村民面对固定的消费者时，譬如部分村民在种植胡萝卜或者制作铜器过程中拥有的固定客户，此时双方行动的工具性与情感性相混合，商业关系的存续也就因此受到人情偏好的影响，价格的支配作用依然存在，但敏感程度受到削弱。这个观点无疑是基于这样一种信念：经济行为嵌入人际关系网络之中。① 变动与固定的消费者共同存在于商业关系的集合中。变动与固定具有相对性，因为即使是面对经常变动的消费者，生产者也能够在其中发展出固定的消费者，正如村中一些入行较早的货车司机逐渐获得固定的客户。变动的消费者与固定的消费者的区分预示着作为生产者的村民在维持市场联系中存在差异。

面对变动的消费者，村民维持市场联系的一个关键因素是商品具有市场竞

① Granovetter M.,“Economic Action and Social Structure: The Problem of Embeddedness”, *American Journal of Sociology*, Vol.91, No.3, 1985, pp.481-510.

争优势。生产者与变动的消费者发生交换关系完全出于工具理性，因此生产者需要以商品满足需求的程度吸引消费者，而这又受到市场竞争状况的影响。在市场需求、交通网络要素持续存在的前提下，面临市场竞争的村民为维持在某一生产领域建立的市场联系，需要保持、提升生产能力以获得商品的竞争优势，从而持续地吸引变动的消费者。对此，西村的胡萝卜种植和“倒灯”即是反例。大部分村民面对的是变动的消费者，因市场竞争状况发生变化，村民生产的商品失去竞争力，随即导致市场联系的消失。不过，在这两个事例中也能够看到，生计资本中的社会资本因其社会联系性的本质有助于在一定范围内降低商品因素在促成交换关系中的支配地位。这具体表现为部分村民因为与一些消费者发展出长期稳定的联系即社会资本而抵消一部分市场竞争的影响，因而无须完全借助产品的竞争优势维持双方的商业关系。村民其他生计资本在比较中显现出的不足因而也就得到一定的弥补。所以，社会资本对村民维持市场联系具有促进作用，这在村民涉入的其他生产领域同样如此。

社会资本促进村民维持市场联系，可以进一步细分为两个方面：一方面是村民在建立和维持市场联系的过程中社会资本均发挥作用，即社会资本引发市场联系；另一方面是村民在某一生产领域建立市场联系后借助社会资本巩固具体的商业关系，即市场联系引发社会资本。这两个方面都为生产者带来固定的消费者。例如，杨钦将铜器出售给他经营铜器店铺的女婿和儿子，杨祥与姐姐形成稳定的供货关系。类似的例子在村中的货车司机中同样存在。2019 年 9 月，杨国银经父亲杨财资助 6 万元购置一辆二手大型运输货车。营运初期，杨国银的货运订单少部分来自软件平台，大部分来自村北的管道厂，原因在于管道厂在西村建厂时得到时任村主任杨财的帮助，二人逐渐相熟并有着不错的私人交情。西宁市政府持续推进管廊建设产生大量的管道需求，西村的管道厂生产的管道因而销路通畅。杨国银凭借父亲的朋友关系得以持续不断地为管道厂提供运输服务，并且在当年年底计划购入第二辆货车雇用司机进行运营。村中还有货车司机受益于父亲与搅拌站负责人在日常社交中发展出的朋友关系，由此能够承接搅拌站运输沙子的业务，并持续至今。由于业务量大，该村民一度将价值 38 万元的双桥货车更换为价值 51 万元的载货量更大的半挂车。因此，在市场需求、生产能力以及空间联系相对稳定的条件下，社会资本通过人情机制促成村民与消费者发生交换关系，双方的商业关系也因社会资本的维系得以维续。

村民社会资本状况是由社会资本引发市场联系的重要条件，但这个条件在市场联系引发社会资本方面却不是不可或缺的。由于机缘巧合，杨森为牧民提供了一次宰牛服务，但该服务并未随即消失而是延续至今。究其原因，杨森在市场联系的具体人际互动中发展出个人的社会资本。社会资本的丰富又为他在村中经营季节性肉牛育肥生意提供了便利，他说：

> 我现在跟那边的村子非常熟，没有钱也能把牛拉下来卖，回了村以后再把钱打过去。我在那里垄断了三个村子，到了宰牛的时间我就去那里给他们宰牛，他们也不叫别人，我的牛也从他们那里买。①

社会资本从市场联系中发展而来，又对市场联系的维持有着积极意义。杨寿从 2000 年开始通过摸索成为西宁周边蘑菇大棚麦秸和白石灰的供应商，目前拥有固定的消费者。杨寿每年能够获得 10 万元左右的收入，2019 年则达到 12 万元。他在访谈中聊到的一个事例能够具体说明在市场联系中发展出社会资本的过程：

> 几年前，一对年轻的两口子跟着叔叔来这边种大棚，刚开始种的是青菜，没有挣到什么钱。后面听说种蘑菇挣钱，但是因为之前没有种过，不知道怎么种。我一直跟他叔叔有来往，跟他也算是认识，跟种蘑菇的大棚老板打交道这么多年也知道了大概怎么种，就教了他种蘑菇的技术。他没有钱买白灰、麦草这些东西，我就给他送过去，说你先用着，等你挣上钱

① 访谈对象 HY47。

了再还，他说好。当年，他种蘑菇就挣了十来万，马上把欠我的四万多都还上了，还专门把我请过去吃顿饭表示感谢。现在他每年都要给我送几箱蘑菇，他种蘑菇要用到的材料也都从我这里买。[①]

在这个例子中，双方因具体的商业关系形成弱关系，通过在人际互动中投入人情发展为强关系。与此同时，双方的商业关系也因此得到巩固。村民在市场联系中发展出社会资本的例子并不仅限于上述所列。人类互动的多维性为这个过程提供了基本条件。村民在市场联系中形成社会资本是个人能动性的体现，也印证了“关系”是一个变量的观点。[②] 村民借助社会资本的作用在充满竞争风险的市场经济中维持自身在生产方面的市场联系。不过，无论如何，社会资本促进村民维持市场联系的作用始终需要明确地限定在一定的竞争范围内。当市场竞争引发双方的交换关系失去互惠基础时，社会资本也就无法通过人情机制发挥作用，西村胡萝卜种植大户退出即是例证。因此，社会资本的有限作用一方面说明市场联系嵌入在社会互动关系之中，另一方面意味着当村民的生计资本在市场竞争中处于劣势时，市场联系的建立也就变得更为重要。

村民在非农生产方面形成市场联系是在经济发展的背景下发挥个人生计资本作用的结果，其中具有社会联系性的社会资本起到突出作用。日益丰富的非农生产机会为村民选择生计策略带来多样可能，村民以生计资本为基本依据通过发挥个人能动性在市场经济中建立和维持市场联系。然而，村民也因生计资本的欠缺，尤其是在市场竞争中显现的相对不足在形成市场联系的过程中遭遇区隔。在生计实践中，村民能够通过个人能动性的发挥丰富和提升自身的人力资本，并经由市场交换扩展物质资本和金融资本，以提升建立和维持市场联系的可能性。但不可忽视的是，社会资本因其社会联系性对个人行为具有促进作用，因而对村民形成市场联系具有重要意义。一方面，因为社会资本对察觉市

① 访谈对象 HY45。

② 参见边燕杰、缪晓雷:《如何解释“关系”作用的上升趋势？》,《社会学评论》2020 年第 1 期。

场需求、具备生产符合市场需求的商品的能力以及促成交换关系的发生具有积极作用，所以能够促使村民建立市场联系。另一方面，确保交换关系的持续发生在市场联系的维持中是一个关键环节，社会资本通过人情机制对生产者与具体消费者产生的商业关系能够在一定范围内起到巩固作用，因此社会资本成为村民抵御市场竞争风险的重要力量，也就在一定程度上弥补了其他生计资本的不足。从生计资本各类别之间的关系来看，虽然已有研究注意到各类别之间存在转化关系[①]，如丰富的人力资本通过市场交换转化为丰富的物质和金融资本，却忽视了社会资本对行动者的其他生计资本的扩大作用。扩大作用与转化关系的区别在于转化关系意味着各类生计资本在转化时是存量对应的，而扩大作用则强调的是社会资本对其他生计资本的促进、提升作用。例如，社会资本通过信息机制弥补行动者仅凭自身人力资本在获取市场信息时存在的局限，通过人情机制扩大行动者的人力资本（货车司机是一个典型例子）。对此，本宾顿也表达了类似的观点：行动主体（包括个人、家庭以及组织）能够通过社会关系的联系作用与其他行动主体结合以扩大资本基础。[②] 相比于人力、物质以及金融等生计资本，社会资本具有将人联系起来的本质属性，即社会联系性。“社会资本发源于人际社会关系”[③]，社会资本的生成性质使村民同样能够通过发挥个人能动性将其扩展和提升。所以，社会资本具有突出作用。

村民失去市场联系的风险进一步强化社会资本的突出地位。村民生计资本的相对欠缺始终是一个不可否认的事实，这既体现在城乡收入差距上，也显现在地区间的市场竞争中。受阶层地位和职业活动影响的社会资本同样如此。[④] 生计资本的相对不足也就意味着村民面临市场竞争引发市场联系消失的风险，

① 参见苏芳、徐中民、尚海洋:《可持续生计分析研究综述》,《地球科学进展》2009 年第 1 期。

② Bebbington A., “Capitals and Capabilities: A Framework for Analyzing Peasant Viability, Rural Livelihoods and Poverty”, *World Development*, Vol.27, No.12, 1999, pp.2021-2044.

③ 边燕杰:《城市居民社会资本的来源及作用：网络观点与调查发现》,《中国社会科学》2004 年第 3 期。

④ 参见边燕杰:《城市居民社会资本的来源及作用：网络观点与调查发现》,《中国社会科学》2004 年第 3 期。

正因为如此，村民始终需要面对市场联系的重新建立和维持。事实上，这也是村民在近几十年的生计实践中多次经历的事情。在这个过程中，尽管村民的社会资本也存在相对欠缺的问题，但是因为社会资本具有扩大其他生计资本的作用，所以对村民市场联系的建立有着明显的促进作用。在村民无法改变生计资本相对欠缺的状况时，社会资本的突出作用将始终得以保持。因此，面对日益繁荣的市场经济，村民在人力等资本之外充分发挥社会资本的积极作用以形成市场联系至关重要。

三、社会资本与市场联系

处在改革开放浪潮之中的村民为有效支撑自身在生活方面形成的市场联系，在土地之外基于个人的生计资本摸索形成生产方面的市场联系。村民在非农生产方面形成市场联系的基本前提是经济的发展和自由流动。包产到户之初，有限的非农生产机会在客观上决定“倒灯”成为村民集体的生计策略选择。随着经济的快速发展，非农生产机会日渐增多，村民得以在“倒灯”之外形成市场联系。市场联系的形成包括建立和维持两个方面。市场联系的建立需要同时具备四个要素：能够察觉市场需求，能够生产符合市场需求的商品，能够使商品与具体存在的市场需求建立空间联系，能够在市场竞争中与消费者发生交换关系。市场联系的维持意味着四个要素持续地同时具备。生计资本是村民进行生产工作的基本依据，并最终反映在村民用于市场交换的产品上，而市场竞争的存在意味着村民的生计资本处在广泛的比较之中。西村的胡萝卜种植与铜灯制作事例都充分说明：村民因在包括人力资本（种植技术）、物质资本（机器）的地区间生计资本的比较中等存在劣势而失去市场联系。同样，村民在生计资本的城乡比较中也面临形成市场联系的选择范围受限的窘境。而且，村民的生计资本在市场竞争中相对欠缺。在此情况下，社会资本在村民建立与维持市场联系的过程中起到突出作用。

社会资本作为生计资本的一个类别，对村民形成市场联系具有突出意义。

首先，社会资本的突出意义表现在它与村民其他生计资本的比较。社会资本的社会联系性使之与其他生计资本区别开来，社会资本对行动者的其他生计资本具有扩大作用。村民的生计资本处在相对欠缺的状况。村民在建立与维持市场联系的过程中，仅仅依靠人力、物质等生计资本难以有效地达到目的，而凭借具有扩大其他生计资本作用的社会资本无疑提升了这种可能性。因而，在村民的生计资本中，社会资本相较于其他生计资本具有突出地位。其次，社会资本的突出意义体现在它对村民建立和维持市场联系具有促进作用。一方面，社会资本通过信息和人情机制能够为村民带来更多的市场需求信息与机会，也能够使村民得以生产某种商品，还能够推动交换关系的达成，这些都有助于村民建立市场联系。这一点对于始终面临重新建立市场联系的村民来说无疑是十分关键的。另一方面，社会资本通过人情机制对村民与具体消费者发生的商业关系能够在一定程度的竞争范围内起到巩固作用，由此推动村民维持市场联系。最后，社会资本的突出意义体现在它来源于社会关系网络。社会资本生成于人际互动的关系之中，村庄的熟人关系网络以及既存的社会互动方式（如田社）为村民发展、积累社会资本提供了先赋条件。相较而言，村民形成、发展人力资本等无此优势。实际上，也有研究者从其他角度强调社会资本的突出作用。叶敬忠等通过比较发现，一个村庄中表现出生计（策略）创新的村民，他们占有的自然、物质、人力以及金融资本与其他人并无二致，主要的不同集中在社会资本方面，因此指出农民生计（策略）创新的主要原因归于社会资本因素。[①] 经济行为嵌入人际关系网络之中，这个基本事实意味着社会资本始终扮演着不可忽视的角色。所以，在生产方面形成市场联系是生计资本共同作用的结果，不过，社会资本对于生计资本状况相对欠缺的村民来说具有突出意义。

① Ye Jingzhong, Wang Yihuan, Long N., “Farmer Initiatives and Livelihood Diversification: From the Collective to A Market Economy in Rural China”, *Journal of Agrarian Change*, Vol.9, No.2, 2009, pp.175-203.

第七章

总结与讨论：嵌入生计的市场

处在结构性弱势地位的农民如何在现代化进程中维持自身的生计？以生计资本为核心的生计理论给出了充满理论启发和实践指导意义的回答，但仍留有缺憾。首先，由传统跨入现代的农民面临不同以往的社会整合形式——市场经济，农民的生计因此会发生何种属性的变化？其次，处在市场经济以及其他环境、制度下的农民如何实现从生计资本到生计结果的转变？最后，农民的生计资本在这个过程中又如何发挥作用？对于这些问题，目前的生计理论并不能做出有效的回应。为尝试回答上述问题，本书基于对一个西北村庄的研究，通过相应的分析和阐述得出一些基本结论，并在此基础上带给关于生计理论与农村发展的一些启发。

一、主要结论

生计既是行动者能动性的体现，也受到环境与结构因素的约束，因此反映出系统中的个体的存续情况。对此，本书首先对西村的形成、村庄的生计资本状况以及社会网络进行勾勒，其次论述村民在生活方面经历的商品化过程及其引发的生计后果，再次描述村民在商品化种植方面经历的失败，并在此基础上阐述土地在村民当下生计中的作用与性质，最后对村民在非农生产方面的实践做出剖析，突出生计资本的构成类别——社会资本在其中起到的重要作用。本书主要以归纳的逻辑，基于村民生计实践的经验材料形成市场联系这个关键概念，以此为阐释核心得到以下主要研究结论。

（一）生计由自给自足型转变为市场依赖型

村民熟悉的自给自足型生计在市场经济的浪潮中逐渐转变为市场依赖型生计。虽然关于农民的生计转型能够使用传统与现代这种高度概括性的词语进行区分，但不可避免地会遮蔽其间的具体演变过程与表现。村民的生计由自给自足型演变为市场依赖型，既反映出社会整合方式发生变化对村民生计产生的影响，也说明市场嵌入村民的生计之中。无论是主动商品化还是被动商品化，商品都在逐利动机的驱使下经由多层级的消费市场进入村民的生活之中。生活资料的商品化会改变村民的消费方式与生活条件。生活资料的商品化在提升村民生活便利度、舒适度的同时，也引发村民生产逻辑的变化——为交换而生产。村民生产的产品必须经由市场交换才能支撑生活商品化程度的日渐加深以及对美好生活的追求。市场作为一种“形式”嵌入[①]村民的生计之中，即生产与生活之间的物质联系经由客观存在的市场形成，由此生计物质基础的形成依赖市场的存在，生计的持续因而同样如此。在此意义上，农民的生计形态演变为市场依赖型。生计作为人类生命体的存续实践具有丰富的内容与表现形式，市场依赖型生计概括的虽是农民生计变迁中的部分变化——生活条件的形成，但这也是生活方式得以产生的基础。

对于处在市场经济中的村民来说，在市场客观存在的前提下，生计的持续有赖于个体与市场之间的联系，即市场联系。市场联系的存在意味着，一方面市场中的商品通过交换流入村民的生活；另一方面村民生产的商品通过交换流进市场，以此实现生计的物质基础在生产与生活方面形成闭环。交换

① 参见符平:《“嵌入性”：两种取向及其分歧》,《社会学研究》2009 年第 5 期。

是市场社会中占据支配地位的整合形式。[①] 因此，市场联系是村民在个体意义上整合进以市场经济为显著特征的现代社会的重要方面。作为消费者的村民是肩负获利使命的商品的追逐对象，但作为生产者的村民却成为商品盈利的竞争对手，商品在个体层面的此种张力决定村民市场依赖型生计的持续程度。对此，村民在生产方面形成市场联系成为其中的关键。生计资本作为行动者进行生计实践的基本依据，对生计的作用体现在市场联系的形成。

市场依赖型生计的提出对农民生计转型研究是一个补充。既有研究关于生计转型的讨论主要集中在农民在生产方面发生的转变，诸如由农业生产转向非农生产，农业生产由传统转向现代[②]等，以及由此引发的普遍现象，代表性的观点是布莱森提出的“去农业化”[③]。虽然众多研究在宏观与微观视域对去农业化及其相关因素做出描述和分析，却忽视了农民生计属性发生变化这一重要方面。一方面，农民生计属性的变化同样是宏观因素与微观因素共同作用的结果，既有制度变革、政府行为的推动，也有村民的自主行为；另一方面，生计属性发生转变成为促使农民生计转型的重要因素，具体表现为生活资料的商品化将农民的生产推向为交换而生产的市场，这成为农民转变生产与消费的内在推动力。因此，注意到农民生计属性发生的变化是生计转型研究不可忽视的一点。

（二）生计资本经由市场联系产生作用

在生计理论看来，生计资本是行动者发挥能动性作用于机会与资源获得生计结果的基本依据。在生产意义上，这意味着生计资本是行动者得以开展生产过程的前提条件，同时行动者占有生计资本的状况也影响生产过程。市场嵌

① 参见[波兰]卡尔·博兰尼：《经济：制度化的过程》，侯利宏译，许宝强、渠敬东选编：《反市场的资本主义》，中央编译出版社2000年版，第33～63页。

② 参见秦红增、银河欢：《乡村生计转型视野下的返乡农民工再就业——以广西石丰村为例》，《云南民族大学学报》（哲学社会科学版）2011年第2期。

③ Bryceson D. F., “Deagrarianization and Rural Employment in sub-Saharan Africa: A Sectoral Perspective”, *World Development*, Vol.24, No.1, 1996, pp.97-111.

入生计，行动者基于生计资本形成的产品需要通过市场这一客观环节由生产方面流向生活方面，这说明个体的生计资本脱离市场联系将无法对生计的持续产生作用。生计策略是行动者在外在因素的影响下选择的关于生计资本的使用方式，对生计的作用由生计资本来实现，因而这一点对于生计策略来说同样如此。生产方面的市场联系表现为作为生产者的行动者与消费者发生的商业关系的集合。形成市场联系包括建立和维持两个方面。市场联系的建立需要同时具备以下四点要素：能够察觉市场需求，能够生产符合市场需求的商品，能够使商品与具体存在的市场需求建立空间联系，能够在市场竞争中与消费者发生交换关系。行动者持续地同时具备以上四点要素表明在生产方面建立的市场联系得到维持。在市场需求客观存在的前提下，市场联系的形成取决于行动者生计资本的共同作用，最终体现为产品参与市场交换。因市场竞争普遍存在，行动者基于生计资本形成的产品面临无法参与市场交换的风险，这直接关乎个体的市场联系，进而是生计的持续。建立与维持市场联系也就表现为：在具体的生产领域行动者的生计资本能否在市场竞争引发的广泛比较中显现优势。处在不断发展的市场经济中的行动者始终面临着这种比较。因此，生计资本经由市场联系产生作用，而这又为市场竞争状况所左右。

生计资本的作用受到市场竞争状况的影响，行动者在生产方面形成的市场联系具有不稳定性。西村村民因市场竞争引发的生计资本相对欠缺导致失去胡萝卜种植方面的市场联系，即是一个典型例子。在市场竞争相对缓和时期，村民基于自然、人力、物质等生计资本进行商品化的胡萝卜种植并以此获得可观的经济收益。但在市场竞争加剧后，村民的生计资本状况在比较中显现出劣势，具体表现为土壤肥力差、耕种技术落后、品种老旧等，村民在此生产领域形成的市场联系最终因产品无法在市场竞争中参与交换而消失。在村民无法围绕土地形成市场联系时，土地作为村民重要的生计资本在市场依赖型生计中的作用因此失效，逐渐成为一种社会福利。① 不过，虽然村民在经济作物种植方面失去市场联系，但经济的快速发展使村民能够在非农生产方面重新建立市场

① 参见温铁军:《中国农村基本经济制度研究》，中国经济出版社 2000 年版。

联系。对此，有研究指出，农民变换生计策略后，一些资本的作用会弱化，另一些资本的作用则会增强。例如，当生计策略从农业生产转变为非农生产时，在地方社区之外的社会网络的作用将会上升，而农业土地的作用则会下降。① 可以看到，农民生计资本中不同类别的重要性发生变化也源于市场竞争的影响。在生计研究中，生计多样化被认为是贫困群体规避风险、提高生计安全程度的重要策略。② 从市场联系的角度来看，当行动者的生计资本无法在某一生产部门确立市场竞争优势以维持市场联系时，行动者投身多个生产部门无疑能够降低市场联系消失的风险。因而，生计资本经由市场联系对个体生计产生作用，在市场竞争的影响下，行动者的市场联系具有不稳定性，行动者在失去市场联系后如何基于生计资本重新建立市场联系也就变得更为重要。

（三）生计资本中的社会资本对市场联系的形成具有突出意义

社会资本作为生计资本中的一个类别，对于行动者建立和维持市场联系具有重要作用。行动者在生产方面形成市场联系是生计资本共同作用的结果。社会资本具有将人联系起来即社会联系性的本质属性，这使之与自然、人力、物质、金融资本区别开来。“联系性是人类社会的根本特征之一，无论群体内部还是群体外部，是人际联系性和群体联系性使得人类社会成为可能。”③ 社会资本也因社会联系性在行动者的生计中具有重要作用。在建立市场联系方面，社会资本通过信息机制和人情机制，能够扩大行动者对市场需求的察觉，也能够促进行动者去生产符合市场需求的商品，还能够促成作为生产者的行动者与消费者发生交换关系。在维持市场联系方面，交换关系的持续发生是市场联系得

① Knutsson P. and Ostwald M., “A Process-oriented Sustainable Livelihoods Approach–A Tool for Increased Understanding of Vulnerability, Adaptation and Resilience”, *Mitigation and Adaptation Strategies for Global Change,* Vol.28, No.3, 2023.

② Yaro J. A., “Is Deagrarianisation Real? A Study of Livelihood Activities in Rural Northern Ghana”, *Journal of Modern African Studies*, Vol.44, No.1, 2006, pp.125-156; Martin S. M. and Lorenzen K., “Livelihood Diversification in Rural Laos”, *World Development*, Vol.83, 2016, pp.1-13.

③ 边燕杰、缪晓雷：《如何解释“关系”作用的上升趋势？》，《社会学评论》2020 年第 1 期。

到维持的最终体现，社会资本通过人情机制对生产者与具体消费者产生的商业关系在一定范围内能够起到巩固作用。更为重要的是，社会资本对行动者的其他生计资本具有扩大作用。例如，社会资本通过人情机制提升行动者的人力资本。因此，社会资本对于行动者形成市场联系具有重要意义。

社会资本对于村民来说意义尤为突出。村民生计资本的相对欠缺状况既体现在城乡收入差距上，也显现在地区间的市场竞争中，社会资本同样如此。生计资本的相对欠缺预示着村民面临市场竞争引发市场联系消失的风险，由此村民始终需要面对市场联系的重新建立和维持。这在村民从事过的农业生产与非农生产中已经得到充分展现。在这个过程中，尽管村民的社会资本在更为广泛的意义上也存在相对欠缺的问题，但由于自身以及对其他生计资本具有的积极作用，因而社会资本始终是村民建立市场联系的关键依据。除积极作用之外，社会资本生成于人际关系亦即社会联系的性质进一步决定它对村民具有突出意义，因为村民通过村庄的熟人关系网络以及既存的社会互动方式能够便利地形成社会资本。相较而言，村民获取人力、物质等生计资本无法循此便利。社会资本的拥有量在不同阶层和职业活动[①]、不同收入[②]的人群中存在结构差异，社会资本的回报也相应有高低之分[③]。这意味着，虽然村民现有的社会资本在生计中发挥着突出作用，但在更大的社会范围内，社会资本对村民生计的作用是相对有限的。市场竞争的程度越高，要求行动者拥有的社会资本就越多。[④]基于此，可以认为，在市场经济不断发展的过程中，社会资本对村民生计的意义将会越来越重要。本宾顿同样注意到社会资本在农民生计中的关键地位，将生计置于社会关系中，认为社会资本是行动者获取生活所需资料

① 参见边燕杰：《城市居民社会资本的来源及作用：网络观点与调查发现》，《中国社会科学》2004年第3期。

② 参见周晔馨：《社会资本是穷人的资本吗？——基于中国农户收入的经验证据》，《管理世界》2012年第7期。

③ 参见周晔馨、叶静怡：《社会资本在减轻农村贫困中的作用：文献述评与研究展望》，《南方经济》2014年第7期。

④ 参见边燕杰、缪晓雷：《如何解释“关系”作用的上升趋势？》，《社会学评论》2020年第1期。

的前提。[①] 但令人遗憾的是，除此之外，社会资本在生计研究中并未得到足够的重视。在生计理论（即可持续生计理论框架）中，社会资本与其他生计资本居于同等地位，但从实际作用来看并非如此。因此，社会资本对于农民的生计具有突出意义，这一点应该得到充分的认识。

上述主要研究结论能够进一步地概括为以下几点。第一，因市场的嵌入，农民的生计由自给自足型转变为市场依赖型，在个体层面上表现为生计能否持续取决于市场联系的存在与否。第二，行动者基于生计资本在生产方面形成市场联系以产生生计结果，维续生计。第三，在行动者形成市场联系的过程中，生计资本的作用受到市场竞争状况的左右。第四，生计资本中的社会资本因其社会联系性对农民形成市场联系具有突出意义。简言之，农民基于生计资本在市场竞争中形成市场联系维续生计，其中社会资本具有突出作用。市场联系概念的提出意味着强调市场（市场经济）嵌入农民生计产生的深远影响。这在理论内涵上同时包含关于市场的"形式嵌入"和"实体嵌入"思想，[②] 一方面，市场是一个有其运行机制的客体，即"形式嵌入"，个体的生计依赖于与它的客观联系，这种联系受到市场运行机制的影响；另一方面，市场具体存在于人际互动关系之中，即"实体嵌入"，由此社会资本对行动者在生产方面形成市场联系具有重要意义。这些结论也能够对生计理论和农村发展产生一些启发。

二、研究启发

本书围绕市场联系概念就农民或者说西村村民的生计在归纳的基础上得到以上相关结论。由于限定在生计研究领域，因而研究结论的理论贡献是相对于该领域的主要观点而言的。同时，研究结论在实践意义上也能够给当下农村的发展带来一些启发。

---

① Bebbington A., "Capitals and Capabilities: A Framework for Analyzing Peasant Viability, Rural Livelihoods and Poverty", *World Development*, Vol.27, No.12, 1999, pp.2021-2044.

② 参见符平：《"嵌入性"：两种取向及其分歧》，《社会学研究》2009 年第 5 期。

（一）市场联系对生计理论的补充

生计理论对个体层次的生计形成与持续具有一般的解释意义。在生计理论（即可持续生计理论框架）中，生计的持续包括自然环境、结构与过程、生计资本、生计策略以及生计输出（结果），其中生计资本占据理论核心地位。生计资本获取于结构与过程要素，同时受到自然环境、结构与过程等宏观因素的影响，在此背景下，行动者基于生计资本在宏观因素的约束下选择生计策略以获取包括收入、幸福感等在内的生计结果，生计结果又反作用于行动者的生计资本状况，最终围绕生计资本形成一个持续作用的动态过程（图 7-1 中实线部分所示）。因而，在生计理论看来，生计的基础是生计资本，这是行动者在微观层面选择生计策略以及获得生计结果的基本依据。毋庸置疑，生计理论的核心观点在一般意义上揭示了生计的形成与持续过程，也得到来自不同区域的经验材料的验证。不过，遗憾的是，目前的生计理论忽视了农民卷入市场经济、市场嵌入农民的生计这个事实产生的生计后果，因而需要得到一些补充。

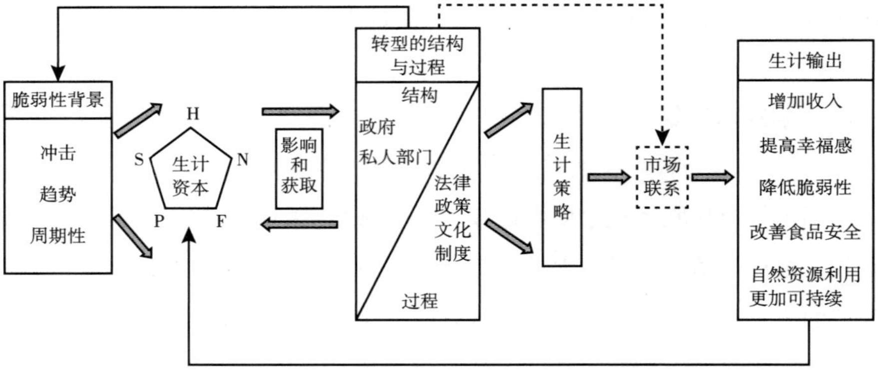

图 7-1　市场依赖型生计下的可持续生计理论框架

说明：H- 人力资本；P- 物质资本；S- 社会资本；N- 自然资本；F- 金融资本

资料来源：Farrington J., Carney D., Ashley C., et al., “Sustainable Livelihoods in Practice: Early Applications of Concepts in Rural Areas”, *Natural Resource Perspectives*, No.42, 1999, pp.1-14。

市场联系概念对生计理论的完善能够产生一定的启发。本书在研究中发现，农民的生计因市场的嵌入由自给自足型转变为市场依赖型。在此前提下，生计资本对于生计的作用经由市场联系实现，而这个过程受到市场竞争状况的左右。这意味着从生计资本到生计结果这个微观过程需要加入市场联系要素，具体表述为：行动者基于生计资本选择生计策略作用于市场联系的形成以获得生计结果。市场嵌入农民生计产生的后果无法被纳入生计理论的解释框架，例如结构与过程因素和生计资本之间的作用关系即影响和获取。市场经济本质上作为一种结构与制度因素，固然会对行动者生计资本的作用产生影响，也是行动者获取生计资本的来源。但更要看到，市场通过生活资料的商品化嵌入农民的生计之中，将生计的物质形成过程带入市场交换的逻辑。此时，生计资本对生计的作用就取决于能否以商品的最终形式参与到市场交换之中，即在生产方面形成市场联系。而且，在市场社会中，具有能动性的行动者无论选择何种生计策略用以实现收入增加、食物增加等生计结果，市场交换的逻辑始终占据支配地位。换言之，市场嵌入改变了生计资本对生计的作用逻辑。这一点是目前的生计理论未能涵括的。基于此，本书认为市场联系能够作为新的要素加入目前的生计理论。此外，市场联系的形成受到市场竞争状况的左右，而市场竞争状况受到政策、制度、政府等因素的影响，这也就意味着市场联系的形成受到结构与过程因素的影响。

因而，根据以上论述，本书对生计理论（即可持续生计理论框架）做出补充（图 7-1 中虚线部分）。自然与社会的宏观要素保持不变，变化在于市场联系要素出现在生计策略与生计输出（结果）之间，同时市场联系要素和结构与过程要素存在单向的作用关系。由此得出结论：在宏观因素的影响下，行动者基于生计资本选择生计策略以形成市场联系，经由市场联系获得生计结果，其中市场联系的存在还受到结构与过程因素的影响。需要强调的是，补充内容的适用范围限定在市场依赖型生计的前提下。不过，考虑到市场经济遍及全球众多农村地区的现实情况，这一补充并未完全削弱生计理论的一般意义，产生“削足适履”的效果。所以，市场联系概念的提出对生计理论的完善具有启发意义。

（二）市场联系对农村发展的启示

城市化与乡村振兴是当下中国思考农民命运的两条主要线索。农民形成市场联系以融入现代社会需要持续地同时具备四个基本要素：察觉市场需求、生产符合市场需求的商品、将商品与市场需求建立空间联系、发生交换关系。城市作为经济发展的中心，其中存在的更为丰富多样的市场需求不仅为农民形成市场联系提供了必要的前提条件，也在此基础上带来了更多的机会。农民通过自由流动进入城市，一方面能够提升自身察觉市场需求的能力，另一方面也能够在建立空间联系方面得到便利。因此，在市场联系的意义上，进入城市是农民在现代化进程中实现生计持续的一种重要选择。“人口、生产和财富向城市、大城市和发达地带聚集和集中”①，更是突出了这种选择对农民的重要性。因而，在这个过程中，保障农民的迁徙自由、经济自由、权利（自由行为空间）是推动中国城市化的根本②，更是对农民生计的持续具有切身的积极意义。

虽然进入城市是农民追寻美好生活的重要选择，不过，从市场联系来看，农村在农民生计中的作用是不可忽视的。居村生活有助于农民应对市场联系的不稳定产生的生计风险。由于市场嵌入生计之中，身处现代社会的农民面临的生计风险也来自市场竞争。由于市场竞争普遍存在，农民在生产方面形成的市场联系是不稳定的，考虑到农民生计资本相对欠缺的状况，这种不稳定性变得更为强烈。市场联系的相对脆弱，预示着农民在市场联系消失后如何维持生计是一个现实问题。由于村庄中土地、房屋、社会支持网络等因素的存在，居村生活为农民维持一种低消费水平的生计提供了可能。这又以土地的福利作用最为关键。尽管农民的生计伴随市场经济的深化变得无法完全、彻底地切断与市场的联系，但是农民在失去生产方面的市场联系之后，能够基于土地福利降低生计的持续对市场消费的依赖程度，也可以在土地的基础上凭借村庄中的互惠关系推动物质资料由生产向生活流动。这无疑也为农民重新建立市场联系奠定

---

① 周其仁:《城乡中国》（上），中信出版社 2013 年版，第 8 页。

② 参见周其仁:《城乡中国》（上），中信出版社 2013 年版。

了前提。正如贺雪峰所指出的，中国的农村土地制度是农民应对危机独有的资源，“农村不仅是中国农民应该享受的最基础的人权的依托，而且是中国经济快速发展却仍然能够保持稳定的基础”①。所以，居村生活是农民应对生计危机的一项可行的生计策略。

居村生活也有助于农民利用村庄中已有的生计资本形成市场联系。在西村的例子中可以看到，房屋不只是村民的生活居所，在村民制作铜器时也作为一项物质资本承担着生产场所的功能。同时，在居村生活中，农民能够充分发挥自身对乡村生活以及周边环境熟悉的优势察觉市场需求，也能够通过乡村中的关系网络促进生产能力的形成和交换关系的发生，这对长期栖身于此的村民来说尤为如此。相较而言，在农民进入陌生的城市后，这些已有的生计资本会因为形成和作用条件的变化随之消失，进而无法加入市场竞争引发的生计资本的比较。不仅如此，农民还面临形成和发展新的生计资本的需要。目前，交通、物流网络的完善为农民将生产的商品与消费者建立空间联系提供了极大便利，信息技术的发展使农民能够察觉到更为多样的市场需求。此时，农民居村生活的关键就在于如何在熟悉的场域中构建生计资本以在市场竞争中促成交换关系的发生。对此，农民面临着一些现实困境。一个明显的例子是，市场经济、现代传媒、自由流动等因素导致村庄共同体解体和社会关联度降低②，农民形成社会资本的条件也因此受到削弱。党的十九大提出实施乡村振兴战略，“乡村振兴战略是未来促进我国农业农村现代化的总战略”③，“是解决城乡发展不平衡和农村发展不充分矛盾的重大举措”④。农村今后的发展因此被赋予无限可能。伴随这个过程，居村生活在农民生计中的地位将会得到提升。因而，从市场联系的角度来看，农村对农民的生计具有不可忽视的意义，系统推进的乡村

① 贺雪峰：《地权的逻辑：中国农村土地制度向何处去》，中国政法大学出版社 2010 年版，第 313 页。

② 参见贺雪峰：《新乡土中国》（修订版），北京大学出版社 2013 年版。

③ 叶兴庆：《新时代中国乡村振兴战略论纲》，《改革》2018 年第 1 期。

④ 黄祖辉：《准确把握中国乡村振兴战略》，《中国农村经济》2018 年第 4 期。

振兴为农民在城市化之外带来新的生计可能。

无论农民进入城市还是留居农村，最终目的都在于通过市场联系整合进现代社会的发展进程之中，其中的关键又在于在生产方面形成市场联系。这一点能够带来一些启发。第一，市场联系的形成以市场需求为前提，农民在日益发展且充满竞争的市场经济中察觉市场需求，需要得到与之相适应的行动空间，形成基础包括交通网络、信息技术、自由流动等。“中国走市场经济之路，实质就是扩大自由之路”①，因此农民进入城市或者留居农村形成市场联系依赖一个自由行动的空间。第二，在普遍的市场竞争中建立和维持市场联系要求行动者的生计资本处于不断形成、利用、发展的动态过程，这需要农民充分发挥自身的能动性，生计资本的社会结构差异更要求政府、社会力量介入。例如，农民进入城市后社会资本由先赋性向异质性、本地性的转换需要政策力量介入。② 第三，行动者在生产方面形成的市场联系因市场竞争存在失去的风险，重新建立市场联系的过程与行动者发挥个体能动性紧密相关，不过，农民生计资本相对欠缺的状况同样要求得到来自政府、社会力量的制度化支持。在生产方面形成市场联系关乎农民生计的持续，更是农民融入现代社会的重要方面和体现，这一点在城市化与乡村振兴的推进过程中需要充分注意。

三、不足与展望

本书是基于社会学的立场对生计研究进行扩展和深化的一次尝试，在理论建构和研究方法方面存在以下不足。

一方面，本书在理论建构方面存有缺憾。首先，尽管本研究始终注意考察行动与结构的关系，但需要承认的是，以行动者为研究视角限制了本研究将更为宏观的制度、结构因素纳入经验材料之中，因而本书在论述过程中未能对制

① 周其仁:《城乡中国》(上)，中信出版社 2013 年版，第 84 页。

② 参见程诚、边燕杰:《社会资本与不平等的再生产——以农民工与城市职工的收入差距为例》，《社会》2014 年第 4 期。

度与结构因素进行详尽的分析。这在一定程度上削弱了研究观点的理论内涵。其次，本书主要是在归纳的基础上形成研究观点，这在理论形成过程的意义上是不完整的，而本书基于有限的经验材料形成的结论无疑又存在研究观点适用范围的问题。再次，本书在论述过程中更多的是关注农民在生产方面形成市场联系，较少深究它产生的结果，包括村民的收入差异及其原因等。同时，相较于生计资本，本书对生计策略的讨论也不够充分。最后，生计研究是一个多学科共同参与、相互融合的领域，虽然本书在论述过程中恪守社会学的立场，基于嵌入性理论、社会资本理论对经验材料进行分析、总结，形成研究结论，并以此为基础对现有的生计理论进行拓展，但由于本书出于研究的需要较多地引用了来自其他学科的相关成果，这在文献回顾部分尤为明显，因而容易给人留下一种社会学色彩不浓的印象。

另一方面，本书在研究方法方面存在不足。虽然在研究开展前，本书就访谈对象的性别和代际分布情况给予充分注意，但在实际开展访谈的过程中，由于访谈意愿、家中外出无人、传统性别观念等因素的影响，我们接触到并且能够进行深度访谈的对象多为户主，即中年男性村民。这无疑是失之偏颇的。这种不足从两个方面得到一定程度的弥补，一是中年男性村民的劳动历程横跨包产到户前后两个时期，他们的个人经历能够相对完整地反映村民在长时间跨度中的生计实践，因而从这个群体获取的经验材料能够在很大程度上回答本书提出的问题；二是在开展过程中借助观察、与知情村民闲聊、多方求证等手段力求获得村民生计的完整图景，以此弥补在获取访谈对象上的不足。尽管如此，本书始终承认这种不足对研究结论的影响依然是存在的。这意味着研究结论在需要被审慎对待的同时，更需要在今后的研究中得到进一步讨论。

因市场的嵌入，农民基于生计资本形成市场联系以实现生计的持续。基于此，本书对今后的研究做出如下展望。第一，进一步挖掘生计资本、生计策略和市场联系之间的作用机制与模式。生计资本是基本依据，生计策略是行动者在内外条件约束下选择的使用生计资本的方式，是个体能动性的体现，行动者由此在生产方面建立与维持市场联系。虽然本书基本明确了它们之间的因果链条，但是其中存在的作用机制和模式仍然需要深入分析和总结。第二，探究农民在形成市场联系的过程中存在的结构与制度障碍。本书粗略地揭示了农民在生产方面形成的市场联系因市场竞争存在失去的风险，这又体现在生计资本的比较状况方面。然而，由于材料有限，本书并未就其中存在的结构、制度因素进行全面深入的剖析，而这关乎农民生计在社会意义上的可持续性，因此需要得到相关研究的进一步支持。第三，丰富社会资本在生计研究中的理论意义。本书对社会资本具有的突出作用进行了阐明。不过，社会资本的突出作用如何受到社会文化情境等因素的调节并且产生差异，对此有必要在今后的研究中进行考察。此外，社会资本如何受到其他生计资本的影响及其相互之间的作用关系也是值得重视的问题。从以上几个方面开展研究有助于推动生计研究进一步发展。如何更好地活下去？这是个体面临的日常问题，更是构建人类命运共同体面临的重大课题。坚持不懈地推进生计研究为解答这个议题提供了一种可能。以关注民生为己任的社会学无疑需要对此贡献自己的力量。

附　录

附录一：访谈主题

1. 家庭的人口情况，具体包括成年人数量、劳动力数量等。

2. 家庭的收入来源。

3. 家庭的日常消费支出以及购买行为。

4. 家庭的重大消费情况。

5. 家庭的住房情况，包括修建时间、房屋面积、花费、资金来源等。

6. 个人的劳动和职业经历，包括包产到户前的劳动经历、包产到户后的职业经历。

7. 家庭其他成员的劳动和职业经历，包括具体职业、工作地点、具体收入等。

8. 在家制作铜器的情况。

9. 铜器的具体销售情况以及未来打算。

10. 在家种植胡萝卜的情况。

11. 对土地（旱地和水浇地）的处置情况，包括包产到户之初的情况以及今后的打算。

12. 对自己工作、生活的打算。

13. 对子女教育、生活以及工作的打算。

附录二：访谈对象的基本情况

表 1 访谈对象基本情况

访谈对象编码	性别	年龄	身份	职业状况
HY01	男	29 岁	村民	待业在家，之前在工厂打工
HY02	女	50 岁	村民	家庭主妇，偶尔出去做小工
HY03	男	51 岁	村民	制作铜灯
HY04	男	30 岁	村民	在村中养羊
HY05	男	35 岁	村民	经营村中的砂石场
HY06	男	45 岁	村民	唱花儿
HY07	男	45 岁	村支书	经营养殖场等，包括奶牛和羊
HY08	男	60 岁	党支部委员	制作铜灯
HY09	女	61 岁	村民	退出生产，照看孙辈
HY10	男	49 岁	村民	制作铜灯
HY11	男	54 岁	村民	打井，之前制作铜灯
HY12	男	31 岁	村民	在青海湖经营餐馆
HY13	男	32 岁	村民	制作仿古佛像
HY14	男	56 岁	村民	村医
HY15	男	56 岁	村民	因身体原因退出生产，之前制作铜灯
HY16	男	75 岁	村民，曾任生产队队长	退出生产
HY17	男	66 岁	村民	养殖场看门
HY18	男	67 岁	村民	退出生产
HY19	男	70 岁	村民	砂石场看门
HY20	男	55 岁	村民	照看孙辈，之前大规模种植胡萝卜
HY21	男	29 岁	村民	制作铜灯
HY22	男	47 岁	村民	运营中小型货车
HY23	女	45 岁	非本村村民	鱼塘承包人
HY24	女	50 岁	外嫁村民	在湟中县城经营民族工艺品店
HY25	男	44 岁	村民	制作铜香炉

续表

访谈对象编码	性别	年龄	身份	职业状况
HY26	男	84 岁	村民	退出生产
HY27	男	59 岁	村民，曾任村支书	退出生产，之前在西宁当保安
HY28	男	42 岁	村民	经营大货车和挖掘机
HY29	男	52 岁	村民	在西宁开出租车
HY30	男	67 岁	村民	照看孙辈，近两年退出制作铜香炉
HY31	男	79 岁	村民	退出生产
HY32	男	23 岁	村民	经营大货车
HY33	女	86 岁	村民	退出生产
HY34	男	62 岁	村民	照看孙辈，偶尔开小货车拉砖
HY35	男	61 岁	村民	协助儿子经营餐馆
HY36	男	55 岁	村民	在村中的搅拌站上班
HY37	男	29 岁	村民	制作铜灯
HY38	男	53 岁	村民	在西宁的宾馆做水电工
HY39	男	56 岁	村民	买卖白石灰
HY40	男	59 岁	村民	在村中的搅拌站上班
HY41	男	55 岁	村民	在西宁的政府单位烧锅炉
HY42	女	53 岁	村民	经营小商店，此前大规模种植胡萝卜
HY43	男	50 岁	村民	在村中的搅拌站上班
HY44	男	52 岁	村民，曾任村主任	在西宁的一家物业公司做电工
HY45	男	60 岁	村民，曾任村支书	为蔬菜大棚供应麦秸、农家肥料等
HY46	男	43 岁	村民	在工地上做木工
HY47	男	47 岁	村民	夏季在外经营餐馆，冬季在村中育肥肉牛
HY48	男	49 岁	包村干部	—
HY49	女	75 岁	村民	退出生产
HY50	女	30 岁	村民	在西宁做家政
HY51	女	28 岁	村民	家庭妇女，有过一段在村中加气块厂打工的经历
HY52	女	50 岁	村民	在西宁的酒店当保洁员

参考文献

一、中文文献

1. 著作

[英] 埃文思 · 普里查德:《努尔人：对尼罗河畔一个人群的生活方式和政治制度的描述》，褚建芳等译，华夏出版社 2001 年版。

[美] 艾尔 · 巴比:《社会研究方法》，邱泽奇译，华夏出版社 2009 年版。

[法] 费尔南 · 布罗代尔:《15 至 18 世纪的物质文明、经济和资本主义》第 1 卷，顾良、施康强译，生活 · 读书 · 新知三联书店 2002 年版。

[法] 费尔南 · 布罗代尔:《15 至 18 世纪的物质文明、经济和资本主义》第 2 卷，顾良译，生活 · 读书 · 新知三联书店 2002 年版。

[法] 费尔南 · 布罗代尔:《15 至 18 世纪的物质文明、经济和资本主义》第 3 卷，施康强、顾良译，生活 · 读书 · 新知三联书店 2002 年版。

风笑天:《社会研究方法》，中国人民大学出版社 2018 年版。

贺雪峰:《地权的逻辑：中国农村土地制度向何处去》，中国政法大学出版社 2010 年版。

贺雪峰:《乡村社会关键词：进入 21 世纪的中国乡村素描》，山东人民出版社 2010 年版。

贺雪峰:《新乡土中国》(修订版)，北京大学出版社 2013 年版。

[美]黄宗智:《华北的小农经济与社会变迁》，中华书局 1986 年版。

[美]黄宗智:《长江三角洲小农家庭与乡村发展》，中华书局 1992 年版。

[美]黄宗智:《中国农村的过密化与现代化：规范认识的危机及出路》，上海社会科学院出版社 1992 年版。

湟中县地方志编纂委员会编:《湟中县志》，青海人民出版社 1989 年版。

湟中县地方志编纂委员会编:《湟中县志（1986 ～ 2010）》(暂未刊印)。

[英]亨利·伯恩斯坦:《农政变迁的阶级动力》，汪淳玉译，社会科学文献出版社 2011 年版。

[匈牙利]卡尔·波兰尼:《巨变：当代政治与经济的起源》，黄树民译，社会科学文献出版社 2013 年版。

（清）梁份:《秦边纪略》，青海人民出版社 2015 年版。

林南:《社会资本：关于社会结构与行动的理论》，张磊译，上海人民出版社 2005 年版。

（明）刘敏宽、龙膺:《西宁卫志》，王继光辑注，青海人民出版社 1993 年版。

陆益龙:《制度、市场与中国农村发展》，中国人民大学出版社 2013 年版。

[法]孟德拉斯:《农民的终结》，李培林译，中国社会科学出版社 1991 年版。

[俄]A·恰亚诺夫:《农民经济组织》，萧正洪译，中央编译出版社 1996 年版。

秦晖:《农民中国：历史反思与现实选择》，河南人民出版社 2003 年版。

[美]施坚雅:《中国农村的市场和社会结构》，史建云、徐秀丽译，中国社会科学出版社 1998 年版。

[英]汤因比:《人类与大地母亲：一部叙事体世界历史》，徐波等译，上海人民出版社 2012 年版。

温铁军:《“三农问题”与制度变迁》，中国经济出版社 2009 年版。

[美]西奥多·W.舒尔茨:《改造传统农业》,梁小民译,商务印书馆1999年版。

许宝强、渠敬东编:《反市场的资本主义》,中央编译出版社2000年版。

[以色列]尤瓦尔·赫拉利:《人类简史:从动物到上帝》,林俊宏译,中信出版社2014年版。

(清)杨应琚:《西宁府新志》,青海人民出版社1988年版。

叶敬忠:《发展的故事:幻象的形成与破灭》,社会科学文献出版社2015年版。

(清)张廷玉等撰:《明史》第8册,中华书局1974年版。

周其仁:《城乡中国》(上),中信出版社2013年版。

周其仁:《城乡中国》(下),中信出版社2014年版

2. 期刊论文

边燕杰、张文宏、程诚:《求职过程的社会网络模型:检验关系效应假设》,《社会》2012年第3期。

边燕杰:《城市居民社会资本的来源及作用:网络观点与调查发现》,《中国社会科学》2004年第3期。

边燕杰、缪晓雷:《如何解释"关系"作用的上升趋势?》,《社会学评论》2020年第1期。

边燕杰、张磊:《论关系文化与关系社会资本》,《人文杂志》2013年第1期。

边燕杰:《社会资本研究》,《学习与探索》2006年第2期。

常周梅、胡文博、张丽娟:《西宁市1951～2015年气温及降水量变化特征》,《水电能源科学》2017年第2期。

陈那波:《国家、市场和农民生活机遇——广东三镇的经验对比》,《社会学研究》2009年第6期。

陈新海、明代兴:《屯戍边与青海地名》,《青海民族学院学报》1996年第2期。

陈言新、彭展:《从兼业经营到专业化：中国农民经营形式的转换——兼与韩俊同志商榷》,《经济研究》1989 年第 12 期。

程诚、边燕杰:《社会资本与不平等的再生产——以农民工与城市职工的收入差距为例》,《社会》2014 年第 4 期。

崔永红:《明代青海河湟地区屯田的分布和军户的来源》,《青海社会科学》1988 年第 6 期。

崔永红:《明代青海疑难历史地理问题考证》,《青海民族大学学报》(社会科学版)2016 年第 1 期。

邓伟志、卜佳慧:《民生论》,《上海大学学报》(社会科学版)2008 年第 4 期。

都兴宙:《青海汉族的“社日”风俗及其他》,《青海民族研究》1998 年第 4 期。

杜润生:《关于农村生产专业化、商品化问题》,《中国农村经济》1985 年第 3 期。

房琳栋、王军、靳亦冰:《青海庄廓民居更新与建造技术策略研究》，中国民族建筑研究会第二十一届学术年会论文，长沙，2018 年。

符平:《“嵌入性”：两种取向及其分歧》,《社会学研究》2009 年第 5 期。

宫刚升:《反思波兰尼〈大转型〉的九个命题》,《浙江社会科学》2014 年第 6 期。

宫春子、许海燕:《数说基尼系数那些事》,《中国统计》2017 年第 8 期。

郭文松、张敏文、吴凡等:《世界银行发布〈国民财富的变化：2018〉报告》,《中国财政》2018 年第 13 期。

韩俊:《我国农户兼业化问题探析》,《经济研究》1988 年第 4 期。

何仁伟、刘邵权、陈国阶等:《中国农户可持续生计研究进展及趋向》,《地理科学进展》2013 年第 4 期。

贺喜炎:《青海汉族“田社”习俗与春社关系探析》,《青海社会科学》2011 年第 6 期。

侯婧、左停:《生计过程中的农民行动逻辑》,《青海民族研究》2016年第3期。

奂平清、何钧力:《中国农民职业化现状及其影响因素——基于中国综合社会调查(CGSS 2010)的分析》,《武汉大学学报》(哲学社会科学版)2015年第4期。

黄凤:《农村流动劳动力的社会资本研究》,《社会》2002年第11期。

黄祖辉:《准确把握中国乡村振兴战略》,《中国农村经济》2018年第4期。

贾伟、马兴盛:《试论明代青海河湟地区人口迁移》,《青海民族研究》2002年第2期。

蒋乃华、卞智勇:《社会资本对农村劳动力非农就业的影响——来自江苏的实证》,《管理世界》2007年第12期。

黎洁、李亚莉、邰秀军等:《可持续生计分析框架下西部贫困退耕山区农户生计状况分析》,《中国农村观察》2009年第5期。

李博、左停:《农村就地城镇化过程中农民生计方式转型研究——基于北京市大兴区的调查》,《农业农村部管理干部学院学报》2015年第3期。

李小云、孙丽:《公共空间对农民社会资本的影响——以江西省黄溪村为例》,《中国农业大学学报》(社会科学版)2007年第1期。

李行、温铁军:《中国60年农村土地制度变迁》,《科学对社会的影响》2009年第3期。

梁义成、李树茁、李聪:《基于多元概率单位模型的农户多样化生计策略分析》,《统计与决策》2011年第15期。

林毅夫:《改革开放40年中国经济增长创造世界奇迹》,《智慧中国》2018年第10期。

刘彬彬、陆迁、李晓平:《社会资本与贫困地区农户收入——基于门槛回归模型的检验》,《农业技术经济》2014年第11期。

刘拥华:《市场社会还是市场性社会?——基于对波兰尼与诺斯争辩的分析》,《社会学研究》2011年第4期。

陆学艺、杨桂宏:《破除城乡二元结构体制是解决"三农"问题的根本途径》,《中国农业大学学报》(社会科学版)2013 年第 3 期。

陆学艺:《中国社会结构的变化及发展趋势》,《云南民族大学学报》(哲学社会科学版)2006 年第 5 期。

陆学艺:《破除城乡二元结构　实现城乡经济社会一体化》,《社会科学研究》2009 年第 4 期。

罗铭莲:《胡萝卜缺素试验初报》,《青海农技推广》2014 年第 4 期。

马岩芳:《仪式、信仰与乡土社会秩序建构——以青海湟中葛家寨村的社火表演为研究个案》,《青海师范大学学报》(哲学社会科学版)2010 年第 5 期。

彭勇:《明代卫所制度流变论略》,《民族史研究》第 7 辑,民族出版社 2007 年版。

秦红增、李青蓓、段春营:《城郊失地农民"生计内卷化"及调适策略——以南宁市郊留肖壮族新村为例》,《青海民族研究》2015 年第 4 期。

秦红增、银河欢:《乡村生计转型视野下的返乡农民工再就业——以广西石丰村为例》,《云南民族大学学报》(哲学社会科学版)2011 年第 2 期。

荣宁:《明代西宁卫人口试析》,《中国历史地理论丛》2002 年第 2 期。

石德生:《明初湟水流域汉族社会之政治管理体制》,《攀登》2007 年第 4 期。

苏芳等:《生计资本与生计策略关系研究——以张掖市甘州区为例》,《中国人口·资源与环境》2009 年第 6 期。

苏芳、徐中民、尚海洋:《可持续生计分析研究综述》,《地球科学进展》2009 年第 1 期。

汤青:《可持续生计的研究现状及未来重点趋向》,《地球科学进展》2015 年第 7 期。

涂丽:《生计资本、生计指数与农户的生计策略——基于 CLDS 家户数据的实证分析》,《农村经济》2018 年第 8 期。

王继权、姚寿福:《专业化、市场结构与农民收入》,《农业技术经济》

2005 年第 5 期。

王晶:《农村市场化、社会资本与农民家庭收入机制》,《社会学研究》2013 年第 3 期。

王丽花:《湟源县脑山耕地撂荒问题的调查分析》,《中国农业信息》2014 年第 7 期。

王铭铭:《卡尔·波兰尼——诠释大转型年代》,《文史博览》(理论)2011 年第 6 期。

王三秀:《国外可持续生计观念的演进、理论逻辑及其启示》,《毛泽东邓小平理论研究》2010 年第 9 期。

韦惠兰、祁应军:《农户生计资本与生计策略关系的实证分析——以河西走廊沙化土地封禁保护区外围为例》,《中国沙漠》2016 年第 2 期。

温铁军、刘亚慧、张振:《生态文明战略下的三农转型》,《国家行政学院学报》2018 年第 1 期。

温铁军:《半个世纪的农村制度变迁》,《北方经济》2003 年第 8 期。

温铁军:《中国“三农”:值得深思的三大问题》,《学习月刊》2005 年第 3 期。

温铁军:《“三农”问题与农村土地所有制形式》,《资源导刊》2009 年第 2 期。

文军、吴越菲:《流失“村民”的村落:传统村落的转型及其乡村性反思——基于 15 个典型村落的经验研究》,《社会学研究》2017 年第 4 期。

吴忠民:《中国现阶段贫富差距扩大问题分析》,《科学社会主义》2001 年第 4 期。

伍艳:《农户生计资本与生计策略的选择》,《华南农业大学学报》(社会科学版)2015 年第 2 期。

昔小丽:《甘肃省胡萝卜产业现状与发展建议》,《甘肃农业科技》2015 年第 8 期。

先巴:《明代卫所制度与青海高原屯寨文化的形成》,《青海民族大学学报》

（社会科学版）2010 年第 3 期。

谢蓓、郭帅旗：《农民新型生计方式与乡村变迁——以豫北 K 村为例》，《青海民族研究》2015 年第 3 期。

辛格、吉尔曼：《让生计可持续》，《国际社会科学杂志》（中文版）2000 年第 4 期。

熊正贤：《农民生计转型与土地意识嬗变——来自贵州穿青人地区的调查》，《中南民族大学学报》（人文社会科学版）2018 年第 2 期。

徐定德等：《西南典型山区农户生计资本与生计策略关系研究》，《西南大学学报》（自然科学版）2015 年第 9 期。

徐黎丽、朱璧莹：《石油资源枯竭后的村庄生计转型研究——以长庆油田所在地甘肃省 ××× 县 ××× 村为例》，《地域文化研究》2017 年第 1 期。

阎建忠等：《青藏高原东部样带农牧民生计的多样化》，《地理学报》2009 年第 2 期。

叶兴庆：《新时代中国乡村振兴战略论纲》，《改革》2018 年第 1 期。

张爱明：《生计多样与职业分化：近代晋南农民的生存策略》，《太原理工大学学报》（社会科学版）2016 年第 5 期。

张谦：《中国农村的商品化》，《中国农业大学学报》（社会科学版）2016 年第 6 期。

张文宏、张莉：《劳动力市场中的社会资本与市场化》，《社会学研究》2012 年第 5 期。

张文宏：《社会资本：理论争辩与经验研究》，《社会学研究》2003 年第 4 期。

张文宏：《中国的社会资本研究：概念、操作化测量和经验研究》，《江苏社会科学》2007 年第 3 期。

张文宏：《中国社会网络与社会资本研究 30 年（上）》，《江海学刊》2011 年第 2 期。

张文宏：《中国社会网络与社会资本研究 30 年（下）》，《江海学刊》2011

年第 3 期。

赵延东:《再就业中的社会资本：效用与局限》,《社会学研究》2002 年第 4 期。

赵映林:《明代的军事制度》,《文史杂志》1987 年第 1 期。

郑杭生、奂平清:《社会资本概念的意义及研究中存在的问题》,《学术界》2003 年第 6 期。

周大鸣、向璐:《社会空间视角下“淘宝村”的生计模式转型研究》,《吉首大学学报》(社会科学版）2018 年第 5 期。

周宏伟:《两汉时期河湟地理环境探索——兼论汉羌争战的主要原因》,《青海社会科学》1988 年第 2 期。

周亮:《河湟花儿的文化渊源研究》,《甘肃社会科学》2011 年第 5 期。

周晔馨、叶静怡:《社会资本在减轻农村贫困中的作用：文献述评与研究展望》,《南方经济》2014 年第 7 期。

周晔馨:《社会资本是穷人的资本吗？——基于中国农户收入的经验证据》,《管理世界》2012 年第 7 期。

周晔馨:《社会资本在农户收入中的作用——基于中国家计调查（CHIPS 2002）的证据》,《经济评论》2013 年第 4 期。

Roberts M. G.、杨国安:《可持续发展研究方法国际进展——脆弱性分析方法与可持续生计方法比较》,《地理科学进展》2003 年第 1 期。

3. 学位论文

黄耀东:《移民、卫所与茶马——以明代河湟地区为例》，青海师范大学硕士学位论文，2012 年。

李向振:《城边村日常生活与生计策略的民俗志研究》，山东大学博士学位论文，2016 年。

解彩霞:《现代化·个体化·空壳化：一个当代中国西北村庄的社会变迁》，厦门大学博士学位论文，2014 年。

杨瑞玲:《解构乡村：共同体的脱嵌、超越与再造》，中国农业大学博士学位论文，2015年。

4. 报纸文章

何耀军:《湟中县西堡镇胡萝卜滞销》,《西海都市报》2017年9月11日。

刘伟业:《永昌县创建全省绿色食品原料（胡萝卜）标准化生产基地助农增收》,《金昌日报》2017年8月23日。

5. 网站文章

农产品质量安全监管司:《中华人民共和国农产品地理标志登记公示〔2017〕第5号》，2018年1月18日，http://www.moa.gov.cn/govpublic/ncpzlaq/201801/t20180118_6135301.htm。

《青海统计年鉴2020》编辑委员会:《青海统计年鉴2020》，2020年，http://tjj.qinghai.gov.cn/nj/2020/indexch.htm。

西宁市人民政府:《关于印发〈西宁市2011年燃煤锅炉“煤改气”及市场燃煤设施专项整治工作实施方案〉的通知》，2011年5月13日，http://www.xining.gov.cn/xxgk/zt/ny/201105/t20110513_137585.html。

西宁市人民政府:《关于印发西宁市2014年“煤改气”治理工作方案的通知》（宁政〔2014〕63号），2014年3月28日，http://www.xining.gov.cn/xxgk/zt/cx/201403/t20140328_137831.html。

西宁市人民政府:《关于印发西宁市2019年燃煤锅炉“煤改气”治理工作实施方案的通知》（宁政办〔2019〕94号），2019年7月12日，http://www.xining.gov.cn/xxgk/zt/cx/201907/t20190712_137893.html。

西宁市统计局:《2018年西宁市农村基础设施更加完善》,2019年2年3月，http://tjj.xining.gov.cn/html/872/336266.html。

西宁市统计局:《2019年12月份西宁市国民经济月报》,2020年2月28日，http://tjj.xining.gov.cn/html/873/340295.html。

二、英文文献

1. Monograph

Alexander J. C. and Colomy P., *Differentiation Theory and Social Change: Comparative and Historical Perspectives* , New York: Columbia University Press, 1990.

Agergaard J., Fold N., Gough K. V., *Rural-urban Dynamics: Livelihoods, Mobility and Markets in African and Asian Frontiers*, Abingdon: Routledge, 2009.

De Haan H. J. and Long N., *Images and Realities of Rural Life: Wageningen Perspectives on Rural Transformations,* Assen: Van Gorcum & Comp. B. V., 1997.

Ellis F., *Rural Livelihood Diversity in Developing Countries: Evidence and Policy Implications*, London:Overseas Development Institute,1999.

Ellis F., *Rural Livelihoods and Diversity in Developing Countries,* Oxford: Oxford University Press, 2000.

Farrington J., Carney D., Ashley C., et al., "*Sustainable Livelihoods in Practice: Early Applications of Concepts in Rural Areas*, *Natural Resource Perspectives*, No.42, 1999.

Hajdu F., *Local Worlds: Rural Livelihood Strategies in Eastern Cape, South Africa*, Linköping: Linköping University, 2006.

Li Peilin, *People's Livelihood in Contemporary China: Changes, Challenges and Prospects*, Singapore: World Scientific Publishing Co. Pte. Ltd., 2014.

Marschke M., *Livelihood in Context: Learning with Cambodian Fishers*, Winnipeg: University of Manitoba, 2005.

Redclift M., *Sustainability: Life Chances and Livelihoods*, London: Routledge, 2000.

Start D. and Johnson C. A., *Livelihood Options? The Political Economy of*

Access, Opportunity and Diversification, Working Paper 233, Overseas Development Institute, 2004.

Virchow D. and Von Braun J., *Villages in the Future: Crops, Jobs, and Livelihood*, Berlin: Springer, 2001.

Zhang H. X., *Rural Livelihoods in China: Political Economy in Transition*, Abingdon: Routledge, 2015.

2. Journal Article

Addisu Y., "Livelihood Strategies and Diversification in Western Tip Pastoral Areas of Ethiopia" , *Pastoralism*, Vol.7, No.1, 2017.

Ahmad M. I., Oxley L., Ma H., "What Makes Farmers Exit Farming: A Case Study of Sindh Province, Pakistan" , *Sustainability*, Vol.12, No.8, 2020.

Akbar A. A. S., Pratiwi O. C., Nurprojo I. S., et al., "The Search for A Common Livelihood Space Between Rural and Industrial Areas" , *Masyarakat, Kebudayaan dan Politik*, Vol.33, No.1, 2020.

Barrett C. B., Reardon T., Webb P., "Nonfarm Income Diversification and Household Livelihood Strategies in Rural Africa: Concepts, Dynamics, and Policy Iimplications" , *Food Policy*, Vol.26, No.4, 2001.

Bebbington A., "Organizations and Intensifications: Campesino Federations, Rural Livelihoods and Agricultural Technology in the Andes and Amazonia" , *World Development*, Vol.24, No.7, 1996.

Bebbington A., "Capitals and Capabilities: A Framework for Analyzing Peasant Viability, Rural Livelihoods and Poverty" , *World Development,* Vol.27, No.12, 1999.

Bhandari P. B., "Rural Livelihood Change? Household Capital, Community Resources and Livelihood Transition" , *Journal of Rural Studies*, Vol.32, 2013.

Bian Yanjie, "Bringing Strong Ties back in: Indirect Ties, Network Bridges, and Job Searches in China" , *American Sociological Review*, Vol.62, 1997.

Bryceson D. F., "Deagrarianization and Rural Employment in Sub-Saharan Africa: A Sectoral Perspective" , *World Development*, Vol.24, No.1, 1996.

Bryceson D. F., "Sub-Saharan Africa Betwixt and Between: Rural Livelihood Practices and Policies" , *ASC Working Paper*, 1999.

Bryceson D. F., "The Scramble in Africa: Reorienting Rural Livelihoods" , *World Development*, Vol.30, No.5, 2002.

Bühler D., Grote U., Hartje R., et al., *Rural Livelihood Strategies in Cambodia: Evidence from A Household Survey in Stung Treng*, ZEF Working Paper Series, No. 137, 2015.

Carter M. R. and May J., "Poverty, Livelihood and Class in Rural South Africa" , *World Development*, Vol.27, No.1, 1999.

Challa T. G., Mamo A. T., Tibeso A. N., et al., "Rural Livelihood Diversification Status and Determinant Factors in Arsi, Ethiopia" , *International Journal of Business and Economics Research*, Vol.8, No.1, 2019.

Chambers R. and Conway G., *Sustainable Rural Livelihoods: Practical Concepts for the 21st Century*, IDS Discussion Paper 296, 1991.

De Haan L. J., "Globalization, Localization and Sustainable Livelihood" , *Sociologia Ruralis*, Vol.40, No.3, 2000.

De Haan L. J., "The Livelihood Approach: A Critical Exploration" , *Erdkunde*, Vol.66, No.4, 2012.

De Haan L. J. and Zoomers A., "Development Geography at the Crossroads of Livelihood and Globalization" , *Tijdschrift voor economische en sociale geografie*, Vol.94, No.3, 2003.

De Haan L. J. and Zoomers A., "Exploring the Frontier of Livelihoods Research" , *Development and Change*, Vol.36, No.1, 2005.

Dijk T., "Livelihoods, Capitals and Livelihood Trajectories: A More Sociological Conceptualization" , *Progress in Development Studies*, Vol.11, No.2, 2011.

Ellis F. and Biggs S., "Evolving Themes in Rural Development 1950s-2000s", *Development Policy Review*, Vol.19, No.4, 2001.

Ellis F., "Household Strategies and Rural Livelihood Diversification", *The Journal of Development Studies*, Vol.35, No.1,1998.

Ellis F., "The Determinants of Rural Livelihood Diversification in Developing Countries", *Journal of Agricultural Economics*, Vol.51, No.2, 2000.

Funk C., Sathyan A. R., Winker P., et al., "Changing Climate-changing Livelihood: Smallholder's Perceptions and Adaption Strategies", *Journal of Environmental Management*, Vol.259, 2020.

Granovetter M., "Economic Action and Social Structure: The Problem of Embeddedness", *American Journal of Sociology*, Vol.91, No.3,1985.

Harriss B., "Regional Growth Linkages from Agriculture", *The Journal of Development Studies*, Vol.23, No.2, 1987.

Kaag M., Van Berkel R., Brons J., et al., *Poverty Is Bad: Ways forward in Livelihood Research*, Livelihood Group, CERES Research School, 2002.

King R., Adler M. A., Grieves M., "Cooperatives as Sustainable Livelihood Strategies in Rural Mexico", *Bulletin of Latin American Research*, Vol.32, No.2, 2013.

Knutsson P. and Ostwald M., "A Process-oriented Sustainable Livelihoods Approach–A Tool for Increased Understanding of Vulnerability, Adaptation and Resilience", *Mitigation and Adaptation Strategies for Global Change*, Vol.28, No.3, 2023.

Kuang Foyuan, Jin Jianjun, He Rui, et al., "Farmers' Livelihood Risks, Livelihood Assets and Adaptation Strategies in Rugao City, China", *Journal of Environmental Management*, Vol.264, 2020.

Li Yuheng, Westlund H., Liu Yansui, "Why Some Rural Areas Decline While Some Others Not: An Overview of Rural Evolution in the World", *Journal of Rural*

Studies, Vol.68, 2019.

Li Yuheng, Westlund H., Zheng Xiaoyu, et al. "Bottom-up Initiatives and Revival in the Face of Rural Decline: Case Studies from China and Sweden", *Journal of Rural Studies*, Vol.47, 2016.

Li Yuheng, "Urban-rural Interaction in China: Historic Scenario and Assessment", *China Agricultural Economic Review*, Vol.3, No.3, 2011.

Liu Wei, Li Jie, Ren Linjing, et al., "Exploring Livelihood Resilience and Its Impact on Livelihood Strategy in Rural China", *Social Indicators Research*, Vol.150, No.3, 2020.

Liu Yansui and Li Yuheng, "Revitalize the World's Countryside", *Nature News*, Vol.548, 2017.

Liu Zhaoxu and Liu Liming, "Characteristics and Driving Factors of Rural Livelihood Transition in the East Coastal Region of China: A Case Study of Suburban Shanghai", *Journal of Rural Studies*, Vol.43, 2016.

Loison S. A., "Rural Livelihood Diversification in Sub-Saharan Africa: A Literature Review", *The Journal of Development Studies*, Vol.51, No.9, 2015.

Lynch T., Jenkins B., Kilarr A., "The Professional Farmer", *Australian Journal of Social Issues*, Vol.36, No.2, 2001.

Marschke M. and Berkes F., "Local Level Sustainability Planning for Livelihoods: A Cambodian Experience", *The International Journal of Sustainable Development & World Ecology*, Vol.12, No.1, 2005.

Martin S. M. and Lorenzen K., "Livelihood Diversification in Rural Laos", *World Development*, Vol.83, 2016.

Mitra A., "Social Capital, Livelihood and upward Mobility", *Habitat International*, Vol.32, No.2, 2008.

Murray C., *Livelihoods Research: Some Conceptual and Methodological Issues*, Chronic Poverty Research Centre Working Paper, 2001.

Murray C., "Livelihoods Research: Transcending Boundaries of Time and Space", *Journal of Southern African Studies*, Vol.28, No.3, 2002.

Niehof A. and Price L., *Rural Livelihood Systems: A Conceptual Framework*, UPWARD Working Paper Series, No.5, 2001.

Niehof A., "The Significance of Diversification for Rural Livelihood Systems", *Food Policy*, Vol.29, No.4, 2004.

Nielsen Ø J., Rayamajhi S., Uberhuaga P., et al., "Quantifying Rural Livelihood Strategies in Developing Countries Using an Activity Choice Approach", *Agricultural Economics*, Vol.44, No.1, 2013.

Portes A., "Social Capital: Its Origins and Applications in Modern Sociology", *Annual Review of Sociology*, Vol.24, No.1, 1998.

Quataert J. H., "Combining Agrarian and Industrial Livelihood: Rural Households in the Saxon Oberlausitz in the Nineteenth Century", *Journal of Family History*, Vol.10, No.2, 1985.

Schmidt-Kallert E., "A New Paradigm of Urban Transition: Tracing the Livelihood Strategies of Multi-locational Households", *Die Erde*, Vol.140, No.3, 2009.

Scoones I., *Sustainable Rural Livelihoods: A Framework for Analysis*, IDS Working Paper 72, 1998.

Scoones I., "Livelihoods Perspectives and Rural Development", *The Journal of Peasant Studies*, Vol.36, No.1, 2009.

Singh P. K. and Hiremath B. N., "Sustainable Livelihood Security Index in a Developing Country: A Tool for Development Planning", *Ecological Indicators*, Vol.10, No.2, 2010.

Steward A., "Nobody Farms Here Anymore: Livelihood Diversification in the Amazonian Community of Carvao, A Historical Perspective", *Agriculture and Human Values*, Vol.24, No.1, 2007.

Tiffen M., "Transition in Sub-Saharan Africa: Agriculture, Urbanization and Income Growth", *World Development*, Vol.31, No.8, 2003.

Wegenast T. and Beck J., "Mining, Rural Livelihoods and Food Security: A Disaggregated Analysis of Sub-Saharan Africa", *World Development*, Vol.130, 2020.

Yaro J. A., "Is Deagrarianisation Real? A Study of Livelihood Activities in Rural Northern Ghana", *Journal of Modern African Studies*, Vol.44, No.1, 2006.

Ye Jingzhong, Wang Yihuan, Long N., "Farmer Initiatives and Livelihood Diversification: From the Collective to a Market Economy in Rural China", *Journal of Agrarian Change*, Vol.9, No.2, 2009.

Zhang Le, Liao Chuanqing, Zhang Huan, et al., "Multilevel Modeling of Rural Livelihood Strategies from Peasant to Village Level in Henan Province, China", *Sustainability*, Vol.10, No.9, 2018.